职业教育市场营销专业精品教材

消费心理学基础与实务

（第2版）

主　编　何　洋

副主编　张　琼　巫思环　刘菲菲

電子工業出版社

Publishing House of Electronics Industry

北京・BEIJING

内容简介

本书按照中高职职业院校人才培养的需要，通过对消费心理学基本概念、基本理论、经典案例的解读，全面系统地阐述了消费心理学的知识结构及其在市场经营领域中的应用。

全书共七个项目，通过认清消费者心理活动过程，到激活消费者心理需求，从消费者决策的行为分析，到影响消费者心理的主要因素，分析营销与消费心理，提升营销心理行为等角度揭示了消费者的购买心理、行为特点及其规律，注重内容的系统性、科学性、应用性，理论与案例相结合，图文并茂，增强了理论的知识性和趣味性。本书构建了包含学习目标（知识目标、能力目标）、导入案例、案例链接、知识窗、头脑风暴与应用、知识与技能训练、经典案例分析等栏目的复合型教材模式，以适应教师精讲、学生参与、师生互动、提高技能的新型教学理念和方法。

本书相关课件及教辅资料请登录华信教育资源网 www.hxedu.com.cn 免费注册下载。

本书适合作为职业院校市场营销及相关专业的教材，也可供相关从业人员自学及参考。

图书在版编目（CIP）数据

消费心理学基础与实务 / 何洋主编. —2 版. —北京：电子工业出版社，2018.6

ISBN 978-7-121-33339-2

Ⅰ. ①消… Ⅱ. ①何… Ⅲ. ①消费心理学－中等专业学校－教材 Ⅳ. ①F713.55

中国版本图书馆 CIP 数据核字（2017）第 317947 号

策划编辑：陈　虹
责任编辑：郑　华
印　　刷：北京虎彩文化传播有限公司
装　　订：北京虎彩文化传播有限公司
出版发行：电子工业出版社
　　　　　北京市海淀区万寿路 173 信箱　邮编　100036
开　　本：787×1 092　1/16　印张：13.5　字数：345 千字
版　　次：2013 年 7 月第 1 版
　　　　　2018 年 6 月第 2 版
印　　次：2018 年 6 月第 1 次印刷
定　　价：32.00 元

凡所购买电子工业出版社图书有缺损问题，请向购买书店调换。若书店售缺，请与本社发行部联系，联系及邮购电话：（010）88254888，88258888。

质量投诉请发邮件至 zlts@phei.com.cn，盗版侵权举报请发邮件至 dbqq@phei.com.cn。

本书咨询联系方式：chitty@phei.com.cn。

序 言

"成功的推销员一定是一个伟大的心理学家。"这是销售行业的一句名言。实际上，每个销售人员从一开始找到客户直到完成交易，他所需要的不仅仅是细致的安排和周密的计划，更需要和客户进行心理上的交战，所以从这个角度来看，销售人员必须要了解客户的心理，并有较强的协调与客户关系的能力，才能更好地完成自己的销售工作。

同样，我们在生活当中也都知道这样的一个事实：你要想钓到鱼，其中最重要的东西就是鱼饵了。因为，不同种类的鱼对于鱼饵的喜好和食用习惯也不同。由此，你就必须得站在鱼儿的立场上去思考它们喜欢吃什么，怎么吃。

同理，作为一名销售人员，你要想"钓"到你的客户，就要站在客户的角度思考问题，弄清楚客户的心里到底在思考些什么，这样你才能更好地提升你的业绩。

美国一项调查表明，通常那些超级销售员的业绩是一般销售员业绩的300倍。在众多的企业里，80%的业绩是由20%的销售员创造出来的，而这20%的人也并非就是俊男靓女，也并不一定都能言善辩，唯一相同的就是他们都拥有迈向成功的方法，尽管他们那些方法不可能完全相同，但却有其共同之处，那就是洞悉客户的心理。

由此可见，在销售过程中，你不要觉得研究客户的心理是在浪费你的时间，其实研究他们购买的流程、动机和原因，比那些费尽口舌却不讨好的推销方法要有效得多。而作为一名销售人员，你只有掌握了客户的心理，才能在迅速变化的市场中占有一席之地。

现代社会物质比以往任何时代都丰富，顾客只要有钱，基本上都可以买到自己所需要的产品，现代市场营销是以顾客需求为中心的营销。但是，在实际销售当中，很多销售人员却都忽略了心理销售这一重要环节，作为销售人员都应该知道，销售工作是面对人的，可以说客户就是市场。因此，销售人员在销售过程中应知道客户是如何想的，这比什么都重要。然而要真正了解客户需求心理和购买行为习惯并非易事，由于社会物质丰富，科技、信息发达，人们的生活多姿多彩，即使是引领时尚潮流的消费，也不再是年轻人的专利，社会的消费潮流变化频繁、快速。这就需要营销人员花较多的时间去研究、了解客户的需求心里和购买行为规律，但这是绝对值得的，这是成功销售必不可少的重要环节。

本书是一本结合销售实践和心理学研究成果的实用工具书，对销售人员在销售过程中的不同阶段，消费者的不同心理，以及销售人员应该怎么去面对客户等方面都作了详细的介绍，对销售人员的工作有较强的指导作用。

所以，在销售工作中，你要想提升销售业绩，就一定要真正明白心理学对销售的重要性，懂得察言、观色、攻心与协调，从而让自己成为客户喜欢的推销员，成为销售行业中的佼佼者。

广东省财经职业技术学校校长　　钟劲东

前　言

销售是一门艺术也是一门深奥的学问。销售者必须站在客户的立场和角度，揣摩客户的消费心理，可以说一切销售行为都离不开心理学。心理学教会你的不仅仅是一些销售技巧，更能够让你抓住客户心理，了解客户意图，促成销售成单，使你能够迅速和轻松地提高销售业绩。这些方法你掌握得越多，获益就越多，效果也就越好和越快。

消费心理学（Consumer Psychology）是心理学的一个重要分支，它是研究消费者在消费活动中的心理现象和行为规律的一门学科，是消费经济学的组成部分。消费心理学是一门新兴的学科，它的目的是研究人们在生活消费过程中，在日常购买行为中的心理活动规律及个性心理特征。研究消费心理，对于消费者，可提高消费效益；对于经营者，可提高经营效益。

本书由何洋等共同完成，其中，何洋负责项目一～三的撰写，广东省财经职业技术学校的张琼负责项目四～六的撰写，广东省经济贸易职业技术学校的巫思环负责项目七的撰写，广东省财经职业技术学校的刘菲菲负责文案、美工、案例以及部分审稿工作。

本书是营销、经营、管理实务的从业人员的必备工具书，也是中职学校、高职高专院校市场营销及经贸专业学生的专业教材，并可作为从事市场营销工作的各界人士和经济理论工作者的参考用书。由于本人学识有限，本书难免存在不足之处，恳请同行批评指正。

何　洋

目 录

项目一 消费者心理导论 …… 1
任务一 认识消费者心理 …… 2
一、什么是心理学 …… 2
二、消费者心理与消费者行为 …… 6
三、消费者购买决策 …… 10
任务二 消费心理学的研究方法 …… 13
一、观察法 …… 13
二、实验法 …… 14
三、访谈法 …… 16
四、投射法 …… 17
练习与自测 …… 21
项目二 认清消费者心理活动过程 …… 23
任务一 把握消费者认知过程 …… 25
一、感觉与知觉 …… 25
二、记忆和思维 …… 28
三、想象和注意 …… 29
任务二 分析消费者情感过程 …… 31
一、情绪、情感概述 …… 32
二、消费者的情感 …… 34
三、情绪、情感的外部表现 …… 38
四、情感在消费行为中的作用 …… 39
任务三 明晰消费者意志过程 …… 41
一、意志概述 …… 41
二、意志过程的三个阶段 …… 44
三、意志与认知情感的辩证关系 …… 46
四、意志的运行程序 …… 48
五、意志的训练过程 …… 49
六、意志的作用 …… 50
项目三 激活消费者心理需求 …… 53
任务一 拓展消费需求空间 …… 55
一、消费者需要的定义 …… 55
二、消费者需要在购买活动中的表现 …… 56
三、影响消费者需要的因素 …… 59
四、消费者需要的类型 …… 61
五、消费者需要的特征 …… 63
六、消费者需要的基本内容 …… 67
任务二 激活消费动机 …… 68
一、消费者购买动机的含义 …… 68
二、购买模式 …… 68
三、消费者购买动机的特点 …… 72
四、作用 …… 73
五、影响因素 …… 73
任务三 改变消费者异议和抱怨心理 …… 76
一、处理消费者异议 …… 76
二、处理消费者抱怨 …… 84
项目四 消费者的决策行为 …… 95
任务一 消费者个性心理特征 …… 97
一、个性的概念和结构 …… 97
二、个性的心理特征内容 …… 98
三、消费者个性心理特征对消费行为的影响 …… 100
任务二 洞察消费者决策行为 …… 110
一、消费者购买决策的概念 …… 110
二、消费者购买决策的内容 …… 110
三、消费者购买决策的类型 …… 111
四、消费者购买决策的特点 …… 113

五、消费者购买决策的过程 ⋯⋯113
六、影响消费者购买决策过程的因素⋯⋯116
七、如何进行正确的购买决策⋯⋯121
练习与自测⋯⋯121
项目五 影响消费者心理的主要因素⋯⋯123
任务一 社会群体对消费者的影响⋯⋯125
一、社会群体对消费者的影响⋯⋯125
二、参照群体对消费者心理的影响⋯⋯126
三、不同年龄群体的消费心理⋯⋯129
四、男、女消费群体对消费者心理的影响⋯⋯131
任务二 社会环境对消费心理的影响⋯⋯135
一、社会文化对消费心理的影响⋯⋯135
二、家庭对消费心理的影响⋯⋯136
三、社会阶层对消费心理的影响⋯⋯140
练习与自测⋯⋯144
项目六 分析营销与消费心理⋯⋯146
任务一 商品因素与消费心理⋯⋯147
一、商品名称与消费心理⋯⋯147
二、商标与消费心理⋯⋯150
三、商品包装与消费心理⋯⋯152
任务二 价格与消费心理⋯⋯154
一、商品价格的心理功能⋯⋯154
二、消费者价格心理⋯⋯155
三、商品定价与消费心理⋯⋯156
四、价格调整的心理策略⋯⋯160
任务三 营销促进与消费心理⋯⋯161
一、促销组合的含义、构成、决策以及影响因素⋯⋯161
二、各种促销方式与消费心理⋯⋯163
三、广告的心理功能及创意策划的心理策略⋯⋯165
任务四 营销环境与消费心理⋯⋯169
一、营销外部环境与消费心理⋯⋯169
二、营销内部环境与消费心理⋯⋯170
任务五 网络营销与消费心理⋯⋯171
一、网络营销的产生和发展⋯⋯171
二、网络营销的特点和网络营销方法⋯⋯172
三、影响消费者网络消费心理的因素⋯⋯175
四、基于网络消费者心理的网络营销策略⋯⋯176
练习与自测⋯⋯179
项目七 提升营销心理行为⋯⋯181
任务一 协调营销者与消费者的关系⋯⋯183
一、消费者关系⋯⋯183
二、关系营销⋯⋯186
任务二 训练营销者心理素质⋯⋯195
一、顾客导向⋯⋯199
二、销售技巧⋯⋯200
三、知识储备⋯⋯201
四、有效沟通⋯⋯204
五、自我调控⋯⋯205

项目一

消费者心理导论

导入案例

某服装店对某型号女装确定了三种价格：260元、340元、410元，在消费者心目中形成低、中、高三个档次，人们在购买时就会根据自己的消费水平选择不同档次的服装。如果一味地定成一个价格，效果就不好了。一般情况下，如果相邻两种型号的商品价格相差大，买主多半会买便宜的；如果价格相差较小，买主则倾向于买牌子好的。

1988—1990年，中国消费者陷入非正常购物怪圈，一些消费者家庭消费支出打破了计划性，不是量入为出，而是有钱就花，为了追赶消费潮流盲目地把货币变成商品；一些消费者家庭没有摆正即期消费和中远期消费的关系，在市场上超常购物。有的消费者无消费目的地多买多存，影响了中远期消费，有的消费者的购物心理短时期内出现逆向转移，购买心理动机由求稳、求全、求廉、求实发展为随多、喜新、争胜、保值，又发展为求稳、求全、选择、求廉。这个非正常的购物圈，不仅圈住了消费者正常消费的手脚，也制约了我国消费品生产、流通、消费的正常运行。许多生产企业由此陷入困境，企业销售人员竭尽全力进行推销，仍没有减轻企业产成品货满为患、资金占压过多导致运营困难的压力。

1990年以后，中国消费者的消费心理出现了变化，人们在购买行为上出现了“十买十不买”。

“十买”是：①名牌、质高、价格适中的商品买；②新潮、时代感强的商品买；③新颖别致、有特色的商品买；④迎合消费者喜庆、吉祥心理的商品买；⑤名优土特商品买；⑥拾遗补缺商品买；⑦卫生、方便、节省时间的商品买；⑧落实保修的商品买；⑨价廉物美的商品买；⑩日用小商品买。

“十不买”是：①削价拍卖商品不买；②宣传介绍摆“噱头”的商品不买；③没有配套服务的商品不买；④无特色的商品不买；⑤缺乏安全感的商品不买；⑥一次性消费的商品不买；⑦无厂家、无产地、无保质期的“三无”商品不买；⑧监制联营的商品不买；⑨粗制滥造的商品不买；⑩不符合卫生要求的商品不买。由此可见，近年来人们的消费心理和行为明显地更加理性化。

思考：

1. 消费者市场跟消费者行为之间有什么关系？
2. 20世纪90年代以来，消费者在购买行为中出现“十买十不买”的原因何在？

任务一　认识消费者心理

一、什么是心理学

20世纪初，美国心理学家沃尔特·D·斯可特发表了《广告心理学》一文，将心理学首次应用到广告活动中，开辟了消费心理学研究的先河。在以后的一段时期，美国许多心理学家根据当时经济形势的需要，积极从事有关消费问题的各项心理研究与实验。1908 年，罗斯出版的《社会心理学》开辟了群体消费心理的研究领域。1938 年，欧内斯特•迪士特提出了消费动机理论的实验研究成果。这些研究及后来陆续问世的《经营心理学》《产业心理学》与《管理心理学》等，都从不同侧面探讨了消费心理学的有关问题，为消费心理学的体系化提供了前提条件。

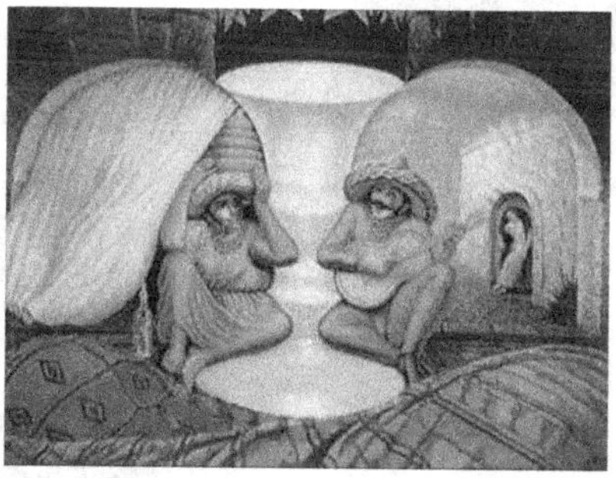

心理学图片

消费心理学作为一门独立学科诞生是以美国心理学会正式设立消费心理学分会为标志的。在这以后，相继出现了《广告研究》和《市场研究》等杂志，推动了消费心理学研究成果的传播；美国一些大学和研究生院开设消费心理与行为课程，确立和强化了消费心理学在心理学及其他学术领域的地位。20 世纪 70 年代以来，该理论的研究进入了全面发展阶段，独立的消费心理学学科体系开始形成，许多大企业也附设研究机构，专门从事消费心理和行为的研究，如为顺应消费者权益保护运动的兴起，开始注重从消费者利益角度对消费者心理的研究，消费者提高消费能力并保护自身权益不受损害；研究因素也由以前的年龄、性别、职业、家庭收入等转向需求、动机、个群体社会规范等社会因素的研究，同时研究也由定性分析转向了定量分析，分析模型的建立和定量化分析方法的运用将该领域的研究提升到了一个新的层面。我国在该领域的研究起步较晚，20 世纪 80 年代中期才对该理论进行系统化、体系化的研究，大多以引进和介绍国外研究成果为主，尽管也有针对我国市场特点进行的相关研究，但总体来看，研究还处于初级阶段，有待进一步深化和发展。

（一）心理学

心理学一词来源于希腊文，意思是关于灵魂的科学。灵魂在希腊文中也有气体或呼吸的意思，因为古代人们认为生命依赖于呼吸，呼吸停止，生命就完结了。随着科学的发展，心理学的对象由灵魂改为心灵。

心理学是研究行为和心理活动的学科。19 世纪末，心理学成为一门独立的学科，到了 20 世纪中期，心理学才有了相对统一的定义。

心理学在 19 世纪末脱离思辨性哲学，成为一门独立的学科。1879 年德国学者冯特受自然科学的影响，在莱比锡大学建立第一个心理实验室，这标志着科学心理学的诞生。

案例 1-1

感受一下！这里的横线都是平行的！但由于背景的复杂，“变”成了斜线！

案例 1-2

看看中间的圆圈哪个比较大？其实两个是一样大小的，只是因为两边的参照物不同让我们有了错觉。

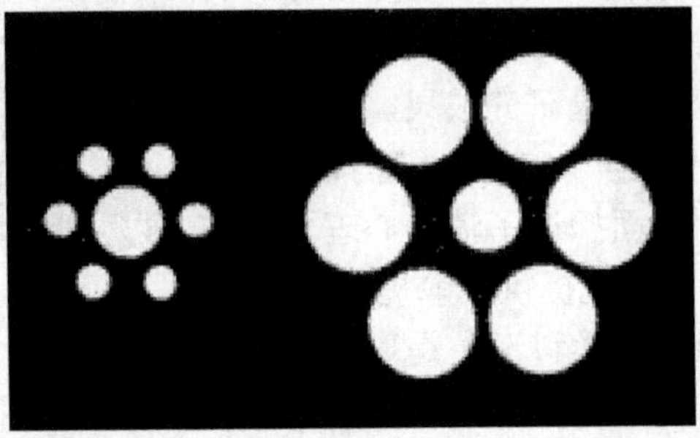

（二）心理学研究的内容

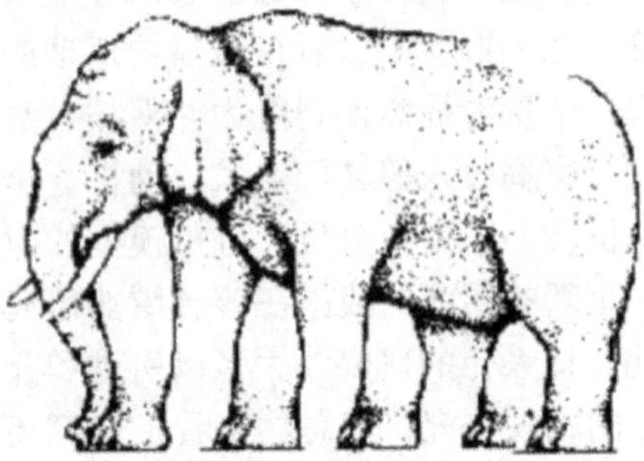

这头大象一共有几条腿?

心理学研究涉及知觉、认知、情绪、人格、行为、人际关系、社会关系等许多领域，也与日常生活的许多领域——家庭、教育、健康、社会等发生关联。心理学一方面尝试用大脑运作来解释个体基本的行为与心理机能，同时，心理学也尝试解释个体心理机能在社会行为与社会动力中的角色；同时它也与神经科学、医学、生物学等科学有关，因为这些科学所探讨的生理作用会影响个体的心智。

心理学家从事基础研究的目的是描述、解释、预测和影响行为，应用心理学家还有第五个目的——提高人类生活的质量，这些目标构成了心理学事业的基础。

1．描述发生的事情

心理学的第一个任务是对行为进行精确的观察，心理学家一般把这种观察称为他们的数据。行为数据是关于机体的行为和行为发生时环境的观察报告。当研究者进行数据收集时，他们必须选择一个适宜的分析水平，并且设计出能保证客观性的度量行为的方法。

2. 解释发生的事情

描述必须忠实于可知觉到的信息，而解释却谨慎地超越了能够被观察到的现象。在心理学的许多领域中，中心目标都是找到行为和心理过程的常规模式。心理学家希望发现行为是如何工作的。

心理学的解释通常承认大多数行为受到一些因素的共同影响。一些因素在个体内部起作用，比如基因构成、智力水平或自尊。行为的这些内部决定因素叫作机体变量，它们是关于机体的一些特殊内容。就人类而言，这些决定因素是所谓的秉性变量。而有一些因素在外部作用，对行为起外部影响作用的是环境变量或情境变量。

一个受过良好训练的心理学家，可以通过用他（或她）对人类经验的洞察力和以前的研究者对同一个现象已经发现的事实，来解释观察到的现象。许多心理学家都试图确定几种解释中的哪一种能最精确地解释一个特定的行为模式。

3. 预测将要发生的事情

心理学中的预测是对一个特定的行为将要发生的可能性和一种特定的关系将要被发现的可能性的陈述。对一个潜伏于特定形式行为下的原因的精确解释，常常能让研究者对未来的行为做出精确的预测。

4. 控制发生的事情

控制是核心的、最激励人的目标。控制意味着使行为发生或者不发生——引发它，维持它，停止它，并且影响它的形式、强度或者发生率。如果一个对行为原因的解释能创造控制行为的条件，那么这个解释就是有说服力的。

控制行为的能力很重要，因为它为心理学提供了帮助人们改进他们生活质量的途径。

心理学家使用科学的方法对个体的行为和心理过程得出结论。心理学家有这样几个目标：在适宜的水平上客观地描述行为，解释产生行为的原因，预测行为何时会发生，以及控制行为以改进生活质量。

心理学图片

顾名思义，心理学是研究心理现象的科学，也称“心理科学”。心理现象是心理学的研究对象。心理学研究心理现象，就是要揭示心理现象发生、发展的客观规律，用以指导人们的实践活动。人有心理，动物亦有心理，所以心理学既研究人的心理又研究动物的心理。人们通常所说的心理学，是指研究人的心理发生、发展规律的科学。心理，是对心理现象、心理活动的简称。人在清醒状态下，随时都可以体验到某些心理，人们对它并不陌生。人的心理现象是多种多样的，下面从个体心理和群体心理两个方面来分析。

（1）个体心理。个体心理是指个别主体即具体的个人的心理。个体心理，一般分为心理过程和个性两大类。苏联心理学家爱列维托夫（1890—1972年）认为，在心理过程与个性之间还有一种过渡的状态，即心理状态。这样，人的心理现象结构（人的心理现象之间相互关系系统）就有心理过程、心理状态、个性三大类。心理过程是指人的心理活动发生、发展的过程。具体地说，就是客观事物作用于人（主要是人脑），在一定的时间内大脑反映客观现实的过程。包括认识过程（简称为“知”）、情绪和情感过程（简称为“情”）、意志过程（简称为“意”），三者合在一起简称为“知—情—意”。心理状态是介于心理过程与个性心理之间的既有暂时性、又有稳固性的一种心理现象，是心理过程与个性心理统一的表现。个性心理是显示人们个别差异的一类心理现象，人们常说的心理学，就是研究上述个体心理发生与发展规律的一门科学。

（2）群体心理。群体心理分为小群体心理和大众心理。同时，作为社会的人，彼此之间必然要发生一定的关系，进行社会交往，从而产生交往心理。交往心理既存在于个人与他人之间，也存在于群体之间，所以将其列入群体心理之中。这样，群体心理就包括三大类型，即交往心理、小群体心理、大众心理。群体心理是心理学的一个重要的分支学科（即社会心理学）的研究对象，其他心理学分支学科（如管理心理学）也研究群体心理。

心理学所要研究的，除上述个体心理和群体心理之外，还有其他许多具体的内容。对人的心理的探讨与研究，自有人类文明史以来就已经开始了。中国古代哲学、医学、教育和文艺理论等许多著作中，有着丰富的心理学思想，但心理学成为一门独立的科学还是19世纪的事。今天，心理学已是具有100多个分支学科的庞大学科体系了，诸如普通心理学、社会心理学、教育心理学、法律心理学、管理心理学、商业心理学、经济心理学、消费心理学、咨询心理学……都是心理学庞大学科体系的成员，而且随着人类社会实践活动的发展，心理学的分支学科还会继续增加。

练一练

根据导入案例，试分析为什么现阶段消费者喜欢购买名牌、质高、价格适中的商品？

二、消费者心理与消费者行为

1. 消费

消费是社会再生产过程中的一个重要环节，也是最终环节。它是指利用社会产品来满足人们各种需要的过程。消费又分为生产消费和个人消费。前者指物质资料生产过程中的生产资料和生活劳动的使用和消耗。后者是指人们把生产出来的物质资料和精神产品用于满足个人生活需要的行为和过程，是“生产过程以外执行生活职能”。它是恢复人们劳动力和劳动力再生产必不可少的条件。

（1）广义定义：消费是指人们消耗物质资料和精神产品以满足生产和生活需要的过程，分为生产消费和生活消费两类。

（2）狭义定义：消费是指生活消费，即人们消耗、吸收物质资料和精神产品以满足物质和文化生活需要的过程，包括与物质生产过程无关的一切消费活动。

2. 消费者

消费者与生产者及销售者不同，他必须是产品和服务的最终使用者而不是生产者、经营者。也就是说，他购买商品的目的主要是用于个人或家庭需要而不是经营或销售，这是消费者最本质的一个特点。作为消费者，其消费活动的内容不仅包括为个人和家庭生活需要而购买和使用产品，而且包括为个人和家庭生活需要而接受他人提供的服务。但无论是购买和使用商品还是接受服务，其目的只是满足个人和家庭需要，而不是生产和经营的需要。

（1）概念。狭义的消费者是指购买、使用各种消费品或服务的个人。广义的消费者是指购买、使用各种产品或服务的个人与组织。

（2）分类。在消费心理学和经营实践中，可以从不同的角度来分析消费者。

① 从消费品角度分析消费者。对于某一种消费品，在同一时空范围内，消费者可以做出不同的反应——即时消费、未来消费或永不消费。按照这三种不同的反应，可以将消费者分为：

- 现实消费者，即通过现实的市场交换行为，获得某种消费品，并从中受益的人。
- 潜在消费者，即目前虽然对某种消费品尚无需要或购买动机，但在将来某一时刻有可能转变为现实消费者的人。
- 永不消费者，即当时或未来都不会对某种消费品产生消费需要和购买愿望的人。

作为一个消费者，在同一时点上，面对不同的消费品，可以同时以不同的身份出现。例如，某个消费者面对甲商品是现实消费者，面对乙商品是潜在消费者，而面对丙商品则是永不消费者。因此，从消费品角度分析消费者，消费者是个动态行为的执行者。

② 从消费单位角度分析消费者。从消费单位的角度可以将消费者划分为个体消费者、家庭消费者和集团消费者。个体或家庭消费者指为满足个体或家庭对某种消费品的需要而进行的购买或使用，这与消费者个人的需求、愿望和货币支付能力密切相关。集团消费者或称组织消费者，是指为满足社会团体对某种消费品的需要而进行的购买或使用，通常不

反映消费者个人的愿望与需要，但与个人货币支付能力没有直接关系。如企业工会给职工购买的生活用品。

从消费单位角度分析，消费者是一个广义的参与消费活动的个人或团体。作为某一消费者个人，可以同时成为家庭消费者或集团消费者中的某一成员。消费心理学侧重研究个体消费者。

③ 从消费者扮演角色分析消费者。在现实生活中，同一消费品或服务的购买决策者、购买者、使用者可能是同一个人，也可能是不同的人。例如，大多数成人的个人用品，很可能是由使用者自己决策和购买的，但大多数儿童用品的使用者、购买者与决策者则是分离的。在整个消费过程中，不同类型的购买参与者扮演着不同的角色。如果将产品的购买决策、实际购买和使用视为一个统一的过程，那么，处于这一过程任意一个阶段的人，都可称为消费者。

练一练

在2016年的北京车展上，初次亮相的宾利添越超豪华SUV售价高达400万元，但居然有不少求购者，连展会上的展车也很快贴上“已售”的标签。

（1）如何看待这样的高消费现象？

（2）消费者出手如此阔绰是为什么？

（3）如何正确地引导消费者的消费行为？

3．消费心理

消费心理是指消费者在寻找、选择、购买、使用、评估和处置与自身相关的产品和服务时所产生的心理活动。也可以说，消费心理指消费者进行消费活动时所表现出的心理特征与心理活动的过程，它大致可分为以下四种：从众，求异，攀比，求实。

（1）从众心理具有仿效性、盲目性特点。消费是否该从众，要具体分析，盲目从众不可取。

（2）求异心理特点：追求标新立异、与众不同。它的利在于可以推动新工艺与产品出现，而弊在于展示个性不但要考虑社会认可，还要考虑代价。为显示与众不同而过分标新立异，是不值得提倡的。

（3）攀比心理：特点是爱面子，这种消费心理不可取。

（4）求实心理：消费者在选择商品时往往考虑很多因素，讲求实惠，根据自己需要选择商品，这是一种理智的消费。

案例 1-3

2014 年 11 月 28 日，李某在淘宝网购买了 18 盒“合润天香菊花普洱茶”，共花费 2844 元。依据李某控诉，他收到茶叶时发现产品包装上没有厂名、厂址、生产日期、执行标准以及生产许可证等商品信息(三无产品)。这些产品是由昆明大诚合润工贸有限公司(以下简称“合润公司”)生产的，为此，他将网购平台公司和合润公司告上法院，要求退还货款 2844 元，并赔偿 28440 元。

思考：

试分析消费者不买无厂家、无产地、无保质期的“三无”商品的原因是什么？

4．消费者行为

消费者行为在狭义上讲，仅仅指消费者的购买行为以及对消费资料的实际消费。在广义上讲，指消费者为索取、使用、处置消费物品所采取的各种行动，以及先于且决定这些行动的决策过程，甚至包括消费收入的取得等一系列复杂的过程。消费者行为是动态的，它涉及感知、认知、行为以及环境因素的互动作用，也涉及交易的过程。

消费者行为是与产品或服务的交换密切联系在一起的。在现代市场经济条件下，企业研究消费者行为是着眼于与消费者建立和发展长期的交换关系。为此，不仅需要了解消费者是如何获取产品与服务的，而且也需要了解消费者是如何消费产品的，以及产品在用完之后是如何被处置的。因为消费者的消费体验，消费者处置旧产品的方式和感受均会影响消费者的下一轮购买，也就是说，会对企业和消费者之间的长期交换关系产生直接的作用。传统意义上，对消费者行为的研究重点一直放在产品、服务的获取上，关于产品的消费与处置方面的研究则相对被忽视。随着对消费者行为研究的深化，人们越来越深刻地意识到，消费者行为是一个整体，是一个过程，获取或者购买只是这一过程的一个阶段。因此，研究消费者行为，既应调查、了解消费者在获取产品、服务之前的评价与选择活动，也应重视在产品获取后对产品的使用、处置等活动。只有这样，对消费者行为的理解才会趋于完整。

案例 1-4

学校周边商店销售的小食品，种类五花八门，主要包括各种糖、辣条等。这些食品往往口味独特，有辣、麻、酸、甜等特点，口味重，比普通的零食有新奇的感觉，这使得孩子们极易受到诱惑。此外，这些小食品大多价格便宜，多为5角钱一包，贵的也不超过1元，因此很受孩子们喜欢，然而这种喜欢却要以健康为代价。

近日央视曝光，“鸡不可失”“一根筋”等5毛钱的辣条，会影响健康。专家提示，应避免食用此类包装简陋的零食，因为它们：①含大量食品添加剂，能直接影响儿童的身高和智力发育；②含盐量超标；③所含食品添加剂有致癌风险。专家表示，此类包装简陋的零食含大量食品添加剂，累计摄入量大，将直接影响孩子身高和智力发育，甚至可能致癌；经常吃辣条，可能会导致肠胃消化功能不好、便秘以及肠胃炎、痔疮等疾病，甚至有些人吃辣条后会因肠道受刺激而痉挛。

此消息曝光后引发了网友各种评论自嘲，“原来我的悲剧人生是因为小时候辣条吃多了!”网友泪奔：它一直陪伴我度过了小学、初中、高中，如何戒掉？有乐观网友表示：从小吃到大，已百毒不侵。这辣条算什么，人人肚子里都是化学元素周期表!

思考：

你还会去买包装简单的辣条吗？试分析消费者为什么不买不符合卫生要求的商品？

三、消费者购买决策

影响消费者行为的环境因素主要有文化、社会阶层、社会群体、家庭等。

企业管理者和营销人员除需了解影响消费者的各种因素、消费者购买模式之外，还必须弄清楚消费者购买决策，以便采取相应的措施，实现企业的营销目标。

1．购买决策的参与者

消费者消费虽然是以一个家庭为单位，但参与购买决策的通常并非一个家庭的全体成员，许多时候是一个家庭的某个成员或某几个成员，而且由几个家庭成员组成的购买决策层，其各自扮演的角色亦是有区别的。人们在一项购买决策过程中可能充当以下角色。

（1）发起者：首先想到或提议购买某种产品或劳务的人。

（2）影响者：其看法或意见对最终决策具有直接或间接影响的人。

（3）决定者：能够对买不买、买什么、买多少、何时买、何处买等问题作出全部或部分的最后决定的人。

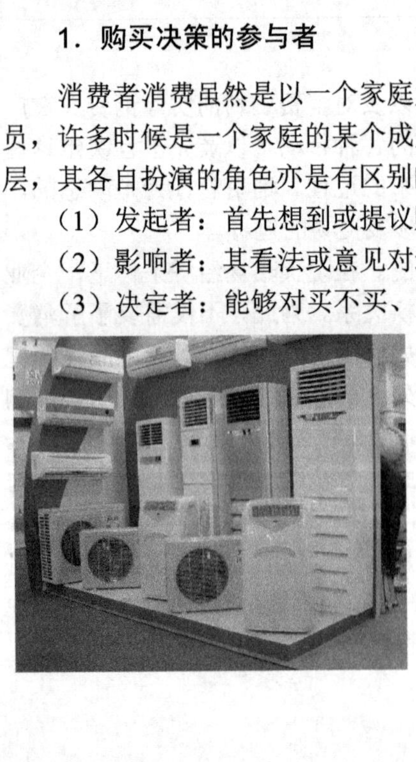

（4）购买者：实际采购的人。

（5）使用者：直接消费或使用所购商品或劳务的人。

了解每一购买者在购买决策中扮演的角色，并针对其角色地位与特性，采取有针对性的营销策略，就能较好地实现营销目标。

例如购买一台空调，提出这一要求的是孩子；是否购买由夫妻共同决定，而丈夫对空调的品牌作出决定，这样空调公司就可以对丈夫作更多有关品牌方面的宣传，以引起丈夫对该企业生产的空调的注意和兴趣；妻子在空调的造型、色调方面有较大的决定权，公司则可设计一些在造型、色调等方面受妻子喜爱的产品……只有了解了购买决策过程中的参与者的作用及其特点，公司才能够制订出有效的生产计划和营销计划。

练一练

小明家里的一幕

奶奶说："我大孙子要上大学啦，给他买个电脑吧。"（奶奶是：　　　　）

姑姑说："对呀，现在大学生都有电脑，咱买个好的。"（姑姑是：　　　　）

妈妈说："不买，买电脑就知道玩啦，天天在寝室打游戏，没有什么用。还那么贵，不买!有能力自己打工挣钱，自己买。不能惯着他。"（妈妈是：　　　　）

小明说："妈妈说得有道理，我自己会好好锻炼锻炼的。"（小明是：　　　　）

最后，奶奶偷偷地把钱给了姑姑，姑姑去给小明买了一款配置较高的 IBM 笔记本电脑。

2. 购买行为的类型

消费者在购买商品时，会因商品价格、购买频率的不同，而投入购买的程度不同。西方学者根据购买者在购买过程中参与者的介入程度和品牌间的差异程度，将消费者的购买行为分为四种类型。

（1）复杂的购买行为。当消费者初次选购价格昂贵、购买次数较少的、冒风险的和高度自我表现的商品时，则属于高度介入购买。由于对这些产品的性能缺乏了解，为慎重起见，他们往往需要广泛地收集有关信息，并经过认真地学习，产生对这一产品的信念，形成对品牌的态度，并慎重地作出购买决策。

对这种类型的购买行为，企业应设法帮助消费者了解与该产品有关的知识，并设法让他们知道和确信本产品在比较重要的性能方面的特征及优势，使他们树立对本产品的信任感。这期间，企业要特别注意针对购买决定者做介绍本产品特性的多种形式的广告。

（2）减少不协调感的购买行为。当消费者高度介入某项产品的购买，但又看不出各品牌有何差异时，对所购产品往往产生失调感。因为消费者购买一些品牌差异不大的商品时，虽然他们对购买行为持谨慎的态度，但他们的注意力更多地集中在品牌价格是否优惠，购买时间、地点是否便利，而不是花很多精力去收集不同品牌间的信息并进行比较，而且从产生购买动机到决定购买之间的时间较短。因而这种购买行为容易产生购后的不协调感：即消费者购买某一产品后，或因产品自身的某些方面不称心，或得到了其他产品更好的信息，从而产生不该购买这一产品的后悔心理或心理不平衡。为了改变这样的心理，追求心理的平衡，消费者会广泛地收集各种对已购产品的有利信息，以证明自己购买决定的正确性。为此，企业应通过调整价格和售货网点的选择，并向消费者提供有利的信息，帮助消费者消除不平衡心理，坚定其对所购产品的信心。

（3）广泛选择的购买行为，又叫做寻求多样化的购买行为。如果一个消费者购买的商品品牌间差异虽大，但可供选择的品牌很多时，他们并不花太多的时间选择品牌，而且也不专注于某一产品，而是经常变换品种。比如购买饼干，他们上次买的是巧克力夹心，而这次想购买奶油夹心。这种品种的更换并非对上次购买饼干的不满意，而是想换换口味。

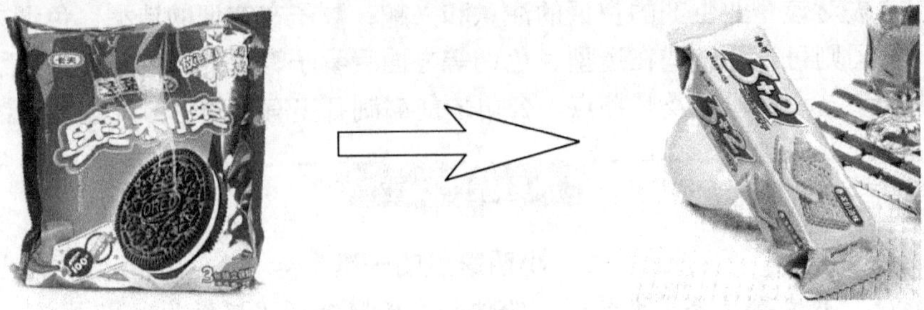

面对这种广泛选择的购买行为，当企业处于市场优势地位时，应注意以充足的货源占据货架的有利位置，并通过提醒性的广告促成消费者建立习惯性购买行为；而当企业处于非市场优势地位时，则应以降低产品价格、免费试用、介绍新产品的独特优势等方式，鼓励消费者进行多种品种的选择和新产品的试用。

（4）习惯性的购买行为。消费者有时购买某一商品，并不是因为特别偏爱某一品牌，而是出于习惯。比如醋，这是一种价格低廉、品牌间差异不大的商品，消费者购买它时，大多不会关心品牌，而是靠多次购买和多次使用而形成的习惯去选定某一品牌。

针对这种购买行为，企业要特别注意给消费者留下深刻印象，企业的广告要强调本产品的主要特点，要以鲜明的视觉标志、巧妙的形象构思赢得消费者对该企业产品的青睐。为此，企业的广告要加强重复性、反复性，以加深消费者对产品的熟悉程度。

练一练

某家庭上中学的女儿崇拜某歌星，把零花钱全部省下来，跑遍各音像店收集该歌星的所有专辑；母亲对某品牌的厨卫用品最信赖，洗涤剂、洗衣粉及香皂等全部选用这一品牌；父亲在购物方面则没有什么特别偏爱。请指出这三位消费者的兴趣分别属于什么类型，并作简要分析。

3. 购买决策过程

每一消费者在购买某一商品时，均会有一个决策过程，只是因所购产品类型、购买者类型的不同而使购买决策过程有所区别，但典型的购买决策过程一般包括以下两个方面。

（1）认识需求。认识需求是消费者购买决策过程的起点。当消费者在现实生活中感觉到或意识到实际与其需求之间有一定差距，并产生了要解决这一问题的要求时，购买的决策便开始了。消费者的这种需求的产生，既可以是人体机能的感受所引发的，如因饥饿而引发购买食品、因口渴而引发购买饮料，又可以是由外部条件刺激所诱生的，如看见电视中的西服广告而打算自己买一套、路过水果店看到新鲜的水果而决定购买等。当然，有时候消费者的某种需求可能是内、外因同时作用的结果。

市场营销人员应注意识别引起消费者某种需要和兴趣的环境，并充分注意到两方面的问题：一是注意了解那些与该企业的产品实际上或潜在的有关联的驱使力；二是消费者对某种产品的需求强度，会随着时间的推移而变动，并且被一些诱因所触发。在此基础上，企业还要善于安排诱因，促使消费者对企业产品产生强烈的需求，并立即采取购买行动。

（2）收集信息。当消费者产生了购买动机之后，便会开始进行与购买动机相关联的活动。如果他所欲购买的物品就在附近，他便会实施购买活动，从而满足需求。但是当所需购买的物品不易购到，或者说需求不能马上得到满足时，他便会把这种需求存入记忆中，并注意收集与需求相关和密切联系的信息，以便进行决策。

练一练

某地方有两家澡堂，因为下午洗澡的人比较少，晚上的人比较多，于是他们就设定了两个价格：下午 5 点钟以前每人每次 5 元，5 点钟以后每人每次 15 元。当然，两者所享受的服务也有比较大的差异。因为两者的价格、服务相差较大，因此有人就在下午 4:45 左右进店，付的是 5 元的浴资，享受的却是 15 元的服务。一开始还只是少数人，后来人数却有上升的趋势。两家老板不得不联合采取在 5 点钟赶人的做法。这样一来，人是被赶走了，但两家的生意和以前比却一落千丈，请问这是为什么？

任务二　消费心理学的研究方法

常用的消费心理的调研方法主要有观察法、实验法、访谈法、投射法、问卷法等。

一、观察法

观察法是在自然情况下，观察者依靠自己的视听器官，通过消费者的外部表现（动作、行为、谈话），有目的、有计划地观察了解消费者的言语、行动和表情等行为，把观察结果按时间顺序系统地记录下来并分析原因，用以研究消费者心理活动的规律。它是心理学的一种基本调查研究方法，观察法的具体形式有以下几种。

1. 直接观察法

直接观察法是指调研人员到现场观察发生的情形，用以搜集信息。例如，在进行商场调查时，调研人员并不访问任何人，而只是观察现场的基本情况，然后记录备案。一般调研的内容有某段时间的客流量、顾客在各柜台的停留时间、各组的销售状况、顾客的基本特征、售货员的服务态度等。

在特定条件下，当消费者难以配合调查研究的实施时，应采取直接观察法。如消费者面对某些敏感性、私密性的问题，不好回答或没有足够的时间来回答提问时，就应通过这种方法，直接观察他们的行为表现，记录他们的行为方式或行为时间，以此来达到研究的目的。

在自然条件下，仅凭观察者的注意力和记忆力，是难以完整记录下消费者复杂的行为活动的，加之观察结果容易受观察者个人的态度、观念和周边具体环境的影响，即使观察者有较高的专业水平，其观察结果也难免受各种因素的影响。所以，现在运用这种方法，要借助先进的记录工具，如录音机、录像机、照相机等器材。

2. 仪器观察法

在科学技术高度发展的今天，许多电子仪器和机械设备成为对消费者进行心理调研的工具。例如，经过被调查者的同意，可以在家用电视上安装一个监视装置，记录下这台电视机的开关时间、收看了哪些频道、收看时间的长短等。再如，在测定广告效果时，可以借助照相机拍摄下人们的眼部活动，观察瞳孔的变化，分析广告设计对人们注意力的影响。另外，目前有些超级商场配备了整套监视装置，借以分析消费者的购物习惯。当然，在这一方法实施之前，要注意维护好这些设备的质量，以保证其正常地、有效地运行。

3. 实际痕迹测量法

实际痕迹测量法是指调研人员不是直接观察消费者的行为，而是通过一定的途径来了解他们的痕迹和行为。比如，某商场为了调查顾客购买电器后的反应，可到各维修点调查哪些产品维修最多、哪些部件替换最快、消费者的评价等。国外有家饮料公司曾根据垃圾站饮料瓶的回收状况，来分析消费者的口味偏好。

观察法的优点是比较直观，所得到的材料一般也比较真实、切合实际。这是由于消费者是在没有被施加任何影响、没有干扰的情况下被观察的，是一种心理的自然流露。观察法的不足之处，在于其具有一定的被动性、片面性和局限性。因此，观察所得到的材料本身还不足以区分哪些是偶然现象，哪些是规律性的反映。

二、实验法

实验法的研究目的有一定的特殊性，其研究程序比较严格，研究条件与环境有较大的限定性，一般需要使用特殊仪器和设备来记录研究过程或演示研究内容。实验法的研究程序一般包括以下九个步骤。

（1）确定研究目的、研究内容与实验样品。

（2）选择研究手段。

（3）设计实验方案。

（4）准备实验条件（如场地与器材）。

（5）挑选实验对象，并设计实验顺序，解释操作定义。

（6）正式实施实验。

（7）核实所取得的研究数据。

（8）统计和分析研究结果。

（9）撰写研究报告。

这种方法是有目的地严格控制或创造一定条件来引起某种心理现象，从而进行研究的方法。实验法可分为实验室实验法和自然实验法两种形式。

1. 实验室实验法

实验室实验法是指在专门的实验室里借助各种仪器进行研究的方法，也可以在实验室里模拟自然环境条件或工作条件进行研究。在设备完善的实验室里研究心理现象，从呈现刺激到记录被试者反应、数据的计算和统计处理，都采用电子计算机、录音、录像等现代化手段，实行自动控制，因而对心理现象的产生原因、大脑生理变化以及被试者行为表现的记录和分析都是比较精确的。消费者对广告的记忆率，就可以在实验室内运用录像、图片、文字等广告手段，选取不同时间测试被试者的广告记忆效果。但是这种方法比较机械，只适宜研究较简单的心理现象。

练一练

某饭店外卖菜单中有两种一模一样的凉菜，平时都是6.8元每份，但是每天的某一个时段，一种凉菜就会降价，降到4.8元每份，这时服务员就在这边喊，降价销售啦，降价啦。大家一围过来，看到同样的凉菜一种卖4.8元每份，另一种一样的居然卖6.8元每份，于是纷纷去买4.8元每份的。过一段时间后，4.8元每份的价格又回升到6.8元每份，而原来卖6.8元每份的价格开始降到4.8元每份，于是大家又都围到后一种凉菜那里去买。

请问：该饭店利用了消费者什么样的心理？

2. 自然实验法

自然实验法是指调查研究者有目的地创造某些条件或变更某些条件，给消费者的心理活动施加一定的刺激或者诱导，从中了解消费者心理活动的方法。由于这种方法需要人们有目的地创设或变更条件，因而具有很强的目的性和主动性。这种方法虽然是企业在营销环境中进行的，但又不是纯自然的，是人们根据调查目的主动地、有目的地施加一些影响，所以，这种方法往往能够按照研究目的取得比较准确、有效的资料，是应用范围比较广泛的方法。例如，企业在商品销售现场举办的各项商品展销会、新产品展示会，品尝、试用活动等，可以说是自然实验法的一种运用。

案例 1-5

延迟满足

发展心理学研究中有一个经典的实验，称为“延迟满足”实验。实验者发给 4 岁被试儿童每人一颗好吃的软糖，同时告诉孩子们：如果马上吃，只能吃一颗；如果等 20 分钟后再吃，就给吃两颗。有的孩子急不可耐，把糖马上吃掉了；而另一些孩子则耐住性子，闭上眼睛或头枕双臂做睡觉状，也有的孩子用自言自语或唱歌来转移注意、消磨时光，以克制自己的欲望，从而获得了更丰厚的报酬。研究人员进行了跟踪观察，发现那些以坚韧的毅力获得两颗软糖的孩子，到上中学时表现出较强的适应性、自信心和独立自主精神；而那些经不住软糖诱惑的孩子则往往屈服于压力而逃避挑战。后来几十年的跟踪观察，也证明那些有耐心等待两块糖果的孩子，事业上更容易获得成功。

实验证明：自我控制能力是个体在没有外界监督的情况下，适当地控制、调节自己的行为，抑制冲动，抵制诱惑，延迟满足，坚持不懈地保证目标实现的一种综合能力。它是自我意识的重要成分，是一个人走向成功的重要心理素质。

三、访谈法

访谈法是研究者通过与被调查者直接交谈，在口头信息沟通的过程中了解被调查者的心理状态的方法。访谈法也称面谈调查，一般由访问人员向被调查者当面询问问题，可以采用登门拜访、邀约面谈、开座谈会或电话访谈的形式进行。它是消费者心理研究中常见和广泛采用的方法，其获得的信息较为可靠。依据与受访者接触的不同方式，访谈法又可以分为面对面访谈法和电话访谈法。

1. 面对面访谈法

面对面访谈法又可分为结构式访谈和无结构式访谈两种。结构式访谈又称控制式访谈，是研究者根据预定目标，事先撰写好谈话提纲，访谈时依次向受访者提出问题，让其逐一回答。这种访谈方法过程易于掌握，所得的资料也比较系统。但是，由于受访者处于被动地位，容易拘束，双方感情不易短时沟通。

无结构式访谈也称自由式访谈。在这种方式下，研究者与受访者之间可以比较自然地交谈。它虽然有一定的目标，但谈话没有固定的程序，结构松散，所提问题涉及的范围不受限制，受访者可以较自由地回答。在这种方式下，受访者比较主动，因而气氛较活跃，容易沟通感情并可达到一定的深度。

（1）面对面访谈法的优点主要有：

① 直接获得问题的答案，还可以通过观察被调查者的面部表情和反应动作，从中获得

许多有价值的信息。

② 访问人员有机会对某项问题做深入讨论，谈话中可发现和提出更多的问题。

③ 当被调查者对问题不够理解时，可当场解释；当回答的内容不够明确时，可当场要求补充，从而获得许多有价值的信息。

④ 富有伸缩性，如发现被调查者不符合本条件，可立即终止调查，样本能够精确控制。

⑤ 访问人可借谈话激发被调查者的兴趣，使他们无拘无束地回答问题。

⑥ 可以向被调查者展示公司产品的样品、图表和说明书，起到广告宣传作用。

⑦ 面对面调查也是一种感情投资，使消费者与企业建立感情联系。

（2）面对面访谈法的缺点在于：

① 访问人员的主观偏见经常影响资料的准确性。

② 对访问的工作难以监督，谈话进程不易掌握。

③ 对研究者的访谈技巧要求比较高。

④ 有些被测验者的心里会产生被质问的压迫感。

⑤ 当地区分布面广时，成本甚高。

⑥ 需要调查者具有较高的调查技巧和社交能力。

2. 电话访谈法

电话访谈法是借助电话这一通信工具与受访者进行谈话的方法，它一般是在研究者与受访者之间受空间距离限制，或者受访者难以或不便直接面对研究者时采用的访谈方法。电话访谈是一种结构式访谈，访谈内容要事先设计和安排好，由调查人员根据抽样要求，通过电话向调查对象询问意见。

（1）电话访谈法的优点在于：

① 经济迅速，情报及时。

② 渗透性强，可以调查难以接触的被调查者和家庭。

③ 可以涉及一些面谈时不便谈的问题。

④ 资料的统一程度高。

（2）电话调查的主要缺点是：

① 受电话设备的限制。

② 时间短促，仅能回答简单的问题，无法利用图表、设备等。

③ 一般限于本地区，否则费用过大。

四、投射法

在探求消费者心理时，通过调查法、观察法和实验法可以收集到大量的材料，但问题在于，被调查者对这类问题的回答往往听起来是合理的、合乎社会规范的，但实际上并不一定是他内心真实的想法。这种自觉或不自觉的掩饰，致使材料的可靠性降低，影响了分析的科学性。要了解消费者的真实动机和心态，就必须借助于投射法解决。投射法是一种测定心理状况的工具。

投射法也叫投影法，是根据无意识的动机作用探询个性深蕴的方法，是超过表面的防御而探询个性深蕴。投射法是研究者以一种无结构性的测验，引出被试者的反应，借以考察其所投射出的人格特征的心理测验方法。也就是说，投射法不是直接对被试者明确提出问题以求回答，而是给被试者一些意义不确定的刺激让其想象、解释，使其内心的动机、愿望、情绪、态度等在不知不觉中投射出来。目前，最常用的投射法有罗夏墨渍测验法、主题统觉测验法、角色扮演法、造句测验法、问卷法和资料分析法等。

1. 罗夏墨渍测验法

具体做法是给被试者 10 张墨渍图，这些图是将墨水涂在纸上，再将纸折叠起来而制成的浓淡不一、对称的墨渍图案。其中，五张是黑、白两色，两张是黑、白加上其他深浅不同的颜色，其余三张是不同色彩的，让被试者逐一说出从图中看出什么或可能是什么，并做好记录，主要记录回答的语句、主要动作、表情、所用时间。全部测验结束后，可以再问一些相关问题，允许修订原来的回答。然后，调研人员可以通过统计分析，对测验结果做出综合解释，以判明被试者的内心状态。

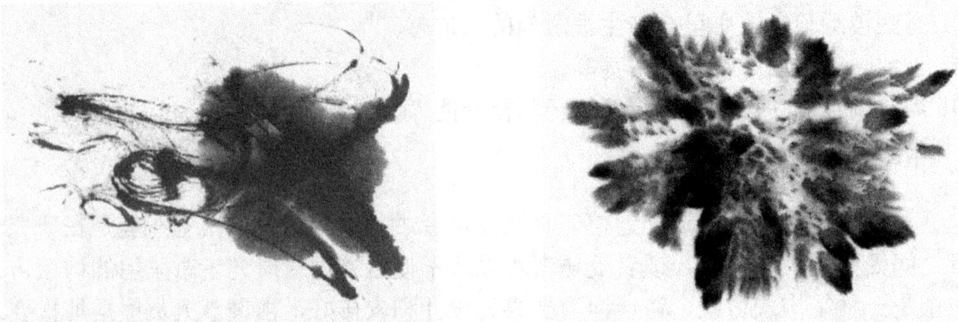

2. 主题统觉测验法

主题统觉测验法是与罗夏墨渍测验法齐名的一种测验工具，也叫绘画解释法。这种方法是让被试者看一些内容模糊、意义模棱两可的图画，并且看图编一段故事，再加以解释，以此来掌握消费者的心理需求。由于主题统觉图本身没有特定含义，让消费者把它的“意义”投射到这些图上，在被试者所讲的故事中，常常会将自己内心的情感世界展现出来。调研人员就可根据记录加以分析总结，判断其内心活动，掌握消费者的潜在心理需求。不过，实施和解释这个测验，必须有高深的知识和技术。

练一练

图中人的职业是什么？他们正在做什么？（　　）

A. 教师、在培训中讨论学习问题

B. 办公室工作人员、开工作会议

C. 销售员、探讨销售经验

3. 角色扮演法

角色扮演法就是让被试者扮演某种角色，然后以这种角色的身份来表明对某一事物的态度或对某种行为做出评价。运用这种方法的一个典型事例是 20 世纪 50 年代在美国有关速溶咖啡的调查。速溶咖啡省时省力，味道也不错，但这一新产品当时销量平平，徘徊不前。起初用问卷法调查，结论是：消费者不喜欢速溶咖啡的味道，但并没有说出速溶咖啡和现磨咖啡味道有什么不同。为了找出消费者持否定态度的真实动机，公司变换了调查方法，向被试者展示两张购货单，让其说出购买速溶咖啡和现磨咖啡的两个家庭主妇的特点。调查结果是：被试者普遍认为购买速溶咖啡的家庭主妇是懒惰、不会计划开支、不称职的。这个结果帮助公司了解消费者不愿购买速溶咖啡的真实原因。被试者在形容购买速溶咖啡的家庭主妇的特点时，不知不觉地将自己的看法投射了上去。

4. 造句测验法

造句测验法也叫文章完成法，它是由研究者提出某些未完成的句子，要求被测试者填上几个字，将句子完成。例如，给出“假如打算外出旅游，可以到____”“女青年买手机要买____牌的”等。研究者通过被测试者填写的内容，可推知其爱好、愿望和要求，从而了解消费者对某种商品的评价和看法。

5. 问卷法

问卷法是通过调查者事先设计的调查问卷，向被调查者提出问题，并由其予以回答，从中了解被调查者心理的方法。这是研究消费者心理常用的方法。

根据操作方式，问卷法可以分为邮寄问卷法、入户问卷法、拦截问卷法和集体问卷法等。

（1）邮寄问卷法。邮寄问卷法通过邮政方式进行，因而不受地理条件的限制。问卷到达的范围十分广泛，被调查者填写问卷的时间比较灵活，回答问题也比较真实可靠。

（2）入户问卷法。入户问卷法是研究者或访问员依据抽取的样本挨家挨户上门访问。该法要求受访者对每一个问题做出回答，访问员当场做好记录，也可以由访问员挨家挨户发完问卷就离去，由受访者自行填写，过时再收回问卷。

（3）拦截问卷法。拦截问卷法是由访问员于适当地点，如商场出入口处等，拦住适当受访者进行访问。

（4）集体问卷法。集体问卷法是由研究者对一群人同时进行访问，它适合于受访者相对集中的情况。

在具体设计问卷时应注意以下几点：

（1）避免多义性问题。问卷的用词必须简单明了、含义清楚。

（2）问题要具体。提问的目的是要取得某些特定的资料，因此问题不能过于一般化，否则就会使被调查者提供的意见没有多大的实际意义。

（3）避免诱导性问题。问卷提问中所采用的措辞或语气不能带有某种倾向，或者暗示调查人员自己的观点或希望获得的答案。

（4）避免困窘性问题。凡涉及个人隐私或有碍声誉的问题，以及不能为社会道德规范和文化风俗所接受的问题，都应避免。

（5）避免假设性问题。先假设一种情况，然后要求被调查者回答在假设情况下将采取何种行动，这种提问方式不会得到真实的答案。

案例 1-6

学校饭堂调查问卷

1. 您是几年级学生？

A. 一年级　　B. 二年级

2. 您平均每天到学校饭堂就餐的次数？

A. 一次　　B. 两次　　C. 三次

3. 您觉得饭堂菜肴样式如何？

A. 丰富　　B. 单调　　C. 一般

4. 饭堂菜肴是否符合您的口味？

A. 是　　B. 一般　　C. 否

5. 饭堂工作人员的服务态度怎么样？

A. 良好　　B. 一般　　C. 较差

6. 饭堂的卫生情况怎么样？

A. 良好　　B. 一般　　C. 较差

7. 您觉得饭堂的价格是否便宜？

A. 非常便宜　　B. 比较便宜　　C. 一般便宜

D. 比较贵　　E. 非常贵

8. 您对饭堂的总体印象怎样？

A. 满意　　B. 一般　　C. 不满意

9. 您对饭堂比较关注？（多选）

A. 饭菜分量　　B. 饭菜质量　　C. 饭菜种类

D. 卫生情况　　E. 服务态度

10. 您对搞好学校饭堂及加强监管方面有哪些意见和建议？（问答题）

6. 资料分析法

资料分析法主要是分析社会购买力的调查报告、家庭收支调查报告、政府和团体公布的统计资料、调查预测报告等，这也是掌握消费者心理的一种方法。这种方法主要在掌握了大量的数据资料后，借助经验和统计学的方法，揭示消费者的心理变化情况和需求情况等。

案例 1-7

用微笑去打劫

新加坡的“伊势丹”商场是日本商人经营的一家高级百货公司。每天早上开门营业之时，售货员夹道迎客，一边微笑躬身，一边用英语向顾客问好：“good morning!”在每个楼层的入口处，顾客都能得到同样热情的接待。顾客走到柜台前面，售货员立刻领首行礼微笑着说：“先生（女士），请问需要什么东西？”他们不仅主动介绍商品，而且还会拿出来供你选择。一名打算只看不买的人，在持续的微笑之下，也会感到不好意思，结果还是花了 6 元 5 角新币买了一件小小的旅游纪念品——刻有鱼尾狮图案的钥匙扣……

几天之后，这位顾客路过大排档，也看见这种锁匙，可标价仅 4 元。再仔细对比，发现“伊势丹”商场的时装售价也比大排档高出 20%～40%。然而，光顾“伊势丹”的顾客们，特别是那些阔气的先生太太们，是不可能去大排档对照价格的。只要微笑和领首让他们称心如意，他们多花一些钱也心甘情愿。

看来，实行这种微笑的“促销术”，其效益是不言自明的。当然，它除了表现于服务态度优良之外，别的条件也必不可少，比如：商场布置美观、橱窗陈列新颖、商品富有特色，拥有空调和自动扶梯等现代设备，这才更让顾客产生“物有所值”的感觉。

以这种“微笑促销”作为经营特色的，还有香港沙田新城市广场的一家日式面包房，不但售货员微笑促销，而且顾客也非常高兴。该店以让顾客“亲手做、自己尝、有得食、有得玩”为特色。顾客进入店中，面包师便搓粉调味，把原料分给每人一份，在师傅的指点下，顾客能把面料做成各种形态的雕塑，然后烤成点心。据说顾客多为少年儿童、“淘气”的情侣以及“玩世不恭”的成年人。只需交付 12 港币，便能一饱口福，得到一场欢笑。与众不同的经营，使得这家店生意兴隆。

思考：

1. 令传统的管理者感到困惑的一个问题是顾客变得如此“不可理喻”，以至于宁肯花钱去买个“微笑”，而购买商品的目的却屈居第二，微笑服务真的那么重要吗？

2. 微笑服务创造了怎样的沟通奇迹？

练习与自测

一、选择题

1．一个人作为消费者的时候，他的所思所想是（ ）。

A．消费行为　B．消费心理　C．消费过程　D．消费习惯

2．以注重商品和非商品的新颖、奇特、时尚为主要目的的动机为（ ）。

A．购买动机　B．新购买动机

C．胜购买动机　D．自我表现购买动机

3．“心相印”纸巾利用民间流传的说法——打喷嚏代表有人想你，“爱情就是打喷嚏”的广告创意诞生了，这是广告创意激发（　　）购买动机。

A．理智　　B．信任　　C．求实　　D．感情

4．求名望的购买动机是因仰慕产品品牌或企业名望而产生（　　）。

A．精神需要　　B．购买动机　　C．购买方式　　D．购买需求

5．人们具有（　　），所以快餐店、网上购物、自选商场应运而生。

A．求便动机　　B．求名动机　　C．从众购买动机　　D．求实购买动机

二、判断题

1．消费者等于购买者。（　　）

2．消费心理重点研究的是企业的营销活动。（　　）

3．就消费者行为而言，动机能驱动、促使消费者为达到一定的目的而进行有关的消费活动。（　　）

4．消费者需求的发展趋势包括需求的个性化、多样化、健康化、情感化。（　　）

5．需求就能产生动机。（　　）

三、案例分析题

学生小王的生活一向比较拮据。今年9月份的某周二他过生日，这天晚饭时他邀请了9位同学到某餐馆就餐，喝洋酒，吃鱼生、清远火锅鸡和水煮牛肉等，花费900元，有一多半同学喝醉了；接着又去吃蛋糕、喝酒，又消费了1000元；凌晨时又带其中的几个同学去开房，花费500元。他觉得自己过了一个难忘而愉快的生日。

请根据以上案例并结合所学知识分析，小王这次生日消费行为有哪些不妥之处？

项目二

认清消费者心理活动过程

导入案例

“佳佳”和“乖乖”是香脆小点心的商标，曾经相继风靡中国台湾地区市场，然而时至今日，率先上市的“佳佳”在轰动一时之后销声匿迹，而竞争对手“乖乖”却经久不衰。为什么会出现两种截然不同的命运呢？

经考查，“佳佳”上市前做了周密的准备，广告中也处处声明：销售对象是青少年，尤其是恋爱男女，还包括失恋者——广告中还有一句话“失恋的人爱吃佳佳”。显然，“佳佳”将希望寄托在“情人的嘴巴”上。而且做成咖喱味，并采用了大盒包装。“乖乖”则是以儿童为目标，以甜味和廉价的小包装上市，去吸引敏感而又冲动的孩子的小嘴，这就促使疼爱孩子的家长重复购买。为了刺激消费者，“乖乖”的广告直截了当地说“吃”，“吃得个个笑逐颜开！”

消费心理研究指出，在购买活动中，不同消费者的不同心理现象都包括了消费者对商品的认识过程、情感过程和意志过程。首先，从消费者心理活动的认识过程来看，消费者购买行为发生的心理基础是对商品已有的认识，但并不是任何商品都能引起消费者的认知。商品只有某些属性或总体形象对消费者具有一定强度的刺激后，才会被选为认知对象。如果刺激达不到一定强度或超过了感觉阈限的承受度，都不会引起消费者认知系统的兴奋。商品对消费者刺激强弱的影响因素较多。以上述的“佳佳”和“乖乖”为例，“佳佳”采用的是大盒包装，消费者对新产品的基本心理定势是“试试看”，偌大一包不知底细的食品，消费者颇费踌躇，往往不予问津；而消费对象限于恋爱情人，又排斥了一大批消费者；再加上广告语中的“失恋者爱吃佳佳”一语，又使一部分消费者在“与我无关”的心理驱动下，对“佳佳”视而不见。而“乖乖”的设计就颇有吸引力：一是廉价小包装，消费者在“好坏不论，试试再说”的心理指导下，愿意一试，因为量小也不致损失太大；再者广告突出了“吃”字，吃得开心，开心地吃，正是消费者满足食欲刺激的兴奋点。两相对比，“乖乖”以适度、恰当的刺激，引起了消费认知，在市场竞争中最终击败了“佳佳”。

PK

其次，从消费心理活动的情感过程来看，通常情况下，消费者完成对商品的认知过程后，就具备了购买的可能性，但消费行为的发生，还需要消费者情感过程的参与。积极的情感如喜欢、热爱、愉快，可以增强消费者的购买欲望，反之，消极的情感如厌恶、反感、失望等，会打消购买欲望。“佳佳”的口味设计，咖喱的辣味与恋爱情调中的轻松与甜蜜不太相宜，未免令人扫兴。再加上“失恋的人爱吃佳佳”这种晦气的印象，给人以消极的情感刺激。因此，它最终败下阵来也就没有什么可奇怪的了。

在商品购买心理的认知过程和情感过程这两个阶段，“佳佳”都未能给消费者造成充分的良性情感刺激，失去了顾客的欢心；而“乖乖”则给人以充分的积极情绪的心理刺激，大获消费者青睐。因此，消费者在意志过程的决断中，舍谁取谁，已在不言之中了。

思考：

1. 你同意上述分析吗？为什么？
2. 从以上案例中，你认为消费者三种心理活动过程之间的关系是怎样的？

任务一　把握消费者认知过程

消费者购买商品的心理活动，是从对商品的认知过程开始的，什么是对商品的认知过程呢？

通常情况下，人们往往是先对某一商品有笼统的印象，接着去收集各种有关此商品的信息，然后运用自己原有的知识和经验，进行初步分析，最后综合地加以理解。因此，从一般意义上讲，对商品的认知过程，即指消费者对商品信息的接收、分析和理解过程。从心理学角度看，包括消费者对商品的感觉、知觉、记忆、注意、想象、思维等心理过程。

一、感觉与知觉

（一）感觉

1. 感觉的概念

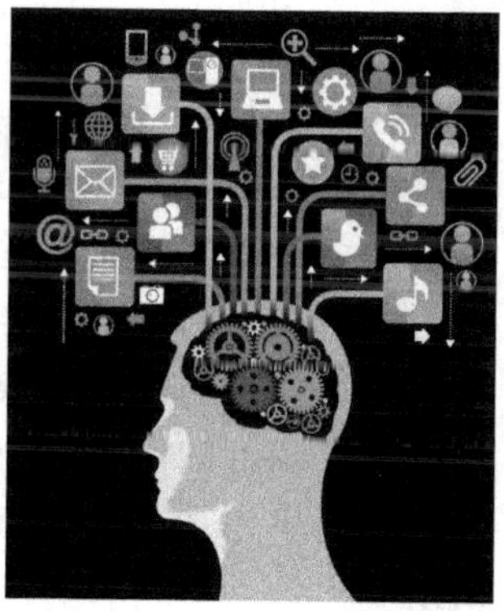

感觉是人脑对直接作用于感觉器官的客观事物的个别属性的反映。消费者的感觉主要是消费者在购买商品和使用商品的过程中对于商品个别属性的反映。人对客观世界的认识过程，是从感觉开始的。同样，消费者对商品世界的认识过程，也是从感觉开始的。

人的感觉主要有5种类型，以5种感觉器官命名，分别是：视觉、听觉、嗅觉、味觉、皮肤觉。比如：人用眼睛看到漂亮的色彩，用耳朵听到美妙的音乐，用鼻子嗅到诱人的香味，用手抚摸到柔软舒适的物体等。消费者正是通过上述各种感觉器官来分辨商品的色彩、气味、温度、重量、形状、质地等各种具体特征，通过神经系统将信息从感觉器官传递到大脑，从而形成对商品的个别的、表面的初步印象。

2．感觉的特征

感觉具有舒适性、敏感性和适应性等特征。

（1）人们的感觉都有一个舒适性的问题，可以说，追求消费商品过程中的舒适性是消费者的一种原则。在购物过程中，面对赏心悦目的购物环境和热情细致的服务，消费者便会产生一种舒适感，而这种舒适感会使人们对购物产生积极的参与感。

（2）消费者的敏感性是指对商品某一种属性进行辨别的能力。例如：喜欢绘画的消费者对商品的色彩就很敏感；对厨师来讲，对食物的气味比较在行。在消费行为中，消费者对商品的属性相对敏感的区域有 4 个：一是商品的外观；二是商品的重量和数量；三是商品的价格；四是商品的质量。

（3）消费者感觉的适应性是指随着时间的延长，人们感觉的敏感性逐渐下降的现象。例如，对喜欢流行音乐的年轻人来讲，对一张新歌专辑的狂热会持续上一两周，继而又去追捧另一张新歌专辑。对各类商品消费适应中的“喜新厌旧”现象正是推动消费者进行下一次消费行为的动力之一，更是商品市场不断发展的动力。

3．感觉的作用

感觉使消费者获得对商品的第一印象，在消费者购物活动中有很重要的先导作用。第一印象的好与坏、深与浅，直接影响着消费者的购物态度和行为。对商品的生产商和销售商来讲，要有“先入为主”的意识和行为，要在色彩、大小、形状、质地、价格等方面精心策划自己的新产品和商品，力求第一次推出就能牢牢抓住消费者的眼光和感受。

今天，大多数商场都能运用“感觉”进行销售活动，例如，给消费者创造优雅的购物环境，用灯光、音响、色彩、气味等来刺激消费者，从而达到招徕顾客和促销的目的。

（二）知觉

1．知觉的概念

知觉是人的大脑对直接作用于感觉器官的客观事物的整体反映，知觉和感觉实际上是完全分不开的。知觉是在感觉的基础上形成的，是感觉的深入。感觉是知觉的前提，没有感觉就没有知觉。感觉到的个别属性越丰富，对事物的知觉就越全面。例如，当消费者对某件衣服的色彩、大小、手感等个别属性有所反映时，可以说对这件衣服有了感觉。当他对这件衣服形成比较完整的印象时，衣服的色彩、大小、手感等属性在他的头脑中已经有了综合的反映，我们称这一过程的心理活动为消费者知觉过程。知觉过程并不是感觉的简单相加，例如对同一件衣服的知觉，普通消费者和服装专家会产生不同的整体反映。

2. 知觉的特征

知觉具有整体协调性、理解性和选择性等特征。

（1）知觉的整体协调性。从知觉的定义中，可以看出消费者知觉了商品的各个属性后，形成的是一个统一的整体或整体的形象，而并非是个别的、片面的。整体性还表现为协调性，例如消费者对衣服的款式、色彩十分中意，但价格昂贵，那么消费者对这件衣服的知觉就不会协调。平时购物我们讲究物美价廉就是整体协调性的表现。

（2）知觉的理解性是指消费者根据已有的知识和经验对知觉对象进行解释的过程。人们在感知一个对象或现象时，不仅直接反映它的整体形象，还会根据自己以前获得的知识和实践经验来解释和判断这一对象或现象。有人曾用对图片的感知来说明这一特性。实验者先给受试者展示一张图片，上面画着一个身穿运动服正在奔跑的男子。受试者一看就断定图片上的男子是球场上正在锻炼的一位足球运动员。接着给受试者展示第二张图片，内容是在那个足球运动员的前方增加一位惊慌奔跑的姑娘。这时受试者看到了一幅坏人追逐姑娘的画面。最后实验者拿出第三张图片，在奔跑的行人后面又增加了一头刚从动物园里逃跑出来的狮子。这时，受试者才明白了图画的真正意思，即运动员和姑娘为躲避狮子而拼命奔跑。

（3）知觉的选择性。知觉的选择性是指消费者在知觉商品时，不是能够知觉到商品的全部属性，而是仅仅能够知觉到商品的一部分属性。这除了人的注意力是有限的原因外，主要取决于消费者的兴趣、需要、消费习惯和消费动机等。在商业设计中，为了突出名贵商品，在其背景加以包装，用其他商品加以衬托，这种“众星捧月”式的设计正好符合知觉选择性的特点，以此来吸引消费者的注意。

3. 错觉现象

人们在知觉某些事物时，可能受背景干扰或某些心理原因影响，往往会产生失真现象，这种对客观事物不正确的知觉称为错觉。

错觉现象在生活中十分普遍。例如，实际同样身高的男女，人们总是认为女的比男的要高一些；房间里装上一面镜子，房间显得比原先宽敞多了；等等。在市场营销中要巧妙地运用错觉原理去满足消费者的心理要求。例如，用绿色瓶或黄色瓶装的啤酒，会使人产生清爽或富含营养的感觉；扁形盒包装的化妆品要比圆柱体形包装的外形显得大一些。导购员在推销纺织服装类商品时，应运用错觉原理，科学巧妙地推荐，提高服务水平。如向身体矮胖的顾客推荐能显苗条的深颜色、竖条纹服装，向细高个顾客推荐能显丰满的浅色、横条纹衣服。

练一练

消费者对佳佳的“失恋的人爱吃佳佳”和对乖乖的“吃得个个笑逐颜开！”在感觉上有什么差别？

二、记忆和思维

（一）记忆

1. 记忆的概念

记忆是人的大脑对过去经历过的事物的反映。人们过去感知过的事物、思考过的问题、体验过的情感，都能以经验的形式在头脑中保存下来，并在一定条件下能够重新再现，这就是记忆过程。

例如，消费者买了某种品牌的化妆品，使用这种化妆品的体验会给她留下一个整体的印象。一旦再购买这类商品，过去的印象便会重现出来，这种重现出来的记忆可以指导人们重新购买，成为选择商品与品牌的依据。

记忆是一个复杂的心理过程，它包括识记、保持、回忆和再认 4 个基本阶段。识记是对事物反复感知，从而使客观事物的印迹在头脑中保留下来的心理活动；保持是记忆过的事物映象在头脑中留存和巩固的过程；回忆是过去经历过的事物不在面前，而把它的印象重新呈现出来；再认是过去经历过的事物重新呈现在面前，感到熟悉并能确认它是过去经历过的。

2. 记忆的作用

记忆作为一种基本的心理过程，是和其他心理活动密切联系着的。记忆联结着人的心理活动，是人们学习、工作和生活的基本机能，把抽象无序转变成形象有序的过程是记忆的关键。

（二）思维

1. 思维的概念

思维是通过分析、概括对客观事物的本质进行间接反映的过程。也就是说，人们对客观事物的认识不会停留在感知和记忆的水平上，而总是利用已经感知和记忆的材料，进行分析、综合、抽象、概括等思考活动，把感性认识升华到理性认识阶段，从而获得对事物的本质和内在规律的认识。

2. 思维的特点

间接性和概括性是思维的重要特点。

所谓间接性是指借助已有的知识、经验来理解和把握那些没有直接感知过的或根本不可能感知到的事物。例如，消费者对大屏幕彩电的内在质量往往不是太专业，不甚了解，但可以对大屏幕彩电感知表象：图像是否清晰，色彩是否逼真，音响是否优美，信号是否灵敏等，再借助已有的知识经验，间接地认识它的内在质量性能。

所谓概括性是指通过对同一类事物的共同特性、本质特征或事物间规律性的联系来认识事物。例如，消费者在购买过程中多次感知价格与质量的联系，从而得出“便宜无好货”的概括性结论。在消费行为过程中，消费者也往往会得出“大商场的东西要比街头小摊处购得的东西质量要可靠”的结论。因此，消费者要善于思考和总结，通过现象看本质，从而获得对商品内在性质的更为深刻的认识。

练一练

在佳佳和乖乖两个产品中，它们各是通过什么方式来加深消费者印象的？

三、想象和注意

（一）想象

1. 想象的概念

人们在生活实践中，不仅能够感知和记忆客观事物，而且还能够在已有的知识经验基础上，在头脑中构成自己从未经历过的事物的新形象，或者根据别人口头语言或文字的描述形成相应事物的形象，这就是想象。我国的《西游记》就是一部充满想象与创造的名著。在平时生活中，人们受到某种刺激物的影响，会不由自主地进行想象。在消费购买行为中，消费者看到一件款式新颖的衣服，会想象这件衣服如果穿在自己身上是如何高雅时髦。

2. 想象的作用

想象能提高消费者购买活动的自觉性和目的性，对引起情绪过程、完成意志过程起着重要的推动作用。消费者在形成购买意识、选择商品、评价商品过程中都有想象力的参与。如，看到漂亮的布料，消费者会想到漂亮布料制作出来的衣服，想到穿着漂亮的衣服受人喜欢，而带来的愉快与满足感；买一台空调，消费者会想象拥有它能给家庭带来四季如春的感受，同时还能美化家居环境等。通过想象，消费者就能深入认识商品的实用价值、欣赏价值和社会价值，其结果是能增强商品对消费者的诱惑，激发其购买欲望。

（二）注意

1. 注意的概念

注意是心理活动对客观事物的指向和集中。注意这种心理现象是普遍存在的，如上课时学生要聚精会神地听讲；骑车要注意交通安全；购物要当心钱包等。

注意与认识、情感、意志等一切心理活动紧密相连，并贯穿于认识活动的全过程。可以说，没有注意，人的一切认识活动都无法进行。

2. 注意的特点

指向和集中是注意的两个特点。所谓指向，是指心理活动有选择地朝向一定事物。所谓集中，是指心理活动反映事物达到一定的清晰和完善的程度。例如，消费者在选购商品时，其心理活动会指向某一商品并全神贯注于这一商品，同时又离开其他商品。这就是对这种商品发生了注意，从而对该商品获得清晰、准确的反映，并据此作出自己的购买决策。可见，注意是消费行为过程中必不可少的心理活动。没有注意，消费者对商品的认识活动就无法进行，更谈不上引起购买行为。

3. 注意的分类

根据产生和保持有无目的和意志努力程度，注意可分为有意注意和无意注意。例如，消费者到商店想购买甲商品，浏览中无意看到乙商品，觉得不错，引起了对乙商品的注意，就属于无意注意。而消费者在嘈杂的商店里精心挑选自己想要的商品，就属于有意注意。从两者的关系来看，两者既相互联系，又相互转换。

4. 注意的作用

发挥注意的心理功能，引发消费需求。正确地运用和发挥注意的心理功能，可以使消费者由无意注意转换到有意注意，从而引发消费需求。

案例 2-1

我国贵州茅台酒在1915年巴拿马世界博览会上荣获金奖。博览会开始阶段，各国评酒专家对其貌不扬、装潢简陋的茅台酒不屑一顾。博览会临近尾声的一天，中国酒商急中生智，故意将一瓶茅台酒摔碎在展厅地上，顿时酒香四溢，举座皆惊。从此，茅台酒名声大振，走向了世界。中国参展酒商的行为，符合了消费者需要强烈、新奇、鲜明的活动刺激，引起了人们的无意注意，在提高商品知名度、引发消费需求上取得了成功。

思考：

在营销活动中，正确发挥注意的心理功能，有着引发消费需求、提高售货效率的实际意义。

案例 2-2

某大型百货公司新进了一批高级玻璃刻花酒杯，尽管它造型优美、质量上乘，但上柜之后却很少有人问津，每天仅能销 2～3 套。有位营业员想了个办法，将酒杯在橱窗里摆开，并在每个杯子里斟上红色的葡萄酒。这么一来，将晶莹剔透的刻花、高雅动人的造型衬托得清清楚楚，使人见了格外喜欢，购买愿望油然而生。结果，销售量一下子升到每天 30～40 套。

思考：

这实际上是运用了注意中的增强刺激物的强度，以吸引消费者的注意力。在营销活动中，还可运用巨幅的广告牌、明亮的橱窗来增强刺激物的强度；陈列商品经常变化，举办新产品展销，是利用刺激物的新异性；时装表演、闪动的霓虹灯则是运用刺激物的运动性等方法以引起消费者的注意。

练一练

是消费者的思维影响营销还是营销影响消费者的思维？

任务二　分析消费者情感过程

消费者的情感过程包括情绪和情感两个方面。情绪一般是指短时间内的与生理需要相联系的一种体验，比如喜欢、气愤、忧愁等。情感是长时间内与社会性需要（社交的需要、精神文化生活的需要等）相联系的一种稳定的体验，如道德感、理智感、美感等。情绪一般有较明显的外部表现，不太稳定。而情感相对来说则比较稳定，冲动性少，情感的外部表现很不明显。但是情绪的各种变化一般都受已形成的情感所制约，而人们的情感又总是在变化着的情绪中得到体现。例如，某企业的商品质量好、信誉高，在消费者心目中树立了良好的形象，消费者对它产生了信任感、亲切感，当消费者买到这种商品，并在实际使用中需要得到满足时，会产生喜悦和满意的情绪。

一、情绪、情感概述

人对事物的态度的体验，是人的需要得到满足与否的反映。情绪和情感有别于认识活动，它具有特殊的主观体验、显著的“身体－生理”变化和外部表情行为。

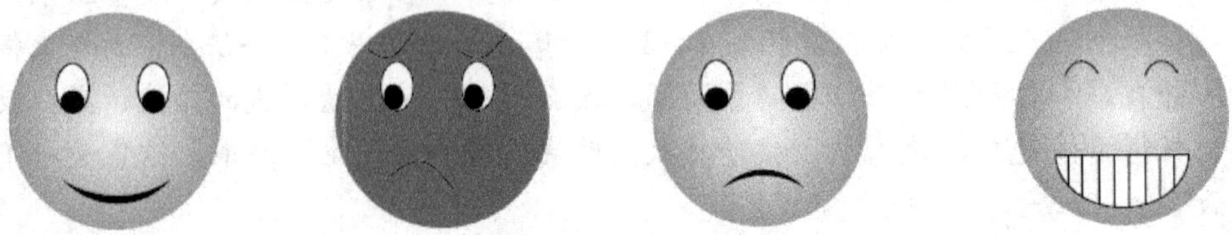

情绪和情感两个词常可通用，在某些场合它们所表达的内容也有不同，但这种区别是相对的。人们常把短暂而强烈的、具有情景性的感情反应看作是情绪，如愤怒、恐惧、狂喜等；而把稳定而持久的、具有深沉体验的感情反应看作是情感，如自尊心、责任感、热情、亲人之间的爱等。实际上，强烈的情绪反应中有主观体验，而情感也在情绪反应中表现出来。通常所说的感情既包括情感，也包括情绪。

在个体发展中，情绪反应出现在先，情感体验发生在后。新生儿一个月内就出现了愉快、痛苦的情绪反应。他们最初的面部表情具有反射的性质，而随后发生的社会性情绪反应就带有体验的性质，产生了情感。例如在母子交往中，母亲哺乳引起婴儿食欲满足的情绪；母亲的爱抚引起婴儿欢快、享受的情绪。当婴儿与母亲形成了依恋时，就产生了情感，这种依恋具有相对稳定而平缓的性质。然而，已经形成的情感，常常要通过具体的情绪表现出来。对成人来说也是这样，爱国主义的情感，在具体情境下是通过情绪得到体现的。一个人对祖国的成就欢欣鼓舞，对敌人仇恨，这都是表达情感的情绪；而每当这些情绪发生时，又体验着爱国主义情感。

情绪以表情形式表现出来，包括面部表情、言语声调表情和身段姿态表情。面部表情是情绪表现的主要形式，面部表情模式是在种族遗传中获得的。面部肌肉运动向脑部提供感觉信息，引起皮层皮下的整合活动，产生情感体验。表情对儿童认知和社会性发展以及对成人的交际具有重要的意义。

情绪的“身体—生理”反应是由中枢和外周神经系统以及内分泌系统的活动产生的。中枢神经系统对情绪起调节和整合的作用。大脑皮层对有关感觉信息的识别和评价，在引起情绪以及随后的行为反应中起重要作用。网状结构的激活是活跃情绪的必要条件。边缘系统的结构与愤怒、恐惧、愉快、痛苦等强烈情绪有关。自主神经系统与情绪的“身体—生理”反应密切相关。

神经系统和脑的化学过程对情绪的发生和变化有直接的影响，特别是“脑垂体—下丘脑—肾上腺系统”的活动，对情绪的调节起着显著的作用。脑垂体和下丘脑既参与中枢和外周神经系统对情绪的整合，又具有调节内分泌腺，特别是肾上腺的功能。

情绪和情感复杂多样，很难有准确的分类。荀子的“六情说”把情感分为好、恶、喜、怒、哀、乐六大类。R·笛卡儿认为爱、憎、喜、悲、称赞、期望是基本的情感，其他情感是由这些情感派生的。B·斯宾诺莎提出基本情感是喜、悲、愿望3种。一般认为愉快、愤怒、恐惧和悲哀是最基本的原始情绪。近年对情绪发展的研究以面部表情区分出10种基本情绪，它们是兴趣、愉快、痛苦、惊奇、愤怒、厌恶、惧怕、悲哀、害羞和自罪感。前8种在幼儿1岁内均已出现，后两种在1岁半左右亦能发生。成人除基本情绪以外，还有许多复合情绪。例如对自己的态度有骄傲感与谦逊感；与他人相联系的有爱与恨、羡慕与妒忌；对情境事件有求知、好奇心等，都是两种以上基本情绪的混合。焦虑和忧郁等可能带有异常性质的情绪，也是几种基本情绪的合并。焦虑包括恐惧、痛苦、羞耻、自罪感等成分；忧郁包括痛苦、恐惧、愤怒、厌恶、轻蔑和羞耻等成分。人类复杂的情绪情感蕴涵着社会内容。

情绪和情感具有两极对立的特性。在一定条件下它们之间可以互相转化（情感两极性）。情绪具有4个维度：强度（情绪的强弱程度）、快感度（愉快和不愉快的程度）、紧张度（从紧张到轻松的程度）和激动度（从激动到平静的程度）。情感的每个维度都有不同程度的序列。4种维度之间不同程度的组合构成复杂多样的情绪状态。

情绪状态有几种特殊的形式。心境是持久而淡漠的情绪状态，可以形成人的心理状态的一般背景。激情是强烈、短暂、爆发式的情绪状态，通常由突然发生的对人具有重大意义的事件引起。应激是在人的生命或精神处于威胁情境下，采取必要决定行动时或（和）无力应付受威胁的处境时产生的情绪状态。长时期持续的应激则能引起精神创伤，危及身体健康。

情感可以发生在下列不同的水平上。

（1）与嗅、味、触、声音、颜色等感觉刺激相联系的简单情感，例如噪声、臭味引起厌恶等。

（2）与饥饿、疼痛等机体感觉相联系的简单情感，例如饱食的满足、身体良好状态的舒适等。

（3）基于个体社会经验和文化影响而产生的社会性情感，例如，对人的思想意识和行为举止是否符合社会道德规范而产生的体验称为道德感。与人对真理的追求、对科学的探索等与智力活动相联系的体验称为理智感。在自然风光和艺术欣赏中产生的和谐与美的感受称为审美感。道德感、审美感、理智感被称为高级社会性情感或情操。

（4）表现个人气质的情感，如乐观、生机勃勃、冷静、忧郁等。在个人的气质中，表现得持久而经常出现的情感体验成为人格构成的重要成分。

人的认识活动受情绪和情感的影响。积极的情绪、情感推动人们去克服困难、达到目的；消极的情绪、情感，阻碍人们的活动，消蚀人们的活力，甚至引起错误的行为。

练一练

在消费者情绪里面，对于佳佳的“失恋的人爱吃佳佳”和对乖乖的“吃得个个笑逐颜开！”这两个类似的产品的情绪有什么不同？

二、消费者的情感

（一）情感的基本类型

（1）根据情感的不同来源，可将其分为五大类别，见表2-1所示。

表2-1 情感的基本类型

	类　别	特　征
1	基本情感	主要指喜、怒、哀、乐等经常出现的情感
2	感官刺激引起的情感	指痛楚、压迫感等纯粹由感官刺激引起的情感
3	与自我评价有关的情感	如对事业的自信、失败时的羞辱等情感
4	与审美有关的情感	如快活感、轻松感、幽默感等情感
5	与他人有关的情感	如爱、憎等情感

情感虽说没有具体形象，但并不是无法捉摸的，它一般会通过人的动作、语言、表情等表现出来。如一个消费者终于买到了盼望已久的商品，他的面部表情和语言会表现出欣喜的特点；如果发现买回的商品质量有问题，他的面部会出现懊丧的表情。一个小孩得到了自己心爱的玩具，会高兴得手舞足蹈起来。情感对消费者心理活动的影响过程如表2-2所示。

表2-2 情感对消费者心理活动的影响

	类　别	特　征	示　例
1	积极的情感	能增强购买欲望，促成购买行为	如有位顾客看到市场上新出售的一种面料，花色新颖，令人喜爱，尽管他暂时还不需添置衣服，但还是买了
2	消极的情感	抑制购买欲望	如一种猫头鹰造型的发条玩具，使小朋友望而生畏，甚至哭起来，就很难销售出去
3	双重的情感	如高兴又怀疑，基本满意又不完全称心等	如一位消费者走了好多家商店，终于找到了他所需要的商品，非常高兴，但这种商品已快卖完，剩下的都有小毛病，但因急需它不得不买，可总有些不那么称心

（2）根据情绪、情感的性质、强度以及持续时间的长短，可分为心境、激情、热情和应激。

（3）根据情绪、情感的社会性内容，可分为道德感、理智感和美感。

（二）消费者情绪情感的类型

情绪情感的表现形式是多种多样的，根据情绪情感发生的强度、速度、持续时间的长短和外部表现来划分，可以将其划分为 3 种表现形式：激情、心境和热情。

1．激情

激情是人们在一定场合爆发出来的强烈情绪，如狂喜、暴怒、绝望等。激情出现的时候可以对消费者的行为造成巨大的影响，甚至可以改变消费者的理智状态，使理智变得模糊或难以控制。消费者在购物场所受到强烈刺激而发怒的时候，就有可能出现这种情况。消费者在抢购风潮中也会出现类似激情状态的情绪。对生产商和销售商来讲，要尽可能地避免对消费者的强烈的不良刺激，削弱消费者的对抗情绪，引导消费者产生积极的激情，愉快地进行购买活动，争取营销活动的成功。

2．心境

心境是人们在长时间内保持的一种比较微弱而平静的情感状态，如心情舒畅或郁郁寡欢等。心境的好坏，对于消费行为具有很重要的影响。良好的心境能使消费者发挥主动性和积极性，容易引起对商品的美好想象，易导致购买行为。而不良的心境，则会使消费者心灰意懒，导致抑制购买欲望，阻碍购买行为。在市场营销活动中，一方面要创造舒适优雅的购物环境，建立轻松愉快的气氛；另一方面，营销人员应当努力把自己培养成快乐活泼、富有表现力和感染力的人，经常以乐观的情绪感染消费者，“动之以情，晓之以理”，引导和帮助消费者排除不良心境。

3．热情

热情是一种强有力的、稳定而深刻的情感，如对祖国、人民深厚的爱，对事业的执着追求等，都是热情的表现。热情虽不如激情强烈，但比激情深刻而持久。它有时虽不如心境那样广泛，但比心境强烈而深刻。热情不仅仅是简单的情绪体验，也是一种情感状态，还是意志行动的组成部分。积极的热情蕴蓄着坚强的意志力量，给人们以鼓舞，激励人的行动，去实现和达到伟大的目标。

消费者的热情总是有一定的基本方向和目标的，为了达到目标乐意做出努力和奋斗。例如，一个热爱音乐的人，为了达到购买钢琴的目的，哪怕省吃俭用，也要如愿以偿。许多消费者就是在这种热情的推动下购买某种商品的。市场营销者要想方设法了解消费者的心理、兴趣和爱好，利用各种营销推广手段，唤起消费者的热情，培养惠顾动机。

（三）消费者对商品的具体情感过程

消费者从对某商品产生需要到最终决定购买的情感过程，大致可分为以下 5 个阶段。

1．悬念阶段

消费者产生了购买的需要，但还未采取行动到商店去寻求这种商品。消费者这时处在一种悬念状态中，其情感特点是不安。如果他的需求是强烈的，那么他就会体验到一种急切感。

2．定向阶段

消费者这时已面对他所需求的商品，但他对商品的观察还是初步的、笼统的。这时的情感获得定向，亦即趋向喜欢或不喜欢，趋向满意或不满意。

3．强化阶段

强烈的购买欲望迅速形成。有些消费者在强烈的购买欲望推动下，立即完成购买行动，而有些消费者比较冷静，他们还想再推敲一下。此时，对大多数消费者来说，情感过程还没有完成。

4．冲突阶段

消费者将对商品进行较为全面的评价，如价格是否合理、质量是否可靠、造型是否新颖、社会上是否流行、是否假冒等。由于十全十美的商品很少，大多数商品都会在某些方面使人不满意，因此，消费者往往要体验不同情感之间的矛盾和冲突。如基本满意而又不完全称心，比较喜欢而又略感遗憾等。如果积极的情感占了主导地位，那么一个购买决定就做出了。这时情感过程中大大增加了理智的成分，通过评价，感情同理智逐步趋于统一。

5．选定阶段

通过各种评估，消费者对某种商品产生了偏好，并对这一商品采取行动，形成购买行为。

（四）消费者情绪情感的作用

简单地讲，情绪与情感对于消费行为的作用有积极的一面，也有消极的一面。人的情绪本身包含了两种极性，即愉快与不愉快、喜欢与不喜欢等。愉快的情绪，及对商品所持有的喜欢的体验，都会对消费行为产生积极的作用，推动消费行为进行的速度，愉快的情绪还会增加消费者的勇气，帮助其克服购买行为中可能出现的各种困难。而不愉快的情绪，不喜欢的情绪体验，只能对消费行为起消极的作用。如果这种情绪来源于商品，消费者会拒绝购买这种商品；如果不愉快的情绪来源于购物场所，消费者会尽快离开这种购物场所；如果不愉快的情绪来源于营业人员的话，有的顾客会尽量躲避这名令他讨厌的营业员，还有的顾客可能会激发不良情绪而同营业员发生矛盾和冲突。

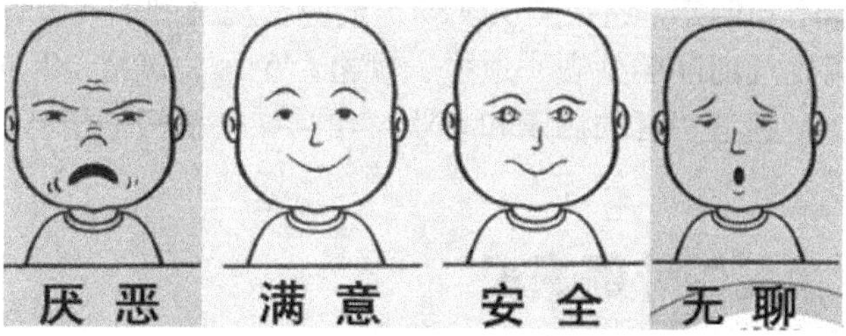

消费者在购物场所中，一般表现出一些情绪性的反应，而消费者在长期的购物过程中，又会形成一些稳定的情感体验，这些情感体验以及相应的态度必然要带到每一次购物行为中去。在每一次购买行为中，即表现为当时的情绪性。商场和营业人员应从两个方面来处理顾客的情绪情感问题，一是要尽量创造出优美的购物环境，以优良的服务质量和热情态度来接待每一位消费者，尽量为每一位消费者营造愉快的心情，所谓“乘兴而来，高兴而归”；二是花大力气在消费者心目中树立商业企业的良好形象，使消费者能够长久地对该企业抱有良好的情感。

（五）影响消费者情感的因素

影响消费者情感的因素是多方面的，在以后的有关内容中还会详细分析，这里只是稍作提示。

1. 个人心境

这里讲的个人心境是指消费者进入购买现场时的情感状态或精神状态。心境是一种比较微弱、平静而持久的情感体验。在心境产生的全部时间里，它能影响人的整个行动表现，保持它的积极或消极的影响。不同的心境会使消费者行为带有不同的情感色彩，或者兴高采烈，或者郁郁寡欢，或者暴躁不安等。

2. 审美情趣

这是人们根据自己的看法对客观事物审美价值的评价。当消费者产生对某种事物和现象的美感时，实际上是持肯定态度，并会以积极的情感色彩表现出来。

3. 购物环境

购物环境是购买现场的整体情况和气氛。消费者的情感变化首先是受购物环境的影响，当消费者步入宽敞明亮、色彩柔和、环境幽雅、整洁干净的商场时会感觉愉快、舒畅。如果再加上营业人员热情周到和礼貌待人的服务，更能使消费者产生满意的情绪，取得意想不到的营销效果。

4. 商品因素

消费者需要的满足大多是借助商品实现的，所以有关商品的外观和内涵各方面的特征，都能够引起消费者的不同情感，这在购买现场是最容易观察到的。当商品本身各方面属性，如质量、功能、适用性及商品的外观、造型、规格、色彩、风格、包装等，符合消费者的实际需要时，自然会引起消费者的满意和喜欢，使其产生积极的情感；反之，则会使其产生不满意的消极情感。

三、情绪、情感的外部表现

对于消费者来说，情绪和情感表现为对商品和服务的特殊反映形式，或者说是消费者对商品和服务是否符合个人需要而产生的体验。情绪往往与低级的心理过程（感觉、知觉）相联系。然而，情感则是在情绪的基础上更高级的心理体验。但每个消费者都会根据自己的需要、价值观念、审美标准等，对市场上出现的各种商品做出自己的主观评价，并通过其神态、表情、语气、动作等各种带有情绪色彩的外部形式表现出来。所谓喜、怒、哀、乐、爱、恶、惧七情就是消费者情感的基本表现形式。

消费者的情感表现程度在购买活动中主要表现在以下三个方面。

1．面部表情

面部表情主要是指目光和眼神。俗话说“眼能传神”，这确切地说明了眼睛是心灵的窗户。当一个人目不转睛地注视某一商品时，可能就是对其感兴趣。

2．声调表情

人们说话的语调、声音强弱及语速的变化，往往反映出情感的变化。在商店里购物时，同样的一句话：“你买什么？”由于说话者语调的强弱和速度的不同，可以反映出亲切、真诚的情感，但也可以表现出厌烦、冰冷的情感。

3．动作表现

一般情况下，当消费者购买衣物时，遇到其满意喜欢的商品时，常常表现出点头、赞不绝口、跃跃欲试的动作；反之则不屑一顾，匆匆而过。

在消费活动中，消费者情感的产生与变化可以促使购买行为的实现，也可以阻碍购买行为的进行。究其原因，这种影响与情感本身的两极性有密切关系。当人们具有一种兴奋、快乐、激昂的积极情感时，就能促使消费者有积极的活动并提高他们的购买能力。而烦恼、沮丧、悲伤的消极情感，则会降低和削弱消费者的活动能力。如美国一家公司雇用了数十名女打字员，开始把她们集中在同一间办公室里工作，以便对她们进行专门监督和管理。情况如何呢？在最初的三个月内，打字员产生不安情绪并造成多起事故。经过分析发现，事故的发生与打字时的噪声高达 80 分贝有关。在这种强烈的噪声干扰下，加之严厉的管理人员，使女打字员容易产生心情上的烦躁甚至愤怒，导致工作的错误率增高。后来，公司引进了防音、隔音和消音设施，使室内噪声减少到 64～70 分贝。经过一段时间的观察，发现打字员中没有一个产生烦躁不安的情绪，从而使打字的错误率降低，可见情感的变化对人的行为具有明显的影响。

案例 2-3

民族品牌影响力的提升。曾几何时，洋品牌一直是消费者追捧的对象，民族品牌像丑小鸭一样不被看好。

2008 年 5 月 12 日，四川汶川大地震导致几万人遇难，神州大地上悲伤的泪水汇流成河。在灾难面前，唐山大地震的孤儿张祥青创办的中国驰名品牌——荣程，在央视"爱的奉献"抗震救灾大型募捐晚会上，为汶川灾区捐出 1.1 亿元。除了"荣程"，"王老吉"也捐出 1 亿元；"中国移动"捐出 2.862 亿元；"万科"捐出 1 亿元；"海洋石油"捐出 5 亿元等。成千上万的民族品牌企业为汶川灾区捐钱捐物，全力帮助灾区人民重建家园。

思考：

民族企业的爱国情感，激发了消费者对民族品牌的热爱，极大地提升了民族品牌的影响力。

四、情感在消费行为中的作用

情感使人们对未来幸福生活产生向往，促使人们去进行劳动、斗争，情感生活是人们一刻也不能缺少的。消费者购买商品活动也是如此，都要有情感的加入。

1. 一般感受阶段

消费者对商品、商店等客观事物在认知的基础上初步形成好或坏的印象，流露出喜欢或不喜欢、满意或不满意的倾向性。

2. 情感激化阶段

消费者若对某种商品或某家商店产生良好印象，可以激起强烈的购买欲望和购买热情。若受到周围环境的感染或自身情感的触动，可以迅速地发展到采取购买行为；如果周围环境脏、乱、差，则很可能改变购买意向。如一个消费者慕名到一家商店购买糕点，正要准备付款时，忽然看到食品柜中苍蝇飞旋，营业员个人卫生也很差，令人作呕，于是立即打消了购买念头，还发誓"永不再吃这家商店的点心"。因此，在经营活动中要为消费者创造良好的气氛，使商店的商品、服务和设施有利于激发消费者积极的购买情感，消除其烦躁、厌恶的消极情感，推动购买活动的顺利发展。

案例 2-4

"钻石恒久远，一颗永留传"这句广告语将冷冰冰的钻石融入一段刻骨铭心的爱情之中，不知感动了多少人。"妈妈，我能帮您干活了。"雕牌洗衣粉的情感广告，更是抒发了亲情的爱，不知温暖了天下多少父母的心。香水品牌娇兰（SHALIMAR）演绎着这样的浪漫情怀：诞生于爱情之中的香水才是情人最好的礼物。SHALIMAR 是梵文，原意为爱的神殿。传说印度大帝沙贾汗非常宠爱他的妃子泰姬，这位至高无上的国王，为了博得爱妃的欢心，下令建造了许多美丽的花园。在这里，他与爱妃泰姬携手漫步，互诉爱意，浪漫爱情撒向了花园的每个角落。这个充满浪漫情怀的花园后来就被命名为 SHALIMAR，这也触发了香水大师 Guerlain 的灵感，他创造出了香水品牌 SHALIMAR，表达了对浪漫爱情的向往。

思考：

人是"理性的卫道士"，也是"情感的俘虏"。一个品牌最能打动人心的不仅是其产品的物理功能，更在于品牌蕴涵的情感感染力。关爱、真诚、友谊、快乐、激情、自由……这些情感无不感动、震撼着我们的内心。一个品牌如果能够充满丰富的感染力，与消费者进行情感上的交流，就会使品牌从冰冷的物质世界跨入到有血有肉的情感世界，也会使品牌楚楚动人，魅力无穷。

案例 2-5

可口可乐的前任老板伍德拉夫曾说"可口可乐的 99.61%是碳酸、糖浆和水"，那么余下来的那一点点是什么呢?

思考：

可口可乐之所以能穿越百年时光，关键在于它"占领"了消费者的情感。可口可乐公司欧洲太平洋集团公司总裁约翰曾说过一句耐人寻味的话："可口可乐并不是饮料，它是一位朋友。"可口可乐塑造的"乐观向上"的品牌形象感染了几代人。而且，可口可乐品牌感染力的塑造不光停留在品牌宣传的层面，还上升到社会公益事业的高度。可口可乐将公益事业视为企业整体战略的一部分，他们不仅出钱而且出心，为了塑造"企业公民"的良好形象，可口可乐对公益活动的投入可谓不遗余力。迄今为止，可口可乐公司已在中国捐建了 52 所希望小学，100 多个希望书库，使 6 万多名儿童重返校园，并捐赠 800 万元支持家庭贫困的第一代农村大学生。通过赞助公益事业，可口可乐成功地在消费者心目中树立起"认真、积极、负责"的良好形象，这同时也增强了品牌的感染力。

任务三　明晰消费者意志过程

一、意志概述

（一）意志的概念

意志是人自觉地确定目的，并支配行动、克服困难，实现目的的心理过程，即人的思维过程见之于行动的心理过程。无意识的本能活动、盲目的冲动或一些习惯动作都不含有或很少有意志的成分。从“意志”两字的字面意义来看，“意”指心理活动的一种状态，“志”指对目的方向的坚信、坚持。意志，即对实现目的有方向、有信念地坚持的一种心理活动（含潜意识中的心理活动）。

意志是人类特有的有意识、有目的、有计划地调节和支配自己的行动的心理现象，其过程包括决定阶段和执行阶段。决定阶段指选择一个有重大意义的动机作为行动的目的，并确定达到该目的的方法。执行阶段即克服困难，坚定地把计划付诸实施的过程。意志的调节作用包括发动与预定目的相符的行动以及抑制与预定目的矛盾的愿望和行动两方面。

人的行动主要是有意识、有目的的行动。在从事各种实践活动时，通常总是根据对客观规律的认识，先在头脑里确定行动的目的，然后根据目的选择方法，组织行动，施加影响于客观现实，最后达到目的。例如同学们进高等师范院校学习，立志从事教育事业，这首先要确定行动目的，然后根据这个目的顽强地刻苦学习，参加体育锻炼，克服各种困难，争取在德智体几方面都得到发展，成长为合格的人民教师。在这些行动过程中，不仅意识到自己的需要和目的，还以此调节自己的行动以实现预定的目的。意志就是在这样的实际行动中表现出来的。

意志是人们自觉地确定目的并支配其行动以实现预定目的的心理过程。《心理学大辞典》认为：“意志是个体自觉地确定目的，并根据目的调节支配自身的行动，克服困难，实现预定目标的心理过程。”我们生活工作中的决策、计划、实施乃至娱乐消遣行为等，都需要程度不同的意志过程的参与，但并不代表这一切都需要“克服困难”，或者说有一种困难的感觉。进一步说，如果有这种困难为难的感觉才算是心理上的意志过程，恰恰等于说当人感觉力所难及或者人不愿出力时，才会有意志过程，而这恰恰是与意志心理过程的事实存在状况不符。

意志是人的意识能动性的集中表现，是人类特有的心理现象。它在人主动地变革现实的行动中表现出来，对行为（包括外部动作和内部心理状态）有发动、坚持和制止、改变等方面的控制调节作用。

人的行动是由各种不同的动机决定的，这些动机是为了保证生存和满足各种需要而产生的。当一个人意识到自己或社会有某种需要时，就会产生满足需要的愿望，从而进一步有意识地确定追求的目的，拟定达到目的的计划，并做出行动。这种行动始终是由意识调节支配的，是自觉的、指向于一定目的并与努力克服达到目的所遇到的障碍相联系的。从产生动机到采取行动的这种心理过程就是意志。意志行动不同于生来具有的本能活动和缺乏意识控制的不随意行动，而是属于受意识发动和调节的高级活动。人的生活、学习和劳动都是有目的的随意行动，都是人类所特有的意志行动。

（二）意志的本质

人的心理，是人脑对客观现实积极的、能动的反映。这种能动作用，不仅表现在认知从感性到理性的飞跃，而且表现在改造世界的意志活动中。意志就是这种能动性的集中表现。在认知和变革现实的过程中，人自觉地确定目的，有意识地根据目的、动机，调节、支配行动，努力克服困难，实现目标的心理过程，叫作意志。意志是人所独具的心理现象，人不仅有感觉、知觉、记忆、思维等心理过程，而且还能够制订行动计划，积极地控制自己的行为。正是意志这个心理过程的能动性，体现了人不仅能够认知世界，而且能够改造世界。

无数事例可以说明，意志是成人、成事、成才的关键。有些人不能成功，就是缺乏再努力一下的意志品质；那些违法犯罪、失足者，其主观原因都是意志不坚定，不能正确控制自己的行为，从而最后无法成为一个有用的人。

案例 2-6

辛苦的球迷

2006年，德国世界杯足球比赛的地点有12个，赛程从北京时间2006年6月10日～7月9日，历时近1个月。世界各地的球迷蜂拥而至，为了观看比赛，许多铁杆球迷放弃了工作，忍受语言不通和气候、饮食习惯的差异，甚至买高价票。而且，各参赛球队的球迷还要追随球队在比赛城市之间辗转，更有甚者，为省钱都到举办球赛的德国的邻国波兰去住。

这些球迷为了世界杯，已经到了疯狂的地步，他们的坚定意志令人佩服！

（三）意志过程的基本特征

1. 购买目的明确

一般来说，消费者为了实现自己的动机，总是要在经过思考之后提出购买的目标，并根据目标制订购买计划，有意识地去实现购买目的。

例如一位消费者，当他确定了要买某一商品，尤其是大件商品的目标后，必须在一定时间内有一个攒钱的准备阶段，或相应缩减其他有碍实现这一目标的开支。当他去实际购买时，还会考虑到什么商店，花多少时间去购买，在商店他不能随意将这笔货款转为他用。因此，意志总是和一定的目的性联系在一起，这也是心理活动的自觉性。自觉地确定目的的特征，这是人和动物的本质区别之一。马克思曾说过，蜜蜂建筑蜂巢的本领曾使最高明的建筑师感到惭愧。但是人在活动之前，活动的结果已经作为行动的目的而观念性地存在于人的头脑之中，以这个目的指引自己的行动。所以，如果说感觉是外界刺激向内部意识的转化，那么，意志就是内部意识向外部动作的转化。

2. 对行为具有调节作用

购买目标确定之后，通常还要排除各种干扰，克服各种困难和矛盾，之后才能实现购买。需要排除的干扰和克服的困难往往是多种多样的，既有消费者的主观因素造成的（如同时有几个购买动机，又不协调），也有客观因素造成的（如商品价格与个人经济条件的矛盾，商品质量、服务态度、销售方式等不合心意）。消费者在购买活动中，常常要克服这些来自主观上的干扰和客观条件所造成的障碍，才能去实现预定的购买目的。

消费者的意志对行为的调节作用表现在两个方面：一是发动，即驱使人们为达到预定目的所做的努力过程。如想购买什么商品就获得什么商品的那种情感和行为。二是制止，即抑制、中断不符合目的的行为而做的努力过程。如为购买某商品而克制某些需要的那种情感和行为。意志的这两方面调节作用在实际中是统一的，只有这样，才能克服各种干扰和困难。

（四）消费者意志品质的基本特征

意志品质是消费者意志的具体表现。由于个性特征的不同以及意志品质的差别，消费者在购买过程中的购买行为带有显著的特征。消费者的意志品质特征主要体现在以下几个方面。

1．意志行动的目的性

人的意志具有明确的目的性，所以它才能既发动符合于目的的某些行动，又能制止不符合目的的某些行动。意志行动效应的大小，是以人的目的水平和社会价值的高低为转移的。目的越高尚远大、越有社会价值，意志表现水平就越高。

2．意志行动是与克服困难相联系的

克服困难的过程也就是意志行动的过程，困难有外部困难和内部困难两种。人的意志坚强与否、坚强程度如何，是以困难的性质和克服困难的难易程度来衡量的。

3．意志行动以随意动作为基础

人的行动是由动作组成的，动作有不随意动作和随意动作两种。不随意动作是指无预定目的的动作，随意动作则是指有预定目的、受意识指引的动作。有了随意动作，人们就可以根据目的组织、支配和调节一系列的动作，实现预定的目的。随意动作是意志行动的必要组成部分，是意志行动的基础。

练一练

消费者对“失恋的人吃佳佳”是如何认知的？为什么失恋了就吃“佳佳”呢？

二、意志过程的三个阶段

1．做出购买决定阶段

这是意志活动的初始阶段，也是购买前的准备阶段。它包括购买目的的确定、购买动机的取舍、购买方式的选择和购买计划的制订四个方面。如消费者根据自己的支付能力和商品的供应状况，从自己的需求出发，分清主次、轻重、缓急，做出各项决定，即是否购买和购买的顺序等。消费者在这个阶段，主要是克服个人心理上的冲突，选定恰如其分的购买动机，战胜内部因素造成的困难，及时做出购买决定。

2. 执行购买决定阶段

这时购买决定转化为实际的购买行动，表现为根据既定的购买目标将主体意识转化为实现购买目的的实际行动。通俗地讲，就是上商店去采办自己计划中需要的商品，这期间往往有一些障碍需要加以排除。所以，这是消费者意志活动的中心环节。

3. 体验执行效果阶段

买回商品后，消费者的意志过程并未结束。通过对商品的使用，还要体验执行购买决定的效果。体验阶段，实际上就是对买回家的商品感受满意还是不满意的问题。一般人们对所购商品都会有一个期望值。完成了一次具体购买过程的消费者，常常会将购前和购后心理做一番比较，若购前期望与购后感受较一致，则会对商品产生满意感，有时会出现购后感受超过购前期望，就会喜出望外；若购后感受达不到购前期望，就会产生挫折感。

概括地说，认知过程、情感过程和意志过程在人的心理活动过程中是紧密联系、彼此渗透、相互影响的，是人的统一心理过程的不同方面。对客观世界的正确认知是人的情感活动和意志活动的基础，良好的情感又能推动人的认知和意志。而坚强的意志则能促使人们认知活动的深化，也使人的情感服从于人的理智的认知。在消费者的行为活动中，可以看到心理活动的认知、情感、意志三个过程统一协调、相互作用地影响着消费者的购买活动。

案例 2-7

听证会成“涨价会”

国家发改委发布的《政府制定价格听证办法》征求意见稿，与现行的《政府价格决策听证办法》相比，意见稿明确提出，听证会举行前 30 日，政府价格主管部门应当通过政府网站、新闻媒体向社会公告听证会参加人的名额、产生方式及具体报名办法等相关事项，且消费者听证代表人数占比不少于三分之一。(《京华时报》)

思考：

以目前的价格听证情况来看，消费者的意志在价格形成过程中，不仅需要量变，更需要质变。价格听证制度作为一种舶来品，引进以后变得有些异样，最为显性的表征即为“逢听必涨”的状态持续了很长一段时间。

即使现在以法规的形式确定消费者听证代表的比例，也仅仅一定程度上满足了消费意志在价格听证中的表达基量，而消费意志表达能否真正影响到价格形成，换言之，作为市场主体的消费者能否借此具备了与政府价格博弈的资格，还需要更深层次的变革。一定程度上说，消费者听证代表不患寡，而患意志被架空。

综上所述，进一步完善价格听证制度，发挥其在平衡价格和制约乱涨价方面的功效，必须在消费者权利保障与听证制度程序上着眼，使消费意志得到足够的尊重，实现由量变到质变的转化。

通过对消费者的认知过程、情感过程和意志过程的分析，我们可以知道，认知过程是情感过程与意志过程的基础，同时，情感过程、意志过程又促进了消费者认知过程的发展和深化；情感过程是消费者认知商品的心理过程中必不可少的阶段，对购买行为的实现有决定性的意义，而且消费者对于所选购商品的情感的程度，决定了意志过程执行购买决定的坚决程度；最后，意志过程有赖于情感过程，但又在一定程度上能够调节情感过程的发展和变化，是认知过程、情感过程的保证。

三、意志与认知情感的辩证关系

意志包括感性意志与理性意志两个方面。感性意志是指人用以承受感性刺激的意志，它反映了人在实践活动中对于感性刺激的克制能力和兴奋能力，如体力劳动需要克服机体在肌肉疼痛、呼吸困难、血管扩张、神经紧张等感性方面的困难与障碍。理性意志是指人用以承受理性刺激的意志，它反映了人在实践活动中对于第二信号系统刺激的克制能力和兴奋能力，如脑力劳动需要克服大脑皮层在接受第二信号系统的刺激时所产生的思维迷惑、精神压力、情绪波动、信仰失落等理性方面的困难与障碍。

意志既要考虑客观事物本身的运动状态与变化规律，还要考虑主体的利益需要，尤其要考虑人对于客观事物的反作用能力，它是一种非中性的而且是能动的、创造性的反映活动。

综上所述，人的三种基本的主观心理活动（认知、情感与意志）分别反映了三种基本的客观事物（事实关系、价值关系和行为关系）。人为了生存和发展就必须首先感知和了解各种事物的事实关系，其次要掌握这些事物对于人的价值关系，再要掌握每个行为的价值关系并且判断、选择、组织和实施一个最佳的行动方案。第一步由认知活动来完成，第二步由情感活动来完成，第三步由意志活动来完成，因此从认知到情感，再从情感到意志，是一条基本的、不可分割的人类自控行为的流水线。

知、情、意（即认知、情感与意志）的辩证关系在根本上取决于事实关系、价值关系与行为关系的辩证关系。

1. 情感是一种特殊的认知，意志又是一种特殊的情感

客体对于人的生存与发展的意义也是客体的一种关系属性，只因为它有着特殊的意义，才与其他关系属性区别开来，因此价值关系是一种特殊的事实关系，情感是一种特殊的认知；本质力量是人的一种最重要的价值属性，只因为它有着特殊的意义，才与一般的价值属性区别开来，因此行为关系是一种特殊的价值关系，意志是一种特殊的情感。从广义角度来看，知、情、意都是一种认知活动，只是各自侧重于不同的角度，情感侧重于从意义的角度进行认知，意志侧重于从行为效应的角度进行认知。

2. 认知、情感与意志相互区别

三者的主要区别是：认知一般是以抽象的、精确的、逻辑推理的形式出现，情感一般是以直观的、模糊的、非逻辑的形式出现，意志一般是以潜意识的、随意的、能动的形式出现；认知主要是关于“是如何”的认识，情感主要是关于“应如何”的认识，意志主要是关于“怎么办”的认识。如果把情感与认知割裂开来，就会使情感没有客观依据而变成了“公说公有理，婆说婆有理”；如果把情感与认知混淆起来，又会使情感失去公正性而变成了“成者为王，败者为寇”；如果把情感与意志割裂开来，就会使情感成了空洞的情感；如果把情感与意志混淆起来，又会使情感成了糊涂的情感。

3. 认知、情感与意志相互依存、相互联系

没有事实关系，价值关系就成了无源之水，没有价值关系，行为关系也就成了无源之水，因此认知是情感的源泉，情感是意志的源泉；事实关系以价值关系为导向，价值关系又以行为关系为导向，因此认知以情感为导向，情感以意志为导向；情感最初是从认知中逐渐分离出来的，它又反过来促进认知的发展，意志最初是从情感中逐渐分离出来的，它又反过来促进情感的发展；认知、情感与意志相互渗透、相互作用、互为前提、共同发展。

练一练

对佳佳和乖乖两种产品，消费者在消费的时候会不会存在不一样的情绪？

四、意志的运行程序

意志是人对于自身行为的价值关系的主观反映，具体而言，就是人脑对于自身行为的价值率高差的主观反映，其客观目的在于引导主体根据各种行为的价值收益率的多少（即行为价值率高差的大小）来选择、实施、评价和修正自身的行为活动，使主体能够以最小的代价取得最大的收益。

意志活动的运行程序大致可分为五个阶段。

1. 价值目标的确立

人在某一时期内通常会有若干价值需要，并在大脑中形成相应的主观欲望，这些欲望的满足具体表现为某一种价值事物（如食物、金钱、地位或爱情）的获取或价值目标的实现，其生理机制是：某一种价值目标（或价值需要的目标物）在大脑皮层中所对应的兴奋灶得到锁定和激发。

2. 整体规划的设计

人能够针对已经确定的价值目标，设计出一个整体规划，并对各个阶段、各个环节的工作进行安排。由于任何一个价值目标必须通过实施一系列的复杂行为来实现，每个阶段、每个环节的工作可以看作是一个复杂行为，这一系列的复杂行为可以看作是一个超复杂行为，因此整体规划的设计过程实际上就是一个超复杂行为的设计过程。具体而言，就是把多个复杂行为按照不同的结构方式进行排列组合，并计算出每一种排列组合的价值率，然后比较并选择出最大价值率的超复杂行为。其生理机制是：某一种价值目标在大脑皮层中相应区域的兴奋灶得到激发后，会使人产生强烈的情感体验，这个兴奋灶将对额叶区的若干复杂行为的兴奋灶产生强烈的吸引力，并按照一定的结构方式组合成一个新的兴奋灶群。组合的原则是尽可能使合成的兴奋强度达到极大值，从而使各个复杂行为能够协调一致，并产生具有极大值价值率的超复杂行为。这一过程往往会反复多次。然后，把多个具有极大值价值率的超复杂行为进行比较，最后来确定一个具有最大值价值率的超复杂行为作为实现这一价值目标的整体规划。

3. 实施细则的制定

整体规划确定以后，对于每一个阶段、每一个环节的工作就需要进行具体安排，这就是实施细则的制定。对于构成超复杂行为的每一个具体的复杂行为，通常需要多个简单行为按照一定的结构方式来协调完成，因此实施细则的制定过程实际上就是每一个复杂行为的设计过程，具体而言，就是把多个简单行为按照不同的结构方式进行排列组合，并计算出每一种排列组合的价值率，然后进行比较，选择出具有最大价值率的复杂行为。其生理机制是：按照整体规划，某个阶段、某个环节所对应的某种复杂行为，在大脑皮层中相应区域的兴奋灶得到激发后，会使人产生强烈的情感体验，这个兴奋灶将对额叶区的若干简单行为的兴奋灶产生强烈的吸引力，使之按照一定的结构方式组合成一个新的兴奋灶群，组合的原则是尽可能使合成的兴奋强度达到极大值，从而使各个简单行为能够协调一致，并产生具有极大值价值率的复杂行为。这一过程往往会反复多次，然后，把多个具有极大值价值率的复杂行为进行比较，最后来确定一个具有最大值价值率的复杂行为作为实现整体规划在某一个阶段、某一个环节工作的实施细则。

4. 具体行为的落实

实施细则确定以后，对于每一个具体行为需要进行落实。对于构成复杂行为的每一个具体的简单行为，通常需要多个本能动作（无条件反射或一级条件反射）按照一定的结构方式来协调完成，因此具体动作的落实过程实际上就是每一个简单行为的设计过程，具体而言，就是把多个本能行为按照不同的结构方式进行排列组合，并计算出每一种排列组合的价值率，然后进行比较，选择出具有最大价值率的简单行为。其生理机制是：按照实施细则，每一个简单行为在大脑皮层中相应区域的兴奋灶得到激发后，会使人产生强烈的情感体验，这个兴奋灶将对额叶区的若干本能行为的兴奋灶产生强烈的吸引力，这一过程往往会反复多次，然后，把多个具有极大值价值率的简单行为进行比较，最后来确定一个具有最大值价值率的简单行为作为实现实施细则的具体动作。

5. 意志动力特性的修正

人对于每个自身的行为动作（超复杂行为、复杂行为、简单行为和本能行为）都有一个意志，由于意志是人对其行为价值率高差的一种主观估计，因此必然存在着或多或少的误差，需要进行不断的修正。以复杂行为的修正为例，意志的修正程序是：人在实施某个复杂行为之前，总会对相关的所有简单行为的价值率进行分析，并在此基础上对整个复杂行为的价值率产生一个预测值，与人的中值价值率进行比较后，在人的大脑中形成了实施这个复杂行为的意志。在完成这个复杂行为后，人又会对其价值率的实际值与预测值进行对照，如果存在明显的误差，就会对其中一个或多个简单行为价值率的预测值或意志进行修正，修正的优先顺序是：先修正相对不熟悉的、新出现的或相对不明确的简单行为的意志；如果有两个以上不熟悉的简单行为，则先修正低价值层次的简单行为的意志；如果有两个以上不熟悉的低层次的简单行为，则先修正使用规模较大的简单行为的意志。

五、意志的训练过程

培养意志应该从小事做起，不要以为是小事就不注意，恰恰是小事能反映一个人的意志，高尔基曾说过：“哪怕是对自己的一点小小的克制，也会使人变得刚强有力!”以注意卫生为例，不随地吐痰，不随地扔杂物，便后冲水等。生活中的小事俯拾皆是，反观自身的弱点、缺点，坚持去克服它，从小事做起，从现在做起持之以恒，这样才能培养自己的意志品质。

1. 运用学习来提高意志力

努力学习，掌握知识技能，是学生的首要任务。学习需要意志力，而学习也是锻炼意志力的方式。给自己立好一个目标，坚持学习，持之以恒，使自己的意志得到提高。

2. 完成一些有一定难度，而又力所能及的任务

任务过于简单，过于容易，激不起克服困难的力量，没有锻炼意志的价值；而过于困难，无论如何努力也无法成功，则会打击自己的自信心，同样锻炼不了意志。为了培养锻炼意志，应有意识地去完成一些力所能及而又有一定难度的任务。例如，数学较差的学生，应该将目标定在70分以上；基础较好的，则应该向85分以上看齐。所以确定恰当的目标，进行有一定难度的任务，就可以达到锻炼意志的目的。

3. 坚持参加体育锻炼

体育锻炼是锻炼意志品质的好方法，如长跑，如果没有一定的意志力是很难坚持下来的，登山、游泳、足球、俯卧撑、跳绳、篮球、围棋等，都对培养人的意志力有良好的效果。

4. 根据自身意志品质的特点，设计相应的锻炼方法

不同的人意志品质有不同的特点，中学生应根据自己的意志特点设计相应的锻炼方法，才能达到较好的效果。例如：有的人对待苦累繁杂的工作都能坚持完成，但如果有病要去打针，却怕得很，常不能遵医嘱，完成打针疗程。有不少人吃苦耐劳，能任劳却不能任怨，受不得气。有的人在学习上能孜孜不倦，刻苦努力，但对生活上许多细节，却缺乏耐心。所以培养自己的意志品质，应设计相应的锻炼方法，克服自身弱点，成为意志品质坚强的人。

5. 借助集体生活来提高意志力

多参加集体活动，可以培养人的意志力，如集体去登山、野炊，参加集体球赛等，可以使体力弱的同学得到较好的锻炼效果。集体的力量可以使一个人的意志力提高更快，集体的力量可以使一个弱者变成一个强者。

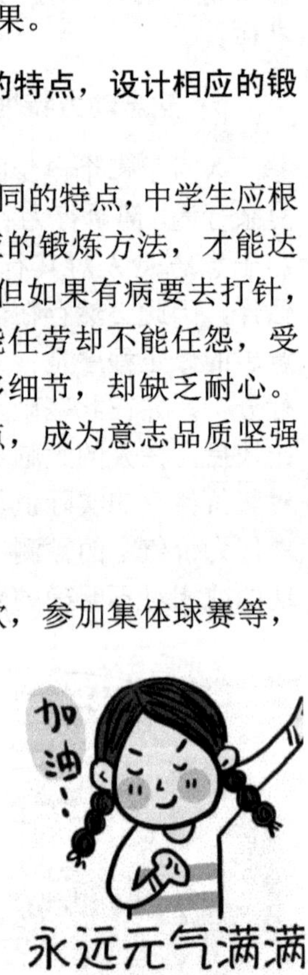

六、意志的作用

1. 意志使认识活动更加广泛、深入

意志是在人的认识和情感活动基础上产生的。同时，认识活动也离不开意志的作用，意志使认识活动更加广泛深入。在认识活动中，有意注意的维持、知觉的合理组织、解决问题的思维活动的展开等，都需要人的意志努力和意志行动。同时，积极的意志品质如自觉性、恒心等能促进人认知能力的发展。

2. 意志调节着人的情绪、情感

首先，情绪、情感影响着意志行为。积极的情绪、情感是意志行动的动力，消极的情感是意志行为的阻力。其次，意志对情绪、情感起调节控制作用。意志坚强的人可以控制与克服消极情绪的干扰，使情绪服从理智，把意志行动贯彻到底。相反，意志薄弱者则易成为情绪的俘虏，使意志行动不能持之以恒。

3. 意志对人的自我修养具有重要意义

意志的品质构成人的意志的某些比较稳定的方面。

（1）独立性：人不屈服于周围人的压力，不随波逐流，能根据自己的认识与信念，独立采取决定，执行决定。它与武断和受暗示性的差别在于个体的认知能力和自信。

（2）果断性：有能力及时采取有充分根据的决定，并且在深思熟虑的基础上实现这些决定。它与武断的差别只在于结果，于优柔寡断相反。

（3）坚定性：也叫顽强性。长时间坚持自己决定的合理性，并坚持不懈地为执行决定而努力。它有明确的行动方向，和执拗的差别只在于结果。

（4）自制力：善于掌握和支配自己行动的能力，也表现为对情绪状态的调节，决策时的独立性和果断性+执行时的坚定性=自制力。

4. 意志行动中的挫折

（1）挫折的含义。挫折是指个体的意志行为受到无法克服的干扰或阻碍，预定目标不能实现时所产生的一种紧张状态和情绪反应。

挫折包含3层含义，即挫折情景、挫折认知、挫折行为。

（2）挫折情景的形成。挫折情景就是使目标不能实现的各种阻碍和干扰的因素，概括起来分为主观因素和客观因素两类，主观因素是个体的生理和心理因素；客观因素主要包括自然和社会环境因素。

（3）挫折的反应。个体对挫折的反应表现在3个方面，即情绪性反应、理智性反应和个性的变化。

① 情绪性反应：表现为强烈的内心体验或特定的行为反应，如冷漠、退化、固执等。

② 理智性反应：意志行动的表现，审时度势，积极进取，勇往直前，坚定不移地朝着目标前进。

③ 个性的变化：持续或重大的挫折甚至能使挫折反应固定下来，形成习惯和个性特点，影响个性的形成发展。

（4）挫折的承受力。能否经受得起挫折不仅决定于个体经受挫折时的心态，对挫折的认识、评价和理解，还取决于个体对待挫折的态度以及对付挫折的行为方法，几种重要的增强挫折承受力的因素如下：

① 正确对待挫折，挫折是普遍存在的，它是生活的一部分。

② 改善挫折情景，用智谋预防、改变、消除或逃避挫折情景。

③ 总结经验教训，善于总结自己和别人失败和挫折中的教训。

④ 调节抱负水平，要使个体生活中产生成就感又不受挫折，就应提出适合自己能力的有挑战的标准，建立和谐的人际关系。

项目三

激活消费者心理需求

导入案例

老太太与3个水果贩

一位老太太每天去菜市场买菜买水果。一天早晨，她提着篮子，来到菜市场。遇到第一个卖水果的小贩，小贩问："您要不要买一些水果？"老太太说你有什么水果，小贩说，我这里有李子、桃子、苹果、香蕉，您要买哪种呢？老太太说：我正要买李子。小贩赶忙介绍，我这个李子又红又甜又大，特好吃。老太太仔细一看，果然如此。但老太太却摇摇头，没有买，走了。

老太太继续在菜市场转，遇到第二个小贩。这个小贩也像第一个一样，问老太太买什么水果，老太太说买李子。小贩接着问，我这里有很多李子，有大的，有小的，有酸的，有甜的，您要什么样的呢？老太太说要买酸李子，小贩说我这堆李子特别酸，您尝一个？老太太一咬，果然很酸，满口的酸水。老太太受不了了，但越酸越高兴，马上买了一斤李子。

但老太太没有回家，继续在市场转，遇到第三个小贩。同样，小贩问老太太买什么？（探寻基本需求），老太太说买李子。小贩接着问你买什么李子，老太太说要买酸李子。小贩很好奇，又接着问，别人都买又甜又大的李子，你为什么要买酸李子（通过纵深提问，挖掘需求）？老太太说，我儿媳妇怀孕了，想吃酸的。小贩马上说，老太太，你对儿媳妇真好！儿媳妇想吃酸的，就说明她想给你生个孙子，所以你要天天给她买酸李子吃，说不定真给你生个大胖小子！老太太听了很高兴。小贩又问，那您知不知道孕妇最需要什么样的营养（激发出客户需求）？老太太不懂科学，说不知道。小贩说，其实孕妇最需要的是维生素，因为她需要供给胎儿维生素，所以光吃酸的还不够，还要多补充维生素。他接着问那您知不知道什么水果含维生素最丰富（引导客户解决问题）？老太太还是说不知道。小贩说，水果之中猕猴桃含维生素最丰富，所以您要经常给儿媳妇买猕猴桃才行！这样的话，就能确保你儿媳妇生出一个漂亮健康的宝宝。老太太一听很高兴，马上买了一斤猕猴桃。当老太太要离开的时候，小贩又说我天天在这里摆摊，每天进的水果都是最新鲜的，下次就直接到我这里来买，还能给你优惠。

从此以后，这个老太太每天都来他这里买水果。

【案例分析】

在这个故事中，我们可以看到：第一个小贩急于推销自己的产品，根本没有探寻消费者的需求，自认为自己的产品多而全，结果什么也没有卖出去。

第二个小贩有两个地方比第一个小贩聪明，一是他第一个问题问得比第一个小贩高明，是促成式提问；二是当他探寻出客户的基本需求后，并没有马上推荐商品，而是进一步纵深挖掘客户需求。当明确了客户的需求后，他推荐了对口的商品，很自然地取得了成功。

第三个小贩是一个销售专家。他的销售过程非常专业，他首先探寻出客户深层次需求，然后再激发客户解决需求的欲望，最后推荐合适的商品满足客户需求。他的销售过程主要分为六步，第一步：探寻客户基本需求；第二步：通过纵深提问挖掘需求背后的原因；第三步：激发客户需求；第四步：引导客户解决问题；第五步：抛出解决方案；第六步：成交之后与客户建立客情关系。

任务一　拓展消费需求空间

一、消费者需要的定义

需要是和人的活动紧密联系在一起的。人们购买产品，接受服务，都是为了满足一定的需要。一种需要满足后，又会产生新的需要。因此，人的需要绝不会有被完全满足和终结的时候。正是需要的无限发展性，决定了人类活动的长久性和永恒性。

需要虽然是人类活动的原动力，但它并不总是处于唤醒状态。只有当消费者的匮乏感达到了某种迫切程度，需要才会被激发，并促使消费者有所行动。比如，我国绝大多数消费者可能都有住上更宽敞住宅的需要，但由于受经济条件和其他客观因素的制约，这种需要大都只是潜伏在消费者心底，没有被唤醒，或没有被充分意识到。此时，这种潜在的需要或非主导的需要对消费者行为的影响力自然就比较微弱。

需要一经唤醒，可以促使消费者为消除匮乏感和不平衡状态采取行动，但它并不具备对具体行为的定向作用。在需要和行为之间还存在着动机、驱动力、诱因等中间变量。比如，当饿的时候，消费者会为寻找食物而活动，但面对面包、馒头、饼干、面条等众多选择物，到底以何种食品充饥，并不完全由需要本身所决定。换句话说，需要只是对应于大类备选产品，它并不为人们为什么购买某种特定产品、服务，或某种特定牌号的产品、服务提供充分解答。

消费者需要，是指消费者生理和心理上的匮乏状态，即感到缺少些什么，从而想获得它们的状态。个体在其生存和发展过程中会有各种各样的需要，如饿的时候有进食的需要，渴的时候有喝水的需要，在与他人交往中有获得友爱、被人尊重的需要等。

想一想

导入案例中，老太太的真正需求到底是什么？

二、消费者需要在购买活动中的表现

心理需要推动着消费者去进行必要的活动。消费者的心理需要，必然直接或间接地表现在购买活动之中，影响其购买行为。消费者在购买活动中，其心理需要主要有如下10个方面的表现。

1．习俗心理需要

地理气候的不同、人种民族的不同、宗教信仰的不同、历史文化的不同、传统观念的不同，都会引起消费者不同的习俗心理需要。例如，在住的方面，我国蒙古族牧民习惯住蒙古包，以圆形围架和伞形顶架组成，周围和顶上覆盖厚毡，用毛绳从四面缚起来。云南气候温暖潮湿，傣族居民大都盖两层竹楼，底下放物，二层住人。又如，拿洗脸来说，我国北方人和南方人洗脸方式往往不同。大多数北方人洗脸时，先将双手浸入水中，把脸抹湿，再抹上肥皂，然后用手捧水把脸洗净，最后用毛巾把脸擦干。南方人则喜欢先把毛巾在水里浸湿，绞干之后再擦脸。两种不同的洗脸方式，使南方人和北方人各自对毛巾的厚薄、柔软程度、吸水性能等产生了不同的要求。北方人要求毛巾厚实、吸水性能好，南方人则讲究毛巾要质感柔软，大小适中，便于绞干。以上两例只是一般归纳，目的在于说明营销厂家应该根据不同销售地区，消费者的不同消费习俗和不同需求，组织生产、销售不同的商品。

2．同步心理需要

人是在社会中生活的，人与人互相接触，互相比较是难免的。邻里间、同事间、亲友间，有意无意地就会产生一定的攀比心理，这种心理不一定健康合理，但却是一种客观存在的事实。在消费者中，通常会产生欲求迎合某种流行风气或与群体中大部分成员保持一致的心理，这在消费行为中称之为同步心理需求。总之，一定时期的消费潮流、风气、消费习惯和心理以及消费者之间的互相仿效是产生此种心理的原因。

3．优越心理需要

由于人们都希望自己的支付能力、审美能力、挑选能力得到别人的赞美与尊重，因而在购买活动中，往往会产生不甘落后、争强好胜，显示其超过常人的购买条件与能力的优越心理需要。例如在我国，无论城市还是乡村都存在结婚费用日趋增多的问题，而且有不顾国情家情盲目攀比、只图一时气派的趋势。据调查，这笔费用除来源于男女双方婚前积蓄外，超支部分大多来源于父母辛苦积攒起来的养老钱，甚至是借款。“如此消费不是我个人的心愿”“迫于社会舆论的压力，怕人家笑话，只好随大流”，这是不少青年人的心里话。这种心理，一方面是文化落后的表现，另一方面也反映了青年消费中优越心理的一面。

4．趋美心理需要

对商品美感的追求，是自古以来就普遍存在的消费需求。随着社会生产的不断发展，消费者对商品美感的渴求之心也愈来愈盛。据对我国某地牧民的调查看，不少牧民虽住透风漏雨的帐篷、吃糌粑，却舍得花一两千元购买獭皮、玛瑙、珊瑚等贵重物品装点服饰。由此看来，虽然美是人类的共同追求，但对这类不尽合理的消费习惯应多加引导。

5．便利心理需要

在购买日用消费品时，消费者普遍都希望能获得方便、快捷的服务，还要求商品携带方便、使用方便、维修方便等。生产出能给消费者提供便利的产品，无疑是时代发展的要求。如今商品设计越来越多地转向为消费者带来方便、省事，如有人嫌打领带费事，便有了“一拉得”“一挂得”；有人懒得记光圈、速度的要诀，便有了“傻瓜”照相机。电视可以使人坐在家中眼观全世界，已经够“方便”的了，可连替你换频道这样的举手之劳也有人想到，于是发明了遥控器。实践证明，企业只有打开“方便”之门，才能既拥有当前市场，又能把握未来市场。

6．选价心理需要

城镇居民（消费者）的收入，一般主要依靠货币工资收入，他们的消费品全靠购买。对每个家庭和个人的消费结构来说，影响最大的是收入水平，生产部门提供的产品能否成为家庭和个人的消费内容，主要取决于消费者的收入。商品价格是消费者购买活动中最重要、最敏感的因素，消费者购买活动的心理活动与价格相关。消费者总希望付出较少的货币，获得较大的物质利益，即通常要求商品物美价廉、经济实惠。

7．惠顾心理需要

某些消费者由于长期使用的习惯或对某个商店、某个商品产生特殊的好感，在购买和消费时往往不假思索地、习惯地选择某个产地、某个商标、某个品牌的商品，或长期到某个值得信赖的商店购买物品，这是出于感情上与理智上的惠顾心理需要。

8．新奇心理需要

有的消费者对构造先进奇特，式样装潢新颖，或富有科学趣味、别开生面的商品，都会自然产生一种新奇的感觉，希望能亲自试用，以满足对消费品求新求异的欲望，增添生活的情趣。

9．偏好心理需要

有些消费者由于受习惯爱好、学识修养、职业特点、生活环境等因素影响，会对某类商品稳定、持续地追求与偏爱。如有人对集邮、收藏、钓鱼等特别爱好，会经常关注、反复购买此类商品。

10．求名心理需要

名牌商品是知名度高、信誉好的商品，是经过市场检验、得到消费者认可的商品。对名牌商品的信任与追求，对著名商标的忠实感，是不少消费者存在的一种心理需要。

上述心理需要，构成了消费者的不同购买动机。消费者的心理需要错综复杂地交织在一起，可能几种心理需要兼而有之，也可能主次不同。

需要是决定销售和消费的力量。熟悉和掌握消费者的心理需要，对于了解社会消费现象，预测消费趋向，以便在商品生产和商品经营中，进行精心的商品设计和周到的销售服务，并进而促进营销活动的作用是不可低估的。位于上海南京东路上的华联商厦，在二楼服装商场内专门开辟了一个面积为108平方米的展销厅。在这个展销厅内，一周一换地进行服装展销，展出的一般都是提早一季的时装产品，投石问路，试探消费者的喜好和需要。等到旺季到来，便能有的放矢地组织货源、抢占市场。这个服装商场正是靠这种消费趋势预测，使它的服装年销售额突破了1亿元的大关。

另外，人的需要心理活动是永远不会停止的，因而需要也是永远不会得到满足的。认识到这一点对于市场营销十分重要，因为消费者的需要不满足的状态是经常存在的，而且从市场学的角度看，消费者的需要不满足，正是市场策略的第一步。前几年，某地一家鞋帽公司适时推出一种新型女性绒帽，在市场上十分抢手，估计需要20万顶，但这家公司先抛出15万顶，造成供不应求的局面，然后再抛出12万顶，还是卖光了。这一例子充分说明了研究消费者需求心理对制订营销策略的作用。

想一想

导入案例中，老太太在实现需求的时候有没有真实地表现出她的需求？是如何表现的？

三、影响消费者需要的因素

消费者的需要受到许多因素的影响，除了消费者自身的因素之外，还有许多客观因素，这些主客观因素综合地影响着消费者在购买活动中的需求心理。这里先作简单地分析，在以后的有关章节里，还将作详细的阐述。

（一）消费者个体因素的影响

1. 年龄因素

年龄因素对消费需求的影响很大，婴幼儿、青少年、中年和老年消费者对消费品均有不同的需要和指向。

2. 性别因素

消费者的性别差异也会带来需要的不同。男女消费者对某些商品的需求是有区别的，由于妇女的特殊需要，很多地方设立了妇女用品专卖商店或柜台；男性消费者对某些商品的需求，妇女就没有。

3. 文化和职业因素

不同文化水平的消费者，在购买中会表现出不同的情趣和审美标准。不同职业的消费者，由于教育程度、生活与工作条件不同，对商品的式样、设计、包装、质量、数量等需要也不尽相同。

4. 个人经济因素

个人收入的多少也是影响消费者需要的重要因素。在商品经济条件下，实现消费需要是以购买能力为基础的，一个低收入的消费者对于高级昂贵的消费品是不敢问津的。在我国，一部分先富起来的消费者，已经产生对奢侈品、跑车、高级住宅的消费需要。更令人惊奇的是，农民买钢琴的也不少，年轻一代农民也想欣赏肖邦和李斯特，钢琴早已有之，但以前谁敢想象钢琴在农村竟有市场？只有当农民的经济收入和文化水平提高以后，消费钢琴的需要才有可能实现。

5. 个性心理因素

消费者的气质、性格和能力等个性心理特征，则是消费者需求差别的主要心理基础。

（二）客观外界因素的影响

1. 社会因素

消费者需要的内容和满足需要的方式，都受到当时的社会生产力水平和生活条件的制约，主要表现为以下两点：其一，只有当生产出某种产品，消费者消费该产品时，消费者的消费需要才能逐步产生；没有这种消费品，就没有相应的消费需求。这也是前面所讲的生产决定消费。其二，不同的生产力水平形成不同的产品门类、品种、数量和质量，人们的消费需要也不断变化。以我国人民的世纪服装为例，从20世纪60年代的清一色到现在的五颜六色，穿衣要穿得时髦，穿出个性。这些都说明，人类的需要是历史的产物。

2. 地区因素

我国人多地广，各个地区特定的自然条件、生产力水平、历史文化传统等因素形成了许多不同的消费习惯，构成了许多不同的消费需求。如广州人讲究吃的消费习惯使广东的名菜、美点都集中在广州。各酒楼的烹调工艺精美，采用的原辅料考究，什么飞禽、走兽、鱼虾，经大师制作，皆成美味佳肴。再有餐厅、酒楼、小吃店网点密、品种多，十分方便。因此，也就有了“吃在广州”的美名。又如，上海是全国服装总汇，以服装的款式多变、配色协调、做工精细引导着全国的服装潮流。大多数上海人比较注重“穿”，宁愿在吃的、用的方面节俭一些，也不肯在穿的方面马虎，因此也就有了“上海人喜欢穿”“穿在上海”的说法。

3. 人际因素

任何消费者都不可能孤立存在，都会或深或浅地与他人发生联系，产生交流，互相影响。表现在消费需要上也是这样，当他觉得别人的消费习惯、方式比自己先进、优越时，就可能吸收和采纳，使之逐步变成自己的消费需要。如果一个消费者的同事和邻居都装上了空调，这一事实本身就会刺激他对空调产生需要。这种影响可以发生在个人、家庭、民族甚至国家之间。

4. 宗教因素

由于宗教信仰和所属民族不同，消费者的需要在婚丧、服饰、饮食、居住、节日、礼仪等物质和文化生活上各有自己的特点，这些都影响着他们消费需求的形成。

5. 家庭因素

家庭是一个消费单位。我国的家庭里，家庭成员之间尊老爱幼、团结和睦，在平等关系的基础上养育子女和侍奉双亲。家庭主持人购买消费品考虑全家成员的需要，家庭各成员之间在生活消费上相互依存的关系比较明显。由于这些原因，家庭的经济状况及家庭人口的多少，都直接制约着消费者的需求水平和需求结构。刚刚结婚的两口之家和正在抚育婴儿的家庭，对商品的需求就可能很不一样，前者可能在文化娱乐、家用电器等方面消费多一些，后者对婴儿食品、婴儿服装等方面的需要则更大一些。

想一想

导入案例中，老太太除了对李子的需求以外，对其他水果的需求是如何被激发出来的？

四、消费者需要的类型

（一）根据需要的起源分类

根据需要的起源，可将消费者需要分为生理需要和社会需要。

生理需要指消费者为了维持和延续生命，对衣食住行等基本生存条件的需要。

社会需要指人类在社会生活中形成的、为维护社会的存在和发展而产生的需要。

（二）根据需要的对象分类

根据需要的对象，可将消费者需要分为物质需要和精神需要。

物质需要指消费者对于以物质形态存在的产品的需要。这种需要反映了消费者在产品功能属性或者物的属性方面的要求。

精神需要指消费者对于观念的对象或精神产品的需要。这种需要反映了消费者在社会属性上的欲求，主要由消费者心理上的匮乏引起，具体表现为对认知、审美、社会交往、道德、艺术、文化等方面的需要。

（三）根据需要的层次分类

人的需要是无止境的，在同一时间有可能是多种多样的。但所有需要因受条件限制不能都得到满足，这就有必要把人的多种需要进行轻重缓急的排序。为了便于分析，美国著名心理学家马斯洛提出了需要层次的理论，将需要分为 5 个层次。

1. 生理需要

这是人类最基本的需要，如为满足饥、渴、遮蔽就需要吃、穿、住等。人体最基本的活动都集中在满足生理需要上。马斯洛认为，在人的需要都未得到满足时，生理上的需要是压倒一切的，最为优先的。它的满足对于人类的生存和种族的延续来说是必不可少的，它是所有需要中最强有力的。

2. 安全需要

当人们的生理需要得到基本满足后，就会产生为避免生理及心理方面受到伤害所要求的保护和照顾的欲求，它包含对于安全感、稳定性、保护者、正常状况和摆脱恐惧焦虑的需要。马斯洛认为，人们十分需要某种程度的常规和预见性，不确定性是难以容忍的。所以，人们总是尽其所能，力求得到更多的安全感、保护者和正常状况。例如，人们增加银行储蓄、买保险，以及为了避免失业风险而留在安全保险的职位上。

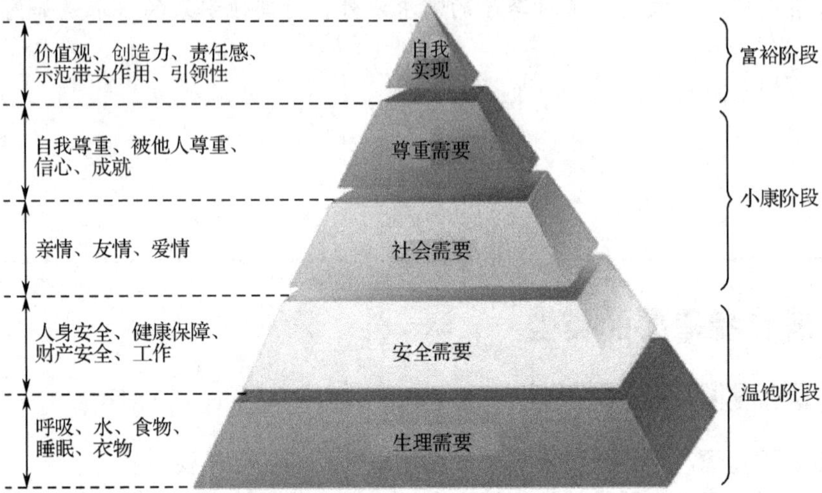

马斯洛需求层次理论

3. 社会（交往）需要

这是人类希望给予和接受别人的友谊、关怀爱护、得到某些社会团体的重视与容纳的欲求。个人由家庭培育而进入社会，在接触团体中与其他成员建立感情，久而久之便归属于该团体，因归属而扩大个人从事社会活动的范围。这种需要促使人们致力于与他人感情的联络和建立社会关系，如朋友交往、寻求伙伴、参加某些团体或集会等。

4. 尊重的需要

尊重的需要来源于外部即他人的尊重及自我尊重。他人的尊重即以名誉、地位、威信或社会成就为基础，获得他人的敬重。自我尊重即是人们希望对自己事务有一定的控制力，希望能独立生活而不依赖他人，以及不断增长知识与能力的欲求。马斯洛认为，只有当低层的需要获得充分的满足时，尊重的需要才能成为重要的需要。与低层的需要相比，尊重的需要很难得到完全满足。

案例 3-1

某地一家食品工厂正在进行内部改造和扩建施工，他们贴出的标语是“开办本地最大的食品工厂”。于是，许多生产食品加工机械的厂商都向该厂销售自己的产品，话里话外都在称赞自己的产品有多么好，结果该厂的管理者看都没看他们的产品，这让几家厂商感到十分沮丧。在这期间，有一家厂商的销售人员也给这家食品厂的管理者打了电话，他对食品厂的管理者说：“我们厂刚刚生产了一批新型食品加工机械，第一批成品已经上市，客户的反馈都很不错。可我们还是想进一步改良这批产品，听说您是这方面的专家，有实践经验，又懂理论知识，所以我们想请您在百忙之中光临敝厂，帮忙检验一下这批新设备，并为我们提出一些改良的意见。我们知道您现在很忙，但我们殷切地盼望您能抽些时间来看一下我们的产品。”工厂的管理者接到电话后很高兴，立刻让秘书安排时间前去指导。

他按时到达那家工厂，并认真检验了那批新型机器，之后就开始举办“技术指导讲座”。厂长把全厂的管理人员和技术人员都叫来听讲座，在讲座接近尾声时，食品厂的管理者还兴致勃勃地“顺便”介绍了一下对这批机器的评价和自己丰富的经验。讲座结束后，他对在场的人说道：“贵厂这种谦虚、诚恳和精益求精的精神实在可贵，我们厂需要的正是这样的合作伙伴，现在我决定订购一批贵厂的新型机器。如果使用后觉得合适，我们将进一步订购。”等他回到自己的公司后，秘书对他说：“这家厂商真会销售，那么多比他们厂有名气的产品您都没买，却买了他们的。”管理者却回答：“他们没向我销售什么，只是让我去给他们指导一下工作，期间，没有一个人向我销售这批机器，是我自己看机器的性价比合适才购买的。”

想一想

厂方的这种态度如何帮助了产品的销售？

5. **自我实现的需要**

自我实现的需要是指希望个人自我潜能和才能得到最大限度的发挥，取得一定成就，对社会有较大贡献甚至与众不同的成果，需要别人对自己的努力成果给予肯定，受到社会的承认等。

在这5个层次的需要中，前两种纯属基本的物质需要，满足这种需要得消耗生活资料；后三种是精神需要，但是这一类的需要同样要消耗一定的物质资料，而且是高等级的物质资料。马斯洛认为，人必须在低一级需要得到满足之后才会向较高一级的需要推进。

五、消费者需要的特征

（一）需要的发展性

随着社会经济的发展，人们的需要不论是从层次上还是从内涵和外延方面都是发展变化的，主要表现在以下两个方面。

1. 需要的层次发展规律

马斯洛认为，人们对上述 5 个层次的需要严格地按照顺序从低级到高级逐步发展。人们只有在低层次的需要得到满足后才可以产生与追求高层次的需要，任何超越与颠倒都是非正常的。现代市场学认为，人们同时存在着对 5 个层次的需要。只是由于人们所处的环境及具体状况不同，5 个层次的需要在其人生追求中所占的比例不同而已。例如，一个处于恶劣环境中，收入低、受教育少的人，往往是以追求生理需要的满足为主，但他也存在对情感或其他层次的追求。同样，一个收入多、受教育程度高、所处环境好的人，也许会把对知识的追求或对尊重的需要放在第一位。但不能说他没有生理需要，而只能认为对他而言，生理需要与安全需要是被放在次要位置的，对其他需要的追求亦被看得相对不太重要而已。

需要层次变化规律同样适用于人格化的企业。虽然任何企业都存在着生存与发展问题，但不同企业是处于追求不同层次需要为主的状态中的。例如，一个经营状况不好而处于破产边缘的企业，争取生存便成为主要需要，因而对能挽救企业、使企业摆脱破产境地的产品及服务有需要。对于不至于破产但经营安全率很低而处于危险状态的企业，提高经营安全率就成为当务之急。同样，企业也存在着加入某个先进企业行列，或成为某个范围内知名企业的需要。企业也都有提高知名度和美誉度、塑造良好形象、实现企业最高奋斗目标的需要。企业的经营状况由不好到很好，市场占有率由低到高，企业财务状况由差到好，企业的需要也会由以低层次需要为主向以高层次需要为主发展。

2. 需要的量变与质变规律

对于某个层次的需要而言，随着社会生产的发展和生活条件的改善，人们有由追求数量的增加而转向追求质量提高的趋向。即消费者的需要会不断深化、拓展，需要的内涵处于发展之中。例如，对生理需要这一层次而言，人们首先追求的是那些能满足生理需要的物质，在数量上从无到有、从少到多、从多到充足的变化。到了一定程度，人们将不仅仅满足于量的增加，进而追求质的升级。如对食物的追求，将从量变到质变。既要求吃得饱，更要求食品富有营养，不仅要求色香味形俱全，而且要求能增智、减肥、健美等。人们对每一层次的需要都有这样一个由量变到质变而后再升级的过程与变化规律。

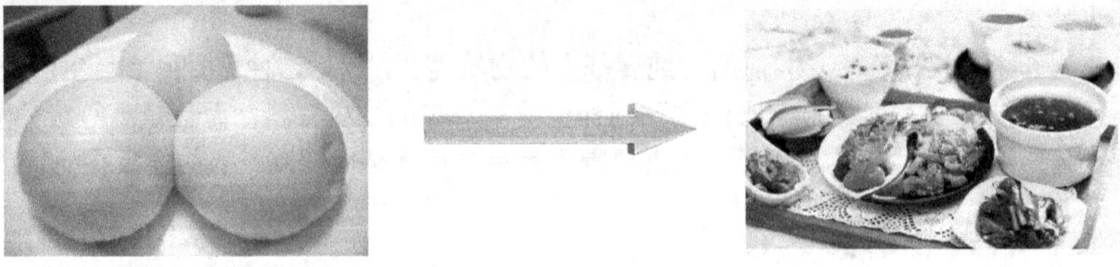

（二）需要的差别性

需要的差别性是指消费者需要的多样性和差异性。由于消费者的收入水平、文化程度、职业、性别、年龄、民族和生活习惯的不同，自然会有各式各样的爱好和兴趣，对消费品需要也是千差万别、多种多样的。具体表现在 3 个方面：①对同一类商品的各种需要。不同的人对同一类商品的需求是不同的，一个人要求某一商品除了具备基本功能外，还要兼有其他附属功能；②对不同商品的各种要求，如有的家庭在同一时间内会产生购买彩电、冰箱、空调等多种需要；③同一消费者在某一条件下同时存在明显的需要和潜在需要。

案例 3-2

两辆中巴

家门口有一条汽车线路，是从小巷口开往火车站的。不知道是因为线路短还是沿途人少的缘故，客运公司仅安排两辆中巴来回对开。

开 101 的是一对夫妇，开 102 的也是一对夫妇。

坐车的大多是一些船民，由于他们长期在水上生活，因此，一进城往往是一家老小。101 号的女主人很少让孩子买票，即使是一对夫妇带几个孩子，她也熟视无睹似的，只要求船民买两张成人票。有的船民过意不去，执意要给大点的孩子买票，她就笑着对船民的孩子说："下次给带个小河蚌来，好吗？这次让你免费坐车。"

102 号的女主人恰恰相反，只要有带孩子的，大一点的要全票，小一点的也得买半票。她总是说，这车是承包的，每月要向客运公司交多少多少钱，哪个月不交租，马上就干不下去了。船民们也理解，几个人掏几张票的钱，因此每次也都相安无事。不过，三个月后，门口的 102 号不见了。听说停开了。它应验了 102 号女主人的话：马上就干不下去了。因为搭她车的人很少。

营销启示：

忠诚的顾客是靠感情培养的，也同样是靠一点点优惠获得的，当仅固执地执行销售政策的时候，我们放走了多少忠诚顾客呢！

（三）需要的联系性和替代性

消费需要在有些商品上具有联系性，消费者往往顺便联系购买，如出售皮鞋时，可能附带购买鞋油、鞋刷等。所以，经营有联系的商品，不仅会给消费者带来方便，而且能扩大商品的销售额。有些商品有替代性，即某种商品销售量增加，另一种商品销售量减少。如食品中的鸡、鸭、肉、蛋、鱼等，其中某一类销售多了，其他类就减少；皮鞋销售增多，布鞋销售将减少等。这就要求企业及时掌握市场发展趋势，适应消费者购买变化，尽量做到花色品种齐全，多准备代用商品，以扩大商品流转，更好地满足消费需要。

（四）需要的转移性

需要的转移性是人们对能满足某个需要的具体商品的购买与消费在群体内、群体间以及时间、地点的转移和扩散规律。具体表现为以下三点。

1. 需要在群体内的转移规律

虽然同一收入层次、同一职业、同一社交圈的购买者大都具有相同或类似的消费内容与消费方式。但同一类型人群内，人们对满足某一需求产品的接受过程是不同的。在一群人中，总是个别人成为同群人的消费“领袖”。这些消费“领袖”往往是一些信息灵、收入高、勇于接受新事物的人。由于他们的购买与消费起到了示范作用，引起周围追随者与崇拜者的模仿。于是，一类商品或一种消费便在一个群体内传播与扩散开来。攀比心理与从众心理更是加快了这种传播与扩散。

2. 需要在社会群体间的转移规律

由于个别人的消费行为与购买行为可以在某个人群内引起争相效仿，因而形成同一人群在某个具体时期内趋向于对同类产品的需求。这种现象按其持续时间的长短被称为“热”“潮”“流行”“时尚”等。而“热”与“时尚”都有从高收入层向低收入层、由高社会地位层次向低社会地位层次蔓延的现象。

3. 需要的时空转移规律

这是指在更大的时空范围内转移的规律。由于历史、地理、文化与经济等方面的原因，需要会按照一定的方向与时间顺序进行转移。一般由发达地区向不发达地区转移。例如在我国，购买与消费有从南向北，由东向西，由沿海向内地，由中心大城市到郊区再向边远农村转移的规律。每完成一次转移所经历的时间，随地区间流通的加快而缩短。

（五）需要的周期性

对需要的历史考察表明，人们对许多消费品的需要，都具有周期性重复出现的特点，所不同的只是周期的长短。如对裙子的设计和流行式样的选择上，不管花样如何翻新，但基本款式总在长裙与短裙间周而复始。现今世界风行的“回归大自然”的消费时尚，也正是这一特点的体现。

（六）需要的可诱导性

需要的可诱导性指通过营销人员营销活动的努力，消费者潜在的需要可以变为明显的行动，未来的需要可以变成现实的消费。例如，人们原来并没有准备在近期购买某种商品，但由于新产品的问世或广告宣传的影响，就会由不准备购买或不准备现在购买，转而变为产生强烈的购买冲动。

案例 3-3

一个乡下来的小伙子去应聘城里“世界最大”的“应有尽有”百货公司的销售员。老板问他：“你以前做过销售员吗？”他回答说：“我以前是村里挨家挨户推销的小贩。”

老板喜欢他的机灵，说：“你明天可以来上班了。等下班的时候，我会来检查你的工作。”下班时老板真的来了，问他：“你今天做了几单买卖？”“一单。”年轻人回答说。“只有一单？”老板很吃惊地问，“我们这儿的售货员一天基本上可以完成 20～30 单生意呢，你卖了多少钱？”“30 万美元。”年轻人回答道。“你怎么卖到那么多钱的？”老板目瞪口呆，半晌才回过神来。“是这样的。”乡下来的年轻人说，“一个男士进来买东西，我先卖给他一个小号的鱼钩，然后卖给他中号的鱼钩，最后卖给他大号的鱼钩。接着，我卖给他小号的渔线，中号的渔线，最后是大号的渔线。我问他上哪儿钓鱼，他说海边。我建议他买条船，然后我带他到卖船的专柜，卖给他长 20 英尺、有两个发动机的帆船。他说他的大众牌汽车可能拖不动这么大的船。于是我带他去汽车销售区，卖给他一辆丰田新款豪华型'巡洋舰'。"老板后退两步，几乎难以置信地问道："一个消费者仅仅来买个鱼钩，你就能卖给他这么多东西？""不是的。"乡下来的年轻售货员回答道，"他是来给他妻子买发卡的，我就告诉他'你的周末算是毁了，干吗不去钓鱼呢？'"

分析消费者需要的特征，目的在于帮助企业制订良好的营销策略，树立以市场为导向的营销观念。在激烈的竞争中，企业的着眼点不能仅放在满足消费者的即时需要上，更应根据消费者需要的心理特点来引导消费，创造新的市场。

六、消费者需要的基本内容

消费者需要的基本内容主要包括以下 7 个方面：

① 对商品基本功能的需要；

② 对商品质量性能的需要；

③ 对商品安全性能的需要；

④ 对商品审美功能的需要；

⑤ 对商品情感功能的需要；

⑥ 对商品社会象征性的需要；

⑦ 对享受良好服务的需要。

案例 3-4

一位女士在一家服饰店试穿了一件香奈儿洋装后遗憾地表示，款式很漂亮，就是手臂上举时肩膀处有些紧绷。老板解释说，奢侈品并非人们传统概念中的功能性产品。他详细介绍说，这件衣服的制作是为经常出席正式场合、无须太多大幅度活动的特定人群设计的，它彰显的是一种身份与地位。因此并非任何场合、任何人都可以穿着，需要与人的生活状况紧密相连。

许多时尚女士对路易·威登女包十分推崇，有的人甚至不惜花上万余元购买，买后对其爱不释手，无论春夏秋冬都要随身携带。其实，这是步入了同一个误区，奢侈品不是功能性的四季产品。熟知路易·威登的人都知道，它的皮具分为十字纹、三三彩、老花等多个系列，每个系列表现一种风格，代表一种对生活的理解。因此，人们应该熟悉它们，不同场合下携带不同的女包，最好不要一包背四季，这样就违背了设计者的初衷。

想一想

奢侈品的功能是什么？

任务二　激活消费动机

一、消费者购买动机的含义

消费者动机理论要研究的中心问题，是消费者行为中的“为什么”问题。例如，消费者为什么需求某种商品或劳务？为什么从多种商品中选购了某种牌号的商品？为什么消费者对商品广告有截然不同的态度？为什么消费者经常惠顾某些零售商店？等等。回答消费者行为的“为什么”的问题，是最重要、最中心的问题，也是最难理解、最难以调查的。这个问题解决了，消费者动机的根源就找到了。同时，对消费者行为现象的解释和说明也就有了坚实的基础。

消费者购买动机的研究，主要围绕三方面问题而展开：第一，消费者被激发的个人内在能量问题，也就是消费者的个人内在能量、行为的源泉是怎样产生的。第二，消费者反应的目标定向问题，也就是消费者从许多具有不同性质的行为中选择什么。第三，消费者行为系统定向问题，也就是消费者的行为是怎样维持的。引起动机的条件有：内驱力（内在条件）和诱因（外在条件）。

购买动机是直接驱使消费者实行某种购买活动的一种内部动力，反映了消费者在心理、精神和感情上的需求，实质上是消费者为达到需求采取购买行为的推动者。

二、购买模式

（一）本能模式

人类为了维持和延续生命，有饥渴、冷暖、行止、作息等生理本能，这种由生理本能引起的动机叫作本能模式。它的具体表现形式有维持生命动机、保护生命动机、延续生命动机等。这种为满足生理需要购买动机推动下的购买行为，具有经常性、重复性和习惯性的特点。所购买的商品，大都是供求弹性较小的日用必需品。例如，消费者为了解除饥渴而购买食品饮料，是在维持生命动机驱使下进行的；为抵御寒冷而购买服装鞋帽，是在保护生命动机驱使下进行的；为实现知识化、专业化而购买书籍杂志，是在发展生命动机驱使下进行的。

（二）心理模式

由人们的认识、情感、意志等心理过程引起的行为动机，叫作心理模式，它具体包括以下 4 种动机。

1. 情绪动机

情绪动机是由人的喜、怒、哀、欲、爱、恶、惧等情绪引起的动机。例如，为了增添家庭欢乐气氛而购买音响产品，为了过生日而购买蛋糕和蜡烛等。这类动机常常是被外界刺激信息所引发的，所购商品并不是生活必需或急需，事先也没有计划或考虑。情绪动机推动下的购买行为，具有冲动性、即景性的特点。

案例 3-5

刘先生家的沙发破了，他趁双休日去家具城，准备买套新沙发。经过一天的挑选、对比，终于相中了一套布艺沙发。经过讨价还价，刘先生痛快地掏了钱。卖沙发的嘴还挺甜："沙发买回去后，先生要是不满意，请随时和我们联系。另外，我们是免费送货的，先生刚才在其他店买的茶几，我们也可以一起帮您送回去。"临了，还给刘先生一张老板的名片，经这么一说，刘先生还挺感动。令刘先生没有想到的是，沙发一搬到家，那位销售沙发的说的全变了味。原来说好的免费帮忙把刘先生买的茶几给拉回家，可是这会儿又说茶几不是他们店里的货，要收 20 元的送货费。茶几已经到家门口，好歹也得搬到屋里去，刘先生无奈，只好掏钱。等沙发搬进家安置好，才发现沙发腿不整齐。送沙发的说，这是安装的问题，回头派人来修就行了。可是一直等了一个星期，也没见厂家派人来修沙发，按照老板名片上的电话号码打电话，老板又要刘先生将沙发送过去才能修。刘先生一气之下就找了个出租车将沙发拉过去，但不是修，是退货。无论老板怎么说好话，刘先生非退货不行。拿到退货款，刘先生抛给老板一句话："我花钱买的是诚实，像你这么做生意，早晚要赔。"

2. 情感动机

情感动机是道德感、群体感、美感等人类高级情感引起的动机。例如，爱美而购买化妆品，为交际而购买馈赠品等。这类动机推动下的购买行为，一般具有稳定性和深刻性的特点。

案例 3-6

陈某和父母住在一起，他们所居住的小区对面就是一个规模不小的食品批发城，家里用什么东西都觉得方便。

可是，不知道从什么时候开始，小陈发现母亲不再去小区对面的食品城买东西了，就是买瓶酱油、醋什么的，也要到离家稍远些的超市去买。小陈不解地问道："家门口就是食品批发城，买瓶酱油、醋干嘛要跑那么远？"母亲的回答让小陈深思："咱们去食品批发城，是方便，还便宜。可那里的东西不敢买呀，那天我想去给孙子买包饼干，正好碰上市里的卫生大检查，你看那些开店的，都慌慌张张地忙着关门，东西要过硬，会怕检查？所以呀，从那以后，他卖他的货，咱进咱的店，反正就是不去那里了，多走几步怕啥，咱花钱买个放心。"

3．理智动机

理智动机是建立在人们对商品的客观认识之上，经过比较分析而产生的动机。这类动机对欲购商品有计划性，经过深思熟虑，购前做过一些调查研究。例如，经过对质量、价格、保修期的比较分析，有的消费者在众多牌号洗衣机中，决定购买海尔牌洗衣机。理智动机推动下的购买行为，具有客观性、计划性和控制性的特点。

案例 3-7

秦女士在新买的房子中为 6 岁的女儿辟出了一间书房，这天她想到建材城购置一套适合孩子使用的书桌、书柜。

到了一家店铺，销售人员非常热情地向她打招呼，当秦女士说明来意后，销售人员就迫不及待地介绍他的产品："您看这套家具是今年最流行的新款，质地上乘，材料都是进口的，摆放在您的家里，一定可以大大提升您的品位。"秦女士显然对他的介绍不感兴趣，她更关注的是该家具是否适合孩子使用。她说："我想了解一下它的具体构造，比如高度、边角之类的，看是不是更适合我们家孩子使用。"销售人员听后，更为热情地回答："这套家具设计独特，边角都采取了欧洲复古风格。"秦女士听到这里打断了他的话："我不想了解它的风格，我只想知道……"还没等秦女士说完，销售人员就抢过了她的话："我知道您想说什么！这套家具用了最典雅的象牙色，材料绝对上乘，即便是您的孩子使用，因为上面添加了保护层，孩子也不会轻易就能损坏，我敢保证它的使用寿命绝对可以在 20 年以上。"秦女士苦笑了一下，说，"我想你误会我的意思了，我更关心孩子。"其实秦女士更想知道书桌是不是能让孩子写作业感觉更舒适，高度是不是适合孩子，书柜是不是更方便孩子取用物品，但是销售人员显然没有考虑到这些。

最后秦女士没等销售人员再继续说下去，就对他说："我想我不需要这套家具，我还是到别家看看吧。"见秦女士要走，销售人员忙追着说："我们现在正在进行促销活动，如果您此时购买，我们还可以送您台灯和装饰品。"

秦女士听完销售人员的话，头也没回就走了。

4. 惠顾动机

惠顾动机是指基于情感与理智的经验，对特定的商店、品牌或商品，产生特殊的信任和偏好，使消费者重复地、习惯地前往购买的动机。如有的消费者几十年一贯地使用某种牌子的牙膏；有的消费者总是到某几个商店去购物等。这类动机推动下的购买行为，具有经验性和重复性的特点。

（三）社会模式

人们的动机和行为，不可避免地会受到来自社会的影响。这种后天的由社会因素引起的行为动机叫做社会模式或学习模式。社会模式的行为动机主要受社会文化、社会风俗、社会阶层和社会群体等因素的影响。社会模式是后天形成的动机，一般可分为基本的和高级的两类社会性心理动机。由社交、归属、自主等意念引起的购买动机，属于基本的社会性心理动机；由成就、威望、荣誉等意念引起的购买动机属于高级的社会性心理动机。

案例 3-8

周围邻居都说侯老伯老两口有福气，孩子不仅自己生活过得好，还很孝顺，给老两口买了套新房。

搬进新居后，以前的14英寸电视机理所当然地被淘汰了。为了买个称心的电视机，老两口没少往商场跑。市内的各大商场基本上看了个遍，也没有下定决心买什么牌子的。趁着周末没事，老两口又跑到家电批发城去挑选了。一个一个彩电专营店，老两口转了一圈又一圈，还是拿不定主意。

有老板过来介绍，我们这个牌子的电视机怎么怎么好，质量怎么怎么过硬。侯老伯抬眼看看老板说："要我说，现在电视机的质量都不错，关键是售后服务怎么样。像我以前用过的电视机，出了点小毛病，打电话给厂家的售后服务处，谁知竟让我搬着电视机过去修。到了那儿，人家打开电视机后盖，用吹风机'呼呼'地吹吹，好啦，这不是折腾我们老人吗？像那种牌子的电视机，送给我我都不要。我花钱，买的是售后服务。"发表了一通自己的"花钱理论"后，侯老伯又挽着老伴向另外一家店走去。

（四）个体模式

个人因素是引起消费者不同的个体性购买动机的根源。这种由消费者个体素质引起的行为动机，叫作个体模式。消费者个体素质包括性别、年龄、性格、气质、兴趣、爱好、能力、修养、文化等方面。个体模式比上述心理模式、社会模式更具有差异性，其购买行为具有稳固性和普遍性的特点。在许多情况下，个体模式与本能、心理、社交模式交织在一起，以个体模式为核心发生作用，促进购买行为。

案例 3-9

小张的一个同学远在外省工作，出差路过郑州来探望小张，老同学见面分外亲热。小张决定在一个名气不小的洋餐馆宴请老同学。落座之后，服务员照例给小张和他的同学端来茶水、浓汤。不巧的是，服务员一不小心，把汤碗碰翻，连汤带水地洒了小张的同学一身。服务员赶紧赔不是，小张的同学倒挺大度："没关系，麻烦你给我拿点餐巾纸

来，我擦擦就行了。”不一会儿，服务员将餐巾纸递了过来，随后说的一句话，差点没把小张和他同学的鼻子给气歪了：“给，我们的餐巾纸是收费的，每包一元钱。”

小张的同学看看服务员，将自己的衣服脱了下来，递到服务员面前说：“我的衣服是新买的，请你送去干洗，吃完饭就要穿，我等着。”

话是这么说，衣服到底也没有送去干洗。吃完饭出门时，门厅小姐边鞠躬边说“欢迎再来”。小张和同学互相看看：还来？就是八抬大轿抬着，也不来了，我们花钱要的是舒心……

三、消费者购买动机的特点

1．迫切性

购买动机的迫切性是由消费者的高强度需求引起的。如有人对骑自行车本身不感兴趣，但搬到新家后，上班远了，乘车又不方便，看到邻居骑车上下班很方便，就会产生迫切需要一辆自行车的想法。

2．内隐性

内隐性是指消费者出于某种原因而不愿让别人知道自己真正的购买动机的心理特点。

3．可变性

在消费者的诸多消费需求中，往往只有一种需求占主导地位（亦即优势消费需求），同时还具有许多辅助的需求。当外部条件成熟时，占主导地位的消费需求将会产生主导动机，辅助性的需求将会引起辅助性动机，主导性的动机能引起优先购买行为。一旦消费者的优先购买行为实现，优势消费需求得到满足，或者消费者在购买决策过程或购买过程中出现新的刺激，原来的辅助性购买动机便可能转化为主导性的购买动机。

4．模糊性

有关研究表明，引起消费者购买活动的动机有几百种，其中最普遍的是多种动机的组合作用。有些是消费者意识到的动机，有些则处于潜意识状态，这往往表现在一些消费者自己也不清楚自己购买某种商品到底是为了什么。这主要是由于人们动机的复杂性、多层次和多变性等造成的。

5．矛盾性

当个体同时存在两种以上消费需求，且两种需求互相抵触、不可兼得时，内心就会出现矛盾。这里人们常常采用“两利相权取其重，两害相权取其轻”的原则来解决矛盾。只有当消费者面临两个同时具有吸引力或排斥力的需求目标而又必须选择其一时，才会产生遗憾的感觉。

案例 3-10

街头流行低跟鞋

在一向迷恋高跟鞋的英国女士中，突然流行起低跟鞋，原来这与当时的王妃黛安娜有关。黛安娜身高 1.78 米，比其丈夫查尔斯矮不了多少。为了显示查尔斯王子的高大，黛安娜与丈夫同行时，便换上低跟鞋。鞋商抓住这个机会，通过新闻媒介的大力渲染，让众多的英国女士纷纷仿效黛安娜，穿起低跟鞋。随后兴起了一阵低跟鞋的风潮，鞋商大发其财。

思考：所有穿低跟鞋的人有几种，她们的消费行为分别受到哪些动机的影响？

四、作用

购买动机是消费者需求与其购买行为的中间环节，具有承前启后的中介作用。概括来说，购买动机对购买行为有以下 3 种功能。

（1）始发功能：购买动机能够驱使消费者产生行动。

（2）导向功能：购买动机促使购买行动朝既定的方向、预定的目标进行，具有明确的指向性。

（3）强化功能：行为的结果对动机有着巨大的影响，动机会因良好的行为结果而使行为重复出现，使行为得到加强；动机也会因不好的行为结果，使行为受到削弱、减少以致不再出现。这两种作用都是强化作用，前者叫正强化，后者叫负强化。正强化能够肯定行为，鼓励行为，加强行为；负强化则可以削弱行为，惩罚行为，否定行为。

五、影响因素

（一）人口

1. 总人口

人口多少是决定消费需求量的主要因素。在收入不变的情况下，人口总数与消费数据成正比例关系。

2. 人口的地理分布

人口的地理分布对消费者的影响也是比较明显的。不同地区，由于气候、自然环境、风俗习惯和经济发展水平的差异，具有不同的需求。

3. 年龄结构

消费者购买产品不仅要购买一件有形的物品，而且要获得欲望的满足。由于消费者年龄的差异，对各种市场产品的欲望与要求也不同。在企业营销活动过程中，可根据消费者的年龄结构，把市场分为婴儿市场、儿童市场、青年及少年市场、中年市场、老年市场等。各市场对消费品的需求各有特征，如青少年市场对文教体育用品的需求较大，老年市场对保健药品的需求量较大等。

4．人口性别

消费者性别的差异，也直接影响了消费者的消费需求。

5．文化程度和职业

文化程度和职业与消费者的收入、社交、居住环境及消费者的消费习惯有着密切的关系。文化程度高的消费者对文教用品及精神生活方面的用品需求量较大，购买产品的理性程度也较高。反之，消费量就较少，理性购买程度较低。

6．家庭户数与家庭人口数

家庭户数与家庭人口数对消费需求也有着直接影响。

（二）文化

（1）消费习俗，主要包括人们的信仰、饮食、婚丧、节日、服饰等物质与精神的消费习俗。

（2）宗教信仰，宗教信仰对人们消费动机与行为的影响表现出模式化的特点。

（3）道德规范，道德是一定社会调整人们之间及个人与社会之间的关系的行为规范的总和。比如：西方人比较注重个人价值、个人需要、个人地位、个人意志，而我国的人民则考虑家庭的、风俗的及社会的标准与效果，希望自己的行为被别人和社会认可。和谐、友善、求同是我国人民消费行为的三大表现。

（4）价值观念，一辆轻骑摩托车，有的人觉得骑上它精神抖擞，神气十足；有的人则觉得既发噪声又危险；有的人感到需要迫切，有的人感到可有可无，而还有部分人则感觉根本不需要。

（5）审美观念，审美观念在消费活动中对消费者购买动机和行为的影响主要表现在人们对形式美、环境美、健康美等的追求上。实质上，消费者在市场挑选、购买商品的过程，就是一次完整的审美活动。这个审美活动的全过程，完全是由消费者的审美观念来支配的。消费者个体的审美活动表面上看起来纯属是个体的行为，但实质上则反映了一个时代、一个社会人们共同的审美观念和审美趋势。商品生产者和销售者应把消费者对商品的评价作为反馈信息，使商品的艺术功能与经营场所的整体效果结合起来。更好地满足消费者的审美欲求，引发消费者的购买动机，促使其采取购买行为。

（三）社会阶层

社会阶层是由具有相似的社会经济地位、利益、价值观和兴趣的人组成的群体或集团。常见的社会阶层分层标准主要有职业地位、收入状况、教育程度、权力大小、家庭背景、居住区位等。不同阶层人们的经济状况、价值观念、兴趣爱好均有差异。在消费活动中，不同阶层的人对一些商品、品牌、商店、闲暇活动、大众传播媒介等都有各自的偏好，生活方式、消费方式各异。

案例 3-11

特高价咖啡

在东京滨松町的一家咖啡馆首次推出五千日元一杯的咖啡时，轰动了社会。闻者无不为之震惊，连那些一掷千金、出手阔绰的大亨也惊呼“太贵了！”可是被好奇心所驱使的消费者还是纷纷前来，一探究竟。

五千日元一杯的咖啡，原因在于该店盛咖啡的杯子名贵而豪华，而且是正宗的舶来品——法国货，每只价值约四千日元；当你享用咖啡之后，店员就将它包好送给你。这里的咖啡均由名师当场泡制而成，味道特殊，醇正又可口，店堂里的装潢更是富丽豪华，赛过宫殿，身着古代皇宫服饰的侍女，把消费者当作帝王一样来侍候。

许多被好奇心驱使的客人，起初只是想前来光顾一下，作为谈话的资料或炫耀的资本。然而一旦来过之后，便被这里令人顿感身价百倍的气氛所吸引，对五千日元的高价也就不以为意了。他们不但不会退缩不来，反而会带着女伴或朋友、家人再度光临。

声名大振的咖啡馆形成了独特的风格，豪华、高雅，令人难以忘怀的气氛被那些流连忘返的客人所称道。然而该店的森元二郎老板头脑却十分清醒，开店还得赚钱，当然不能仅靠出售五千日元一杯的咖啡，还要靠每杯一百日元的咖啡、果汁、汽水之类的廉价饮料！

“树起招兵旗，自有吃粮人”，被昂贵的五千日元一杯咖啡吸引来的人会认为物有所值而再度光顾，他们喜欢这里的气氛，气氛也是商品！而那些被声名吸引而来又囊中羞涩的人又做成了老板别的生意，这样老板的意图也就达到了。

（四）相关群体

1. 直接相关群体

（1）家庭，家庭对消费者行为有着决定性影响，是消费者最基本的相关群体。不同的家庭对购买行为的影响是不同的，但不论何种类型的家庭对消费者行为的影响都集中在购买决策上。

消费者作为一名家庭成员，在购买决策过程中通常扮演的角色主要有：发动者、影响者、决策者、购买者、使用者。在这 5 种角色当中，最重要的是决策者。这 5 种角色对企业进行营销活动有着极大的作用。

（2）其他相关群体，主要是指亲戚朋友、同学同事和邻居等。

2．间接相关群体

间接相关群体指与消费者接触不太密切或根本无接触，但对消费者行为有一定影响的个人或组织。

现实生活中，有很多人都把影坛、体坛、歌坛明星当作偶像来崇拜，这种情况在青少年中更甚。他们出于对明星的仰慕，经常去刻意模仿明星们的行为。

任务三　改变消费者异议和抱怨心理

一、处理消费者异议

消费者异议是指消费者针对销售人员及其销售中的各种活动所做出的一种反应，一般表现为对销售介绍和销售示范而提出的质疑、否定或不同意见与不同看法。

（一）消费者异议产生的原因

1．消费者方面的原因

① 消费者本能的自我保护；
② 消费者对商品不了解；
③ 消费者缺乏足够的购买力；
④ 消费者已有较稳定的采购渠道；
⑤ 消费者对推销品或推销企业等有成见；
⑥ 消费者的决策能力有限。

2．推销品方面的原因

① 推销品的质量；
② 推销品的价格；
③ 推销品的品牌及包装；
④ 推销品的销售服务。

3．推销人员方面的原因

① 销售人员自身形象的原因；
② 推销人员夸大事实或不正确描述；
③ 推销人员使用过多专业术语；
④ 没有找到客户的真实需求；
⑤ 推销品不能满足需要。

4．企业方面的原因

（二）常见的七种消费者异议

1. 需求异议

需求异议是指消费者认为不需要产品而形成的一种反对意见。它往往是在营销人员向消费者介绍产品之后，消费者当面拒绝的反应。例如，一位女消费者提出：“我的面部皮肤很好，就像小孩一样，不需要用护肤品。”“我们根本不需要它。”“这种产品我们用不上。”“我们已经有了”等。

这类异议有真有假。真实的需求异议是成交的直接障碍。营销人员如果发现消费者真的不需要产品，那就应该立即停止营销。虚假的需求异议既可表现为消费者拒绝的一种借口，也可表现为消费者没有认识或不能认识自己的需求。营销人员应认真判断消费者需求异议的真伪性，对虚假需求异议的消费者，设法让他觉得推销产品提供的利益和服务，符合消费者的需求，使之动心，再进行营销。

销售人员：先生，看看我们的新式剃须刀吧。

消费者：我不需要。

产生需求异议的原因有两个：其一，消费者真的不需要，其二，可能他已经有了。

2. 财力异议

财力异议是指消费者认为缺乏货币支付能力的异议，例如，“产品不错，可惜无钱购买。”“近来资金周转困难，不能进货了”等。一般来说，对于消费者的支付能力，营销人员在寻找消费者的阶段已进行过严格审查，因而在营销中能够准确辨认真伪。真实的财力异议处置较为复杂，营销人员可根据具体情况，或协助对方解决支付能力问题，如答应赊销、延期付款等，或通过说服使消费者觉得购买机会难得而负债购买。对于作为借口的异议，营销人员应该在了解真实原因后再作处理。

销售人员：300 元买个名牌剃须刀，已经很便宜了。

消费者：我也觉得不贵，但是我没钱呀！（可能还是觉得贵。）

3. 权力异议

权力异议是指消费者以缺乏购买决策权为理由而提出的一种反对意见。例如，消费者说“做不了主。”“领导不在。”等。与需求异议和财力异议一样，权力异议也有真实或虚假之分。营销人员在寻找目标消费者时，就已经对消费者的购买人格和决策权力状况进行过认真的分析，也已经找准了决策人。面对没有购买权力的消费者极力推销商品是营销工作的严重失误，是无效营销。在决策人以无权作借口拒绝营销人员及其产品时，放弃营销更是营销工作的失误，是无力营销。营销人员必须根据自己掌握的有关情况对权力异议进行认真分析和妥善处理。

销售人员：这个剃须刀是很值得买的。

消费者：我也这样认为，我回去跟我先生商量一下，看他意思怎么样。

4．价格异议

价格异议是指消费者以推销产品价格过高而拒绝购买的异议。无论产品的价格怎样，总有些人会说价格太高、不合理或者比竞争者的价格高。例如，“太贵了，我买不起。”“我想买一种便宜点的型号。”“我不打算投资那么多，我只使用很短时间。”“在这些方面你们的价格不合理”以及“我想等降价再买”。消费者提出价格异议，表明他对推销产品有购买意向，只是对产品价格不满意，而进行讨价还价。当然，也不排除以价格高为拒绝营销的借口。在实际营销工作中，价格异议是最常见的，营销人员如果无法处理这类异议，营销就难以达成交易。

销售人员：先生，剃须刀售价 358 元，现在优惠促销，只要 300 元。

消费者：300 元也很贵呀！能不能再便宜一点？（讨价还价是购买的习惯，消费者总想用更低的价格购得产品，哪怕价格本身已经很低。）

5．产品异议

产品异议是指消费者认为产品本身不能满足自己的需要而形成的一种反对意见。例如：“我不喜欢这种颜色。”“这个产品造型太古板。”“新产品质量都不太稳定。”还有对产品的设计、功能、结构、样式、型号等提出异议。产品异议表明消费者对产品有一定的认识，但了解还不够，担心这种产品能否真正满足自己的需要。因此，虽然有比较充分的购买条件，但就是不愿意购买。为此，营销人员一定要充分掌握产品知识，能够准确、详细地向消费者介绍产品的使用价值及其利益，从而消除消费者的异议。

销售人员：这种品牌的剃须刀有 50 年历史了，可说是驰名中外。

消费者：可是设计一点也不人性化，拿在手里不舒服。

6．营销人员异议

营销人员异议是指消费者认为不应该向某个营销人员购买推销产品的异议。有些消费者不肯买推销产品，只是因为对某个营销人员有异议，他不喜欢这个营销人员，不愿让其接近，并排斥此营销人员的建议，但消费者肯接受自认为合适的其他营销人员。比如：“我要买老王的。”“对不起，请贵公司另派一名营销人员来”等。营销人员对消费者应以诚相待，与消费者多进行感情交流，做消费者的知心朋友，消除异议，争取消费者的谅解和合作。

消费者：不，还是算了吧。

销售人员：这样的剃须刀都不买，还想买什么样的，我看你纯属

瞎溜达！（试问这般嘴脸，消费者不投诉就不错了，怎么还会掏钱买货。）

7. 货源异议

货源异议是指消费者认为不应该向有关公司的营销人员购买产品的一种反对意见。例如："我用的是某某公司的产品。""我们有固定的进货渠道。""买国有企业的商品才放心。"等等。消费者提出货源异议，表明消费者愿意购买产品，只是不愿向眼下这位营销人员及其所代表的公司购买。当然，有些消费者是利用货源异议来与营销人员讨价还价，甚至利用货源异议来拒绝营销人员的接近。因此，营销人员应认真分析货源异议的真正原因，利用恰当的方法来处理货源异议。

销售人员：我们剃须刀的质量、价格都是没得说的，您放心选购吧。

消费者：你们的剃须刀能够开发票吗？如何保证是正品？

8. 购买时间异议

购买时间异议是指消费者有意拖延购买时间的异议，消费者总是不愿马上作出决定。事实上，许多消费者用拖延来代替说"不"。营销人员经常听到消费者说："让我再想一想，过几天答复你。""我们需要研究研究，有消息再通知你。"以及"把材料留下，以后答复你"等。这些拒绝很明显意味着消费者还没有完全下定决心，拖延的真正原因，可能是因为价格、产品质量或其他方面不合适。有些消费者还利用购买时间异议来拒绝营销人员的接近和面谈。因此，营销人员要具体分析，有的放矢，认真处理。

由于营销的环境、客户及营销方法等不同，导致消费者表示异议的时间也不相同。一般来说，消费者表示异议的场合有以下几种。

（1）首次会面。营销人员应预料到消费者开始就有可能拒绝安排见面时间。如果这个消费者非常具备潜在消费者的条件，营销人员应事先做好心理准备，想办法说服消费者。

（2）产品介绍阶段。在这一阶段，消费者很可能提出各种各样的质疑和问题。事实上，营销人员正是通过消费者的提问，去了解消费者的兴趣和需求所在。如果消费者在营销介绍的整个过程中一言不发、毫无反应，营销人员反而很难判断介绍的效果。中国有句古话：贬货者才是真正的买主。提出疑问，往往是购买的前兆。

（3）营销结束（试图成交）阶段。消费者的异议最有可能在营销人员试图成交时提出。在这一阶段，如何有效地处理消费者的异议显得尤为重要。如果营销人员只在前面两个阶段圆满地消除了消费者的异议，而在最后关头却不能说服消费者，那一切的努力都将付诸东流。

销售人员：胡须可不会等您买了剃须刀后才长，想想，现在买回家晚上就可以用了。

消费者：那我明天买好了。

消费者说"过几天再买"或"下次再买"之类，多数是借口，真正原因可能是价格高、不满意产品质量等。在这种情况下，销售人员要"穷追猛打"，消费者说明天买，就当场与其确定明天什么时候买，用这种方式可以有效逼出消费者未表达出来的原因。

为了避免在成交阶段出现过多的异议，营销人员应该在准备营销介绍时就主动回答消费者有可能提出的异议，为成交打下基础。如果在试图成交阶段消费者的异议接二连三，就说明在前面营销介绍阶段存在的漏洞太大。

案例 3-12

一名女士到运动器材店，走上前询问店员。

“你好。”

“您好。”

“我上星期买的这套运动装，用洗衣机洗后严重缩水。你能帮我想想办法吗？”

“别人都没有提出过异议，你确定洗涤方式正确吗？”

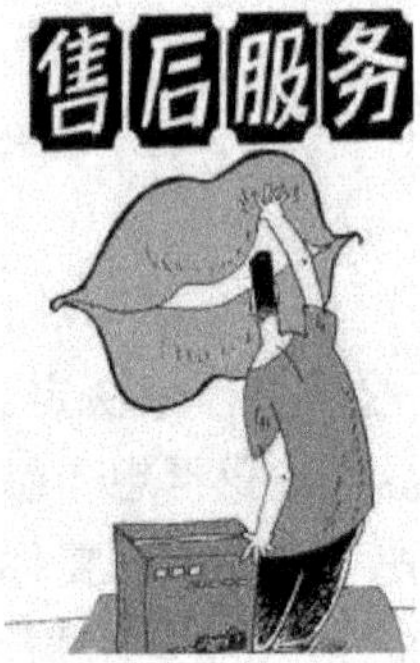

“是的。”

“你洗后有没有将它拉一下？”

“为什么？”

“这种质料必须如此处理。你在购买时他们都没有告诉你吗？”

“没有，早知道这样我就不买了。”

“我早就告诉过他们要贴说明文字让消费者知道，我另外再拿一套给你。”“既然每次洗完还要拉一下，我不要另外拿一套，请将钱退还给我。”

“我没办法退钱给你，你必须跟我们老板谈，她现在在开会。你能否一小时以后再来？”

请问

消费者产生异议的原因有哪些？销售人员遇到此类异议时应该做哪些事，不应该做哪些事？

（三）处理消费者异议的原则

1. 做好准备工作

“不打无准备之仗”，这是销售人员面对消费者拒绝时应遵循的一个基本原则。销售前，销售人员要充分估计消费者可能提出的异议，做到心中有数。这样即使遇到难题，到时候也能从容应对。事前无准备，就可能不知所措，消费者得不到满意答复，自然无法成交。可以说，良好的准备工作有助于消除消费者异议的负面性。

2. 选择恰当的时机

根据对美国几千名销售人员的研究，优秀销售员所遇到的消费者严重反对的概率只是其他人的十分之一，原因就在于优秀销售员往往能选择恰当的时机，对消费者的异议提供满意的答复。在恰当时机回答消费者异议，便是在消除异议负面性的基础上发挥了其积极的一面。

3. 忌与消费者争辩

不管消费者如何批评，销售人员永远不要与消费者争辩，“占争论的便宜越多，吃销售的亏越大”。与消费者争辩，失败的永远是销售员。

4. 给消费者留“面子”

消费者的意见无论是对是错、是深刻还是幼稚，销售员都不能给对方留下轻视的感觉。销售员要尊重消费者的意见，讲话时面带微笑、正视消费者，听对方讲话时要全神贯注，回答消费者问话时语气不能生硬。“你错了”、“连这你也不懂”、“你没明白我说的意思，我是说……”这样的表达方式抬高了自己，贬低了消费者，会挫伤消费者的自尊心。

（四）处理消费者异议的方法

1. 转折处理法

转折处理法是推销工作的常用方法，即营业员根据有关事实和理由来间接否定消费者的意见。应用这种方法是首先承认消费者的看法有一定道理，也就是向消费者作出一定让步，然后再讲出自己的看法。此法一旦使用不当，可能会使消费者提出更多的意见。在使用过程中要尽量少地使用“但是”一词，而实际交谈中却包含着“但是”的意见，这样效果会更好。只要灵活掌握这种方法，就能保持良好的洽谈气氛，为自己的谈话留出余地。

消费者提出营业员推销的服装颜色过时了，营业员不妨这样回答：“小姐，您的记忆力的确很好，这种颜色几年前已经流行过了。我想您是知道的，服装的潮流是轮回的，如今又有了这种颜色回潮的迹象。”这样就轻松地反驳了消费者的意见。

2. 转化处理法

转化处理法是利用消费者的反对意见自身来处理。消费者的反对意见是有双重属性的，它既是交易的障碍，同时又是一次交易机会。营业员要是能利用其积极因素去抵消其消极因素，未尝不是一件好事。

这种方法是直接利用消费者的反对意见，转化为肯定意见，但应用这种技巧时一定要讲究礼仪，而不能伤害消费者的感情。此法一般不适用于与成交有关的或敏感性的反对意见。

3. 以优补劣法

以优补劣法又叫补偿法。如果消费者的反对意见的确切中了产品或公司所提供的服务中的缺陷，千万不可以回避或直接否定。明智的方法是肯定有关缺点，然后淡化处理，利用产品的优点来补偿甚至抵消这些缺点。这样有利于使消费者的心理达到一定程度的平衡，有利于使消费者作出购买决策。

当推销的产品质量确实有些问题，而消费者恰恰提出“这东西质量不好”时，营业员可以从容地告诉他："这种产品的质量的确有问题，所以我们才削价处理。不但价格优惠很多，而且公司还确保这种产品的质量不会影响您的使用效果。"

这样一来，既打消了消费者的疑虑，又以价格优势激励消费者购买。这种方法侧重于心理上对消费者进行补偿，以使消费者获得心理平衡。

4．委婉处理法

营业员在没有考虑好如何答复消费者的反对意见时，不妨先用委婉的语气把对方的反对意见重复一遍，或用自己的话复述一遍，这样可以削弱对方的气势。

有时转换一种说法会使问题容易回答得多，但只能减弱而不能改变消费者的看法，否则消费者会认为你在歪曲他的意见而产生不满。营业员可以在复述之后问一下："您认为这种说法确切吗？"然后再继续下文，以求得消费者的认可。比如消费者抱怨："价格比去年高多了，怎么涨幅这么高？"营业员可以这样说："是啊，价格比起前一年确实高了一些。"然后再等消费者的下文。

5．合并意见法

合并意见法是将消费者的几种意见汇总成一个意见，或者把消费者的反对意见集中在一个时间讨论。总之，要削弱反对意见对消费者所产生的影响，但应注意不要在一个反对意见上纠缠不清，因为人们的思维有连带性，往往会由一个意见派生出许多反对意见。摆脱的办法是在回答了消费者的反对意见后马上把话题转移开。

6．反驳法

反驳法是指营业员根据事实直接否定消费者异议的处理方法。理论上讲，应该尽量避免使用这种方法。直接反驳对方容易使气氛僵化而不友好，使消费者产生敌对心理，不利于消费者接纳营业员的意见。但如果消费者的反对意见产生于对产品的误解，而你手头上的资料可以帮助你说明问题时，你不妨直言不讳。但注意态度一定要友好而温和，最好是引经据典，这样才有说服力，同时又可以让消费者感到你的信心，从而增强消费者对产品的信心。反驳法也有不足之处，这种方法容易增加消费者的心理压力，弄不好会伤害消费者的自尊心和自信心，不利于产品成交。

7．冷处理法

对于消费者一些不影响成交的反对意见，推销员最好不要反驳，采用不理睬的方法是最佳的。千万不能消费者一有反对意见，就反驳或以其他方法处理，那样就会给消费者造成你总在挑他毛病的印象。当消费者抱怨你的公司或同行时，对于这类无关成交的问题都可不予理睬，转而谈你要说的问题。

消费者说："啊，你原来是××公司的推销员，你们公司周围的环境可真差，交通也不方便！”尽管事实未必如此，也不要争辩。你可以说：“先生，请您看看产品……”

国外的推销专家认为，在实际推销过程中80%的反对意见都应该冷处理。但这种方法也存在不足，不理睬消费者的反对意见，会引起某些消费者的注意，使消费者产生反感。且有些反对意见与消费者购买关系重大，推销员把握不准，不予理睬，会有碍成交，甚至导致失去推销机会。因此，利用这种方法时必须谨慎。

8. 强调利益法

强调利益法是指销售人员通过反复强调产品能给消费者带来利益的方法来化解消费者的异议。这种方法适用于具有某种缺点又能为消费者带来某种突出利益的产品。

9. 比较优势法

比较优势法是指销售人员将自己的产品与竞争产品相比较，从而突出自己产品的优势来处理消费者的异议。

10. 价格对比法

价格对比法是指消费者提出相关价格异议时，销售人员进行横向或纵向的对比来化解消费者的异议。

11. 价格分解法

价格分解法是指当消费者提出有关价格的异议时，销售人员可以化解计量单位，以此来改变消费者的错误看法，以化解消费者异议的方法。

12. 反问法

反问法是指销售人员对消费者的异议提出反问，来化解消费者异议。常用于销售人员不了解消费者异议的真实内涵，即不知是寻找借口还是真的有异议时，进行主动了解消费者心理的一种策略。采取反问法时，应注意销售利益和保持良好的销售气氛。

案例 3-13

“五一”劳动节期间，某品牌电冰箱搞特价活动，一位消费者看中了其中一款，当时消费者对电冰箱价格还是有疑虑，问：“你们现在的价格确实是‘五一’特价活动中的价格吗？”销售人员说：“是的，‘五一’过后，我们的销售价格就要回调了。”于是消费者当时就买下了这款电冰箱。

可是“五一”过后，由于市场原因，该款电冰箱的价格不但没有回调，反而在特价的基础上下调了200元，而这位消费者也特别心细，“五一”过后他又来到商场询问该款电冰箱的价格。当他发现该款电冰箱的价格不但没有回升，反而下降了200元后，顿生上当的感觉，非常生气，马上找到销售人员理论。这位销售人员也感觉很委屈，马上抢过消费者的话，非常积极地向消费者强调，因为自己只是销售人员，没有办法控制公司产品的价格变化，所以很抱歉，并不是自己骗他。可是当时消费者非常生气，所以虽然销售人员说出的原因，他都明白并且能够理解，可是消费者就是听不进去，而该销售人员又一再地急于解释。结果可想而知，消费者越说越气，一直在商场吵了两个多小时，并向商场的家电部经理投诉，给商场和品牌都带来了非常不好的影响。

（五）处理消费者异议的时机

掌握好处理消费者异议的最佳时机是店员的基本功之一，处理时机有以下几种情况：

① 在消费者提出异议之前进行处理；

② 在消费者提出异议时当即进行处理；

③ 推迟处理；

④ 不予处理。

二、处理消费者抱怨

对于消费者抱怨，一旦处理不当，会引来不满和纠纷。从另一个角度来看，消费者抱怨是最好的情报，不仅没有理由逃避，而且应该怀抱感激之情欣然接受。

（一）消费者抱怨的概念

消费者对产品或服务的不满和责难叫做消费者抱怨。消费者的抱怨行为是由对产品或服务的不满意而引起的，所以抱怨行为是不满意的具体的行为反应。消费者对服务或产品的抱怨即意味着经营者提供的产品或服务没达到他的期望、没满足他的需求。另一方面，也表示消费者仍旧对经营者具有期待，希望能改善服务水平，其目的就是为了挽回经济上的损失，恢复自我形象。消费者抱怨可分为私人行为和公开行为。私人行为包括回避重新购买或再不购买该品牌、不再光顾该商店、说该品牌或该商店的坏话等；公开的行为包括向商店或制造企业、政府有关机构投诉，要求赔偿。

（二）处理消费者抱怨的意义

在过去的经营者的观念中，消费者一抱怨，经营者总认为他们是在找麻烦，而且只认识到了抱怨给经营者带来的负面影响，但实际上这种观念是偏颇的。从某种角度来看，消费者的抱怨实际上是企业改进工作、提高消费者满意度的机会。建立消费者的忠诚是现代企业维持消费者关系的重要手段，对于消费者的不满与抱怨，应采取积极的态度来处理。妥善处理消费者的抱怨，对于服务、产品或者沟通等方面所带来的失误进行及时补救，能够帮助企业重新建立信誉，提高消费者满意度，维持消费者的忠诚度。

1. 提高企业美誉度

消费者抱怨发生后，尤其是公开的抱怨行为，企业的知名度会大大提高，企业的社会影响的广度、深度也会不同程度地扩展。但不同的处理方式，直接影响着企业的形象和美誉度的发展趋势。在积极的引导下，企业美誉度往往会经过一段时间下降后反而能迅速提高，有的甚至直线上升；而若采取消极态度、听之任之、予以隐瞒、与公众不合作的行为，企业形象美誉度会随知名度的扩大而迅速下降。

2. 提高消费者忠诚度

有研究发现，提出抱怨的消费者，若问题获得圆满解决，其忠诚度会比从来没遇到过问题的消费者要来得高。因此，消费者的抱怨并不可怕，可怕的是不能有效地化解抱怨，而最终导致消费者的离去。若没有消费者的抱怨，倒是有些不对劲。哈佛大学的李维特教授曾说过这样一句话：“与消费者之间的关系走下坡路的一个信号就是消费者不抱怨了。”

案例 3-14

美国著名的消费者调查公司——TRAP 公司曾进行过一次“在美国的消费者抱怨处理”的调查，并对调查结果进行了计量分析，以期发现消费者抱怨与再度购买率、品牌忠诚度等参量之间的关系。

从消费者抱怨处理的结果来看，消费者抱怨可能给经营者带来的利益，是消费者对经营者就抱怨处理的结果感到满意，从而继续购买经营者的产品或服务，而给经营者带来的利益，即因消费者忠诚度的提高而获得的利益。

TRAP 公司的研究结果表明，对于所购买的产品或服务持不满态度的消费者，提出抱怨但却对经营者处理抱怨的结果感到满意的消费者，其忠诚度要比那些感到不满意但却未采取任何行动的人高得多。具体来说，研究结果显示，在可能损失的 1～5 美元的低额购买中，提出消费者抱怨但却对经营者的处理感到满意的人，其再度购买比例达到 70%。而那些感到不满意却没采取任何行动的人，其再度购买的比例只有 36.8%。而当可能损失在 100 美元以上时，提出消费者抱怨但却对经营者的处理感到满意的人，再度购买率可达 54.3%，但那些感到不满意却没采取任何行动的人再度购买率却只有 9.5%。这一研究结果一方面反映了对消费者抱怨的正确处理可以提高消费者的忠诚度，可以保护乃至增加经营者的利益。另一方面也折射出这样一个事实：要减少消费者的不满意，必须妥善地化解消费者的抱怨。

另有研究表明，一个消费者的抱怨代表着另有 25 个没说出口的消费者的心声，对于许多消费者来讲，他们认为与其抱怨，不如取消或减少与经营者的交易量。这一数字更加显示出了正确、妥善化解消费者抱怨的重要意义，只有尽量地化解消费者的抱怨，才能维持乃至提升消费者的忠诚度，保持和提高消费者的满意度。

3. 消费者抱怨是企业的“治病良药”

企业成功需要消费者的抱怨。消费者抱怨表面上让企业员工不好受，实际上是在给企业的经营敲响警钟，在工作的什么地方存在隐患，解除隐患便能赢得更多的消费者。同时保留着忠诚的消费者，他们有着“不打不成交”经历，他们不仅是消费者，还是企业的亲密朋友，善意的监视、批评、表扬，表现出他们特别的关注和关心企业的变化。如此来看，消费者对不满进行抱怨不是极好的事吗？对企业应是求之不得的好事。

如果企业换一个角度来思考，实实在在地把消费者抱怨当作是一份礼物，那么企业就能充分利用消费者的抱怨所传达的信息，把企业的事业做大。对企业来讲，消费者的不满唾手可得，但作为来自消费者及市场方面的资讯源，消费者的不满并没有得到充分利用。其实消费者的不满是企业改善服务的基础，企业要想获得更大的成功，必须真诚地欢迎那些提出不满的消费者，并使消费者乐于将宝贵的意见和建议送上门来。

（三）导致消费者抱怨的原因

1．商品方面

商品本身的问题包括商品的工艺问题、商品的质料问题、商品的价格问题、商品的标识问题、商品的污损问题、商品的缺货问题等。

2．服务方面

对服务的抱怨包括服务方式欠妥、对商品知识不够了解或是对消费者说明不够、服务态度欠佳、销售人员自身存在不良行为等。

3．卖场方面

卖场方面的问题主要是店铺环境的问题，如商品陈列不规整、地面不清洁等；有意外事件发生，如玻璃柜台边缘划破消费者的手，地面湿滑致使消费者跌跤等；包装袋质量出问题，导致消费者所购买的衣服和财物丢失等。

4．消费者自身的原因

（四）应对方法

光有良好的政策方针并不能解决消费者的不满，积极并准确的行动才是关键。企业必须培养高业务素质和高道德素质的员工，使消费者由不满到满意再到惊喜。

1．以良好的态度应对消费者的抱怨

处理消费者抱怨首先要有良好的态度，保持良好的态度是处理消费者抱怨的前提。然而要保持良好的态度，说起来容易做起来难，它要求企业员工不但要有坚强的意志，还要有牺牲自我的精神。只有这样，才能更好地平息消费者的抱怨。

2．了解消费者抱怨背后的希望

应对消费者抱怨，首先要做的是了解消费者抱怨背后的希望是什么，这样有助于按照消费者的希望处理，这是解决消费者抱怨的根本。表面上看，消费者向保险代理人抱怨说，他们打电话要求保险公司处理一个简单的问题，等了好几天都没回应。但深入地看，消费者是在警告代理人，保单到期后，他们会去找另一家保险公司续保。令人遗憾的是，许多公司只听到了表面的抱怨，结果因对消费者的不满处理不当，白白流失了大量的消费者。

3．用行动化解消费者的抱怨情绪

消费者抱怨的目的主要是让员工用实际行动来解决问题，而绝非口头上的承诺，如果

消费者知道你会有所行动自然放心，但光嘴上说绝对不行，接下来你得拿出行动来。在行动时，动作一定要快，这样一来可以让消费者感觉到尊重，二来表示经营者解决问题的诚意，三来可以防止消费者的负面宣传对公司造成重大损失。

4. 让抱怨的消费者惊喜

案例 3-15

4 名来自欧洲的 MBA 学员到位于美国亚利桑那州菲尼克斯的 Ritz Carlton 参加服务营销理论研讨会。他们想在即将离开酒店前往机场的那个晚上，到酒店的游泳池里轻松地度过几个小时。但是，当他们下午来到游泳池时，被礼貌地告知游泳池已经关闭了，原因是为了准备晚上的一个招待会。这些学员向招待员解释说，晚上他们就将回家，这是他们唯一可以利用的一点时间了。听完他们的解释后，这个招待员让他们稍微等一下。过了一会儿，一个管理人员来到他们身旁解释道，为了准备晚上的酒会，游泳池不得不关闭。但他接着又说，一辆豪华轿车正在大门外等待他们，他们的行李将被运到 Biltmore 酒店，那里的游泳池正在开放，他们可以到那里游泳。至于轿车费用全部由本店承担。这 4 名学生感到非常高兴，这家酒店给他们留下了非常深刻的印象，也使他们乐于到处传颂这一段服务佳话。

由此可见良好的处理方式不仅赢得了消费者的满意，而且为企业宣传自己、改善自己提供了良好的机遇。

消费者抱怨是因为经营者提供的产品或服务未能满足消费者的需求，消费者认为他们受到了利益的损失。因此消费者抱怨之后，往往会希望得到补偿。即使公司给了他们一点补偿，他们也往往会认为这是他们应当得到的，因而也不会感激公司。这时如果消费者得到的补偿超出了他们的期望值，消费者的忠诚度往往会有大幅度提高，而且他们也会到处传颂这件事，公司的美誉度也会随之上升。所以，公司处理消费者抱怨要遵循两点：①补偿多一点；②层次高一点。

5. 消费者态度追踪和消费者抱怨卡管理

企业不仅应鼓励消费者公开提出批评和建议，同时应对那些私下抱怨的消费者进行追踪调查，积极收集消费者对其产品和服务反应的完整资料，并对其进行分析，及时发现问题并予以纠正。

消费者抱怨卡用于记录在消费者发生抱怨事件时的内容，它记录的通常是关于客户因企业失误而产生抱怨的事件的发生年月日、内容、经过及处理结果等。

通过消费者抱怨卡可以知道事情的原委，易于理解消费者立场状况及理由，利用卡尽快行动，以满足消费者需求。同时通过对抱怨卡的分析归类，及时发现严重和经常出现的抱怨，对其进行检查监督，不要让其由小变大，进而失去控制，并予以及早注意和处理。同样重要的是要对成功的处理记录进行分析，以发现消费者的心理需求和期望。

总之，抱怨是消费者对自己的期望没能得到满足的一种表述。对企业来讲，有消费者提出不满，说明企业还是被市场关注的。正确对待和解决消费者提出的难题是企业生存和发展的关键。消费者是市场竞争中的“法官”，消费者可以决定企业的生死存亡，所以消费者的意见和脸色就是企业经营的准绳。因为，消费者不满的原因正是企业的问题所在，不解决问题，不被市场关注就等于给企业“判死刑”。如果及时地解决了问题，完善了工作方法，使消费者由不满意转变为满意和惊喜，就不会流失消费者。长久积累下来的这些消费者，便能成为企业的忠诚消费者群。

（五）实施方针

顾客最讨厌听到的话通常是：“很抱歉，我无能为力，这是公司的规定。”很多企业没有制定欢迎顾客抱怨的政策。实际上，很多企业根本就没有处理抱怨的政策，或尽管书面上制定了政策，但没有考虑到如何在行动上执行这些制度，让顾客尽情抱怨并最终让顾客满意，而是一心想减少企业的麻烦。

因此，企业必须制定相应的政策和制度，使顾客抱怨能准确、及时地解决。

1. 以顾客为中心制定有利于抱怨的政策

许多企业制定政策和制度的前提是如何让企业运作得更顺利、更有效，这是把企业内部体系放在优先位置来考虑。

（1）专为顾客而设的服务窗口，开放的时间却并不方便顾客。很多顾客服务部门午餐时间都要关门休息，但对忙碌紧张的上班族来说，午餐时间是他们最方便的退货时间。

（2）退货程序要求顾客必须保存原始包装才能退。很多顾客家里都没有充足的空间来堆放多余的箱子，就算有地方，他们也不想在家里放一大堆没用的废物。

（3）保证程序要求顾客保留原始收据，否则保证书不能生效。

（4）对最初所购产品不满意的顾客不能享受售后的差价优惠。

（5）购买家用产品的顾客浪费了很多时间在家里等候送货员或修理人员。企业通知他们：“技术人员会在下午一点到五点之间到你那里。”而今天的很多家庭，在企业正常上班的时间里，夫妇俩也都在上班，家里没人，这种处理方式对他们十分不便。

（6）尽管顾客对某些烦人的程序怨声载道，但企业依然如故。

由此可见以企业为中心的政策，无疑为顾客流失和顾客抱怨提供了滋生的土壤。因此，企业制定为顾客服务的政策时，应首先考虑到顾客是否愿意并且便于接受，如果顾客不乐于接受的事，要求变动或自愿选择时，有无便利权？对所提供的服务不满意时，鼓励抱怨吗？企业应充分考虑顾客的利益，征求顾客的意见，制定出顾客乐于配合的管理政策。

2. 协调统一执行

很多顾客都有这样的经历：最初向顾客提供服务的明明是某一个部门，最后却像踢皮球似的被推到另一部门去了。这种情况往往发生在汽车经销商的维修部、医院以及帮顾客运筹资金以便进行大宗采购的公司。这些企业最初向顾客提供的服务可能个人针对性很强，但是一旦到了另一个部门，就很快变得不明确了，服务质量自然大打折扣。

案例 3-16

波士顿咨询公司对美国企业进行的一项调查发现，企业内部几乎所有的活动（95%～99%）都与顾客无关。他们引用调查数据说，保险公司处理顾客的申请表平均要花 22 天时间。推算一下处理这些表格所需的时间，其实只需 17 分钟就行了。那么另外多花的时间都耗在哪里了呢？答曰：签字、呈报、开会。对顾客抱怨的处理也是一样，如果企业能够协调好处理顾客抱怨的各个部门的职能范围，高效地处理抱怨，那么每个人都会成为赢家。

3. 授权一线员工

现在许多管理者都存在一种偏见，即一线员工的品质素质较差，在他们眼里一线员工不可靠，一线员工只能按规范的方程式和程序为顾客服务，这种不信任导致管理者不敢向一线员工授权。

授权意味着一线员工不用去重复老一套的接待词，而可以根据情景和顾客的不同，灵活地为顾客提供得体的服务；授权也意味着一线员工可以立即处理顾客的投诉或抱怨，而不会因为处理程序复杂导致矛盾激化；授权还可以充分发挥员工的创造性、积极性和主动性，提高顾客的服务质量。因此管理者应适当地授权一线员工，充分发挥他们的潜能去为顾客服务。

4. 表彰奖励受理

有些企业的奖励制度与受理抱怨之间有矛盾。例如，某家企业为争夺市场而拼命宣传“所提供的服务百分百令顾客满意”，但其销售部门却背道而驰。业务人员为了拉一笔生意常向顾客夸下海口并承诺，但企业对此很少过问。业务人员一心只想把顾客的钱挣到手，顾客有了问题，企业不问不管，导致顾客服务人员工作起来困难重重。

有些企业急功近利，只顾短期利益，使顾客抱怨无法得到妥善的解决。企业甚至对这种行为进行表彰和奖励。例如，某位经理只要能迅速降低该部门的产品进货率，在短期内提高利润，就能获得奖金。路易斯·葛斯特勒出任美国联通公司总裁时，曾经对这一问题发表看法：“这是大多数公司的内部不合理造成的，顾客服务人员既辛苦又要承担费用上的风险，却没有得到一点好处。他们的优秀表现只体现在市场营销尤其是对新产品的开发上，但他们本人始终得不到公司的回报。”

因此，公司要建立相应的表彰机制和员工自主机制，鼓励员工积极处理顾客抱怨，并对优秀的员工给予奖励。使员工能够积极有效地处理顾客抱怨，为建立高效的顾客抱怨体系打下基础。

5．传达顾客抱怨

通常一线员工能最先接触到顾客。如果企业不鼓励员工将来自顾客的信息传达给经理，那么大部分的顾客抱怨在一线就石沉大海没有音讯。如果一线员工和经理人之间未能坦诚地交换意见，那么提高服务质量纯粹是一句空话。

企业的高层主管一方面要尽可能地与顾客进行面对面的交流，亲身体会一下顾客的愤怒，另一方面要建立监督机制，对顾客抱怨从一线员工传达到管理层的过程进行监督，看看究竟有多少顾客抱怨传达到了企业高层，这些传达到的抱怨是否准确？

如果经理人打算花更多的时间直接了解一线员工的情况，不妨深入员工基层走走看看。著名的邦马饰品的前总裁山姆·沃尔顿说："我们最好的点子往往来源于送货员和库存员。"很有可能这些员工的灵感都是受顾客的抱怨而启发的。沃尔顿说，员工不能仅靠耍嘴皮子对顾客说，他们对顾客有多重视，关键是要落实到行动中去。面对抱怨连天的顾客，经理人不妨时时提醒自己"以身作则"。

目前，为加快一线员工与高层主管的沟通速度，许多企业将企业内部组织扁平化，减少周折，加快流通。企业内部结构的精简意味着不必花好几天，甚至好几周的时间将所出的问题层层上报。当今我们面临的严峻挑战是市场流通不断加快，促使我们不得不加快回复顾客抱怨的速度。

（六）消费者投诉意见的处理程序

① 保持心情平静；

② 有效倾听；

案例 3-17

赵先生买了一台便携式电脑，到家后却发现这台电脑的外壳出风口处有一处划痕。气愤之下，赵先生带着电脑找到了那家商店。摆在赵先生面前的有三种选择：一是退货；二是换一台新电脑；三是由商店免费修理。当然，最好的选择是第一种，这也是赵先生所希望的。

然而出于面子的考虑，赵先生没有直截了当地提出退货，而是反复强调不再信任这种品牌的电脑，买回去也不放心。由于赵先生没有陈述自己的真实要求，销售人员又坚持免费修理，最后双方形成僵局。

③ 运用同情心；
④ 表示歉意；
⑤ 分析消费者投诉的原因；
⑥ 提出解决方案；
⑦ 执行解决方案；
⑧ 检讨。

案例 3-18

李涛在某家电营业部买了一台彩色电视机，才用了 3 个多月就出毛病了。他可是个老球迷，今晚还有意大利甲级联赛，眼看着就要看不成，所以他怒气冲冲地抱着电视机来到了这家营业部。

销售人员赵凯："李先生，我向您道歉，给您带来了麻烦，我非常理解您此时的感受，请问您的电视买了多久了？"

李涛："3 个月零 16 天。"

赵凯："实在抱歉，按照我们的规定，超过 3 个月就不能更换了。我们给您好好修理，这样行吗？"

"也行，现在就修。"李涛的火气小了点，但还是忘不了他的球赛。

"今天恐怕来不及了，我们快下班了。您看这样好吗？先把电视机留在这里，我们先帮您检查一下问题，尽快把它修好，然后及时打电话叫您来取。"赵凯很诚恳地说。

"不行，我在这儿等着。你赶紧修吧。"

"是这样，我们的检测时间可能会比较长，技术人员检查需要一定的时间，电视机在家里也是一个大件电器，我们不能马马虎虎，这样对您也不负责啊。我想您也希望一次修好，我们可能会耽搁您一个晚上，但明天会还给您一个完好如初的电视机。对您来讲，维修以后的质量是非常重要的，而且我们也要对您负责。我知道您很着急，我很理解您，我会督促他们尽快查出毛病并给您修好。明天早上修好之后，及时给您打电话，您看好吗？"

"那好吧，明天早上要准时给我修好啊。"李涛觉得赵凯讲得很有道理，也就不再坚持了。第二天一早，大约 9 点钟的时候，李涛又来到了这家营业部。

"李先生，您可真早呀。"赵凯笑着迎了上来，"您的电视机刚修好，我给您打开看看。"赵凯说着打开了放在桌子上的电视机，电视里正在播放昨天的球赛。

"哎！正是为了这场球赛，要不我也不会这么着急了。"李涛说出了心里话。

"是吗？看来您是老球迷了。实在抱歉，耽误您一个晚上，昨天没看球赛吧？"赵凯显出很抱歉的样子。

"没耽误，去邻居家看了。"

"您看还有没有需要我做的？"

"没事了，那我抱回去了，麻烦各位了。"李涛倒有些不好意思了。"您说哪里话。抱歉的是我们，让您大老远地跑了两趟。谢谢您对我们的信任，也谢谢您用我们的产品。这是我的名片，回去之后，如果发现任何问题，打个电话，我们给您上门服务。"三天之后，赵凯查找出消费者档案，拨通了李涛的电话："您好，李先生吗？我是某某家电营业部的小赵。”

“哦，你好你好！”李涛略感意外。“您的电视机情况怎样？没有问题了吧？”“没问题了，效果挺好！谢谢你们啦。”“别客气，如果有什么问题尽管找我们解决。”“一定，一定。你们服务这么好，有事当然找你们了。”

（三）抱怨处理过程中的“禁句”

产生抱怨的消费者犹如一堆干柴，任何一点火花都会使他们燃起满腔的怒火。如果在沟通过程中，负责调解的销售人员说话不慎，用语不当，就很容易使消费者火冒三丈，使矛盾更加激化。因此，在处理抱怨时，销售人员最好避免使用以下话语。

（1）“这种问题连三岁小孩都懂。”这句话是在消费者不了解商品特性或者针对商品用途做出询问时，销售人员极有可能脱口而出的话。这句话极容易引起消费者的反感。

（2）“一分钱，一分货。”一年冬天，尉女士为自己买了个新皮包，非常好看但价格却极便宜，结果没用两天就冻裂了口。尉女士找到那家商店，接待的销售人员说：“一分钱，一分货，当初我让你买贵点儿的，你偏不买。”

当销售人员说这句话时，通常会让消费者感到销售人员在小瞧她，认为她买不起高档品，只配用廉价品，因此会伤害到消费者的自尊心。

（3）“不可能，绝对不可能发生这种事儿。”一般商家对自己的商品或服务都是充满信心的，因此，在消费者提出抱怨时，销售人员常常用这句话来回答。

其实，当销售人员说这句话时，已经严重地伤害到消费者了。因为这句话表示他并不相信消费者的陈述，怀疑消费者在撒谎，因此，消费者必然会产生极大的反感。

（4）“这种问题不关我的事，请去问生产厂家，我只负责卖货。”尽管商品是由厂家制造生产的，但是商店对其进行销售，就应该对商品本身的质量、特征有所了解。因此，以这句话来搪塞、敷衍消费者，表明店方不讲信誉。

（5）“嗯……这个问题我不大清楚。”当消费者提出问题时，销售人员的回答若是“不知道”、“不清楚”，则表明这家商店没有责任感。因为富有责任感的商店一定会尽一切努力来解答消费者的提问，即使销售人员真的不知道，也一定会请教专门的人来解答。

（6）“我绝对没有说过那种话。”

崔小姐一个人去商店买裙子，她看中了一条款式新颖、价格较贵的连衣裙，大小合适，但是她拿不准这条裙子是否真的适合自己，便去询问销售人员：“买走以后如有质量问题，可不可以退换？”负责接待她的销售人员承诺：“如果您家里人说不好看的话，一个星期内可以拿回来退换。”

当崔小姐回到家后，先生建议她退掉，因为这条裙子的颜色很老气。崔小姐又去找那位销售人员，要求退货。可是那位销售人员坚决不肯退货，只同意换货，而且否认当初有关于“可以退换”的承诺，说：“我绝对没有说过那种话。”

其实，在这桩抱怨事件中，如果销售人员不否定自己曾许下的诺言，从其他角度劝说消费者另换一种颜色或款式的裙子，崔小姐也未必就会断然拒绝，但由于销售人员一口咬定自己并没有答应能退，反而让崔小姐非退不可，不然就告到店长那里，说这位导购人员说谎话。

在商场上不应有“绝对”这个词，因为这个词会给别人一种硬把自己的主观意见加在别人身上的感觉，所以销售人员最好不要使用。

(7)“我不会”、“不会”、“没办法”、“不行”这些否定的话语表示店方无法满足消费者的希望与需求，因此，销售人员应尽量避免使用。

(8)“这是本店的规定”、“对不起，这是本店的规定”，以这种话来应付消费者抱怨的销售人员为数不少。其实，商店的店规通常是为了提高销售人员的工作效率而制定的，制定店规的目的是更好地为消费者服务，而绝不是为了监督消费者的行为和限制消费者的自由，因此，即使消费者不知情而违反了店规，销售人员也不可以用店规做挡箭牌开责。否则，不仅无法解决问题，反而会加深误会。

(9)“总是会有办法的。”这一句态度暧昧的话通常会惹出更大的麻烦。因为这种“车到山前必有路”的不负责任的态度对于急着想解决问题的消费者来说，实在是令人失望。

(10)“改天我再和你联系。”这也是一句不负责的话。在消费者提出的要求或问题需要花费一些时间解决的情况下，销售人员最好的回答是：“三天以后一定帮您办好”或“×月×日以前我一定和您联系。”这样给消费者一个明确的答复，一方面代表店方有信心帮助消费者解决问题，另一方面也不会让消费者感到受愚弄。

(11) 其他禁句。“没看我正忙着吗？一个一个来呀！”“别人用得挺好呀！”“我们没发现这个毛病呀！”“我们一直都是这么卖的。”“你先听我解释。”“你相不相信我？”“你也有不对的地方。”“你怎么这么讲话？”“爱告哪就告哪儿！”“这事儿没法办。”“你去找消协吧，这是他们的电话。”

以上是解决消费者抱怨时应该避免使用的“禁句”，因为这些话语容易在有意或无意中刺伤消费者的心，从而激化矛盾，所以销售人员必须严禁使用。

相反，在接受消费者的抱怨时，必须从消费者的角度说话，在抱怨处理中，有时候一句体贴、温暖的话语，往往能起到化干戈为玉帛的作用。

案例 3-19

一天，某国际品牌专卖店刚一开门，一位消费者就气冲冲地走进来了。当时消费者真的很激动！他花 800 元钱买了一只打火机，可是才一个星期打火机就不好使了。消费者怒气冲冲地质问：你们到底是名牌还是名骗？销售人员等消费者把所有的话说完了以后，问他充的是不是专用气？消费者说不是，昨天有个朋友看了，好心帮他充了点其他种类的气。问题就在这儿，好多高档商品是要用专业的配套设备的。尽管不是商品质量造成的问题，但销售人员还是帮消费者把打火机寄回厂家，免费修理。一周之后当销售人员把修好的打火机交还给消费者时，同时送上了一套自己收集整理的打火机保养常识。就这样，消费者成了销售人员的朋友，并且给他带来了许多新的消费者。在销售人员的努力下，这个柜组的月销售额由最初的几千元，攀升到现在的50万元左右。

项目四

消费者的决策行为

导入案例

我国消费者购物决策面面观

现阶段，我国居民的消费出现层次性、个性化的趋势，令一些商界老手难以捉摸，他们惊呼："上帝"越来越难以满足了。某市纺织品公司刘经理却独有一番见解，他对消费者购买决策新特点进行了归纳，并总结出市场营销新对策。

刘经理认为，当今人们的购买决策，从不同的侧面看大体有八个特点。

（1）买涨不买落。有经验的购买者，要先看行情，货比三家。价格趋涨，争先购买，唯恐继续上涨；价格趋落，等待观望，寄望再落，直到看准最佳时机、最佳价格再买。

（2）就高不就低。当今城市的"上帝"有高档不购中档；有中档不购低档；有进口不购国产；有名牌不购杂牌；有新产品不购旧货；这已成为最新时髦。

（3）求便不求廉。仅仅价格低廉、物品美观还不足取，更主要的是质量可靠、方便实用。现在的城里人，几乎没有自己做鞋子的，农村做鞋子的也不多见。城市居民80%以上购买成衣，只有少数老年人和特异体型的人才不得不去缝纫店里量体裁衣。在食品中，成品或半成品回家只需下锅或简单加工即可食用的食品越来越多。

（4）进大不进小。大型综合性商场更能招揽顾客，尤其大品种、大批量、大数量的商品采购和集团购买，几乎都更青睐大商场，因为大商场品种齐全，管理规范，除实行"三包"外，有时还可送货上门。人们对购物环境的要求也日益提高，人们不仅希望买到自己称心如意的货物，还企盼在购物过程中得到精神上的陶冶和美的享受。

（5）购少不购多。在商品货源极大丰富的今天，"只要有钱，什么买不到？"已成为现今群众的口头禅，因而宁可少购不多买。在副食品市场，购肉一次一斤、半斤，购鱼一次一条、两条屡见不鲜。

（6）购近不购远。新商品、新品种、新款式层出不穷，日新月异。与其早早买个"过时货"，不如将来再买"时髦货"。所以，不少年轻人临到婚礼时才去买彩电、冰箱；有的人到了下雪天才去买保暖鞋、电热毯；有的人到了汗流浃背时才去买电风扇、空调器；有的人甚至客人到了家，临时去餐馆订菜，去商店买酒。

（7）存款不存物。花钱买一些一时用不着的东西"死"搁在那里，不如把钱存在银行，购买理财产品、参与炒股等更实惠、更灵活、更洒脱。

（8）投机不投需。近年来，"有奖销售"撩拨了不少人的投机欲望。为了投中"头奖大彩电，二奖大冰箱，末奖也有一件羊毛衫"的千万分之一的机遇，许多人都情不自禁地大把大把掏出钞票，去购买那些暂时不需要或可买可不买的商品。

议一议

1. 你是否同意刘经理对消费者购物决策新变化的分析？
2. 试着根据消费者独特的消费特点，提出相应的市场营销对策？

任务一　消费者个性心理特征

一、个性的概念和结构

个性一词是从英文“personality”翻译过来的。它最初来源于拉丁语Person，开始是指希腊罗马时代戏剧演员在舞台上所戴的面具，它代表剧中人的身份，后来指演员——一个具有特殊性格的人。一般来说，个性不仅指一个人的外在表现，而且指一个人的真实的自我。我国第一部大型心理学词典——《心理学大词典》中对个性的定义是：个性就是一个人的整体精神面貌，即具有一定倾向性的心理特征的总和。

从系统论的观点看，个性是一个多层次、多维度的复杂的整体结构，其主要成分包括个性心理倾向性和个性心理特征。

1．个性心理倾向性

个性心理倾向性是指一个人所具有的意识倾向性和对客观事物的稳定态度。它主要包括需要、动机、理想、信念、世界观等心理成分，其中世界观在个性倾向性的诸成分中居于最高层次，决定着人的总意识倾向。个性倾向性体现了一个人需要什么、追求什么、信仰什么，故又称个性倾向。个性倾向是人从事各项活动的基本动力，它决定着一个人的态度、行为的积极性与选择性，它对个性的变化和发展起推动与定向的作用，是整个个性结构的核心。

个性倾向性的各个成分是互相联系、彼此影响的，但其中总有一个成分居于主导地位，并随一个人的成熟与发展的阶段而不同。在儿童期，支配心理活动与行动的主要是兴趣；在青少年期，理想上升到主导地位；到青年晚期和成年期时，人生观和世界观支配着人的整个心理与行动，成为其主导的心理倾向。

2．个性心理特征

个性心理特征是一个人身上经常表现出来的本质的、稳定的心理特点，主要包括能力、气质和性格。这种稳定的心理特征是个性心理倾向性稳固化和概括化的结果。

个性心理特征的每种特性都和其他特性处于不可分割的有规律的联系之中，能力、气质、性格各有特点，但又相互关联。例如，性格可以改变气质类型；气质又可以使性格带有特殊色彩并影响其形成和发展的速度。

一个人的个性心理倾向性是在实践活动中逐渐形成并发展起来的，它反映了一个人与客观环境之间的相互关系，以及一个人特殊的生活环境和特殊经历。当一个人的个性心理倾向成为一种稳定而概括的倾向时，就成为自己对他人、对自我、对某事的一贯态度并采取相应的行为方式，从而构成一个人具有独特特点的性格特征。因此，个性特征与个性倾向性是相互联系、相互影响的。

二、个性的心理特征内容

1. 整体性

个性的整体性是指构成个性的各种心理成分和特质，如能力、气质、性格、情感、动机、态度、价值观、行为习惯等，在一个现实的个人身上它们并不是孤立存在的，而是密切联系构成一个完整的功能系统。正常人的行动并不是某一特定成分（如能力或情感）运作的结果，而是各个成分密切联系、协调一致所进行的活动。正像汽车那样，它要顺利运行，各部分必须协调一致朝着一定的目标，作为一个整体而运作。

心理的完整性是心理健康的表征。精神分裂症是一种常见的精神病，如果一个人得了精神分裂症，他就丧失了心理的完整性和一致性。患者的感觉、记忆、思维和心理机能虽没有丧失，但已经乱七八糟的了。由此可见，正常人的心理是多样性的统一，是一个有机的整体。

2. 独特性与共同性的辩证统一

个性的独特性是指人与人之间的心理和行为是各不相同的。由于个性组合结构的多样性，使每个人的个性都有其自己的特点。比如同是沉默寡言的特征，有的人冷眼看世界，不是知音不与谈；有的人胸无点墨，故作高深。

强调个性的独特性，并不排除个性的共同性。个性的共同性是指由于受共同的社会文化影响，同一民族、同一地区、同一阶层、同一群体的个体之间具有的共同的典型心理特点。例如受儒家文化的影响，全世界的华人都有不少相同的个性特征。因此，个性是差异性和共同性的统一。

3. 稳定性和可变性的辩证统一

个性的稳定性是指个体的个性特征经常地、一贯地表现在心理和行为之中，例如，一个人经常地、一贯地表现得冷静理智、处事有分寸，我们才能说这个人具有“自制”的性格特征。至于他偶尔表现出的冒失、轻率，则不是他的人格特征。由于个性的稳定性，因而我们可以从一个人儿童时期的个性特征推测其成人的人格特征。

俗话说，“江山易改，禀性难移”，即形象地说明了个性的稳定性。个性的稳定性并不意味着它在人的一生中是一成不变的，随着生理的成熟和环境的改变，个性也可能产生或多或少的变化。如社会地位和经济地位的重大改变、丧偶、迁居异地等，往往会使一个人的个性发生较大的甚至彻底的改变。

4. 社会性和生物性的辩证统一

个性从其形成和表现的形式上看，既受社会历史的制约，又受个人生理特征的影响。如需要、理想、信念、价值观、性格都是受社会影响而形成的，使个性带有明显的社会性。例如，在一定的社会中，同一民族、同一阶级的人们在某些共同的生活条件下生活，逐渐掌握了这个社会的风俗习惯和道德观念，就会形成某些共同的人格特点。

但是人又是一个有血有肉的个体。个体的遗传和生物特性是个性形成的自然基础，影响着个性发展的道路和方式，也决定着个性特点形成的难易。例如，一个神经活动类型属于强而不平衡型的人，就比较容易形成勇敢、刚毅的人格特点；而要形成细致、体贴的人格特点就比较困难。相反，一个神经活动类型属于弱型的人，就比较容易形成细致、体贴的人格特点，而要形成勇敢、刚毅的人格特点就比较困难。所以个性是先天自然素质和社会环境相互选择、相互渗透的积淀物。

案例 4-1

在美国，贺卡市场充满风险、竞争激烈但市场巨大。1988 年美国消费者花了大约 37 亿美元在贺卡上，这种产品如此普遍以致在美国家庭之间的全部邮件中有大约 50%是贺卡。

1993 年，这一市场增长到 56 亿美元，这一增长很大程度上应归功于“可选”卡的销售的提高。可选卡被宽泛地定义为任何对这个市场来说有新鲜感的卡。例如，有为各种人群如祖父（母）、新近离婚者、工作压力过大的父母和小伙子准备的卡。除了传统的生日卡还有毕业卡、母亲节卡，还有为特殊事件，如得到一份新工作或被从旧工作中解雇，一次浪漫的小口角后的补偿以及实施减肥计划等制作的卡。

在美国有三家从事此业务的主要的公司。Hallmark 有大约 45%的市场份额，美国贺卡公司有大约 30%～35%的市场份额，Gibson 大约有 10%的份额。Hallmark 在一场变革中已经加快步伐，其竞争领先者的地位从未被动摇过。然而，“可选”卡已经成了严重的威胁，占了大约 17%的市场份额。例如，销售额达 1 亿美元的可回收纸制造的古怪的动物卡正在以每年 30%的速度增长。几个小公司通过占领 Hallmark 忽略的细分市场而繁荣了起来。

对美国消费者来说贺卡的魅力是什么呢？它能满足发贺卡的人什么目标或目的呢？它们确实并不是很方便。“开车去商店挑一张卡确实比写一封信更费时间”，一位社会学教授如是说。一个手写的便条，一个电话或一次探访有什么不妥吗？

在1986到1987年间，Hallmark将全部营销战略转变为强调“形象”。执行这样一种战略是因为它认识到了在选择一张贺卡的过程中消费者选择店铺的重要性。Hallmark之所以对店铺选择有特殊的兴趣是因为它的大多数贺卡都在“Hallmark 商店”中出售，这种商店只卖（或主要卖）Hallmark的产品，如卡、包装纸、生日礼物、玩具和小饰品。虽然这些店铺主要是私人拥有，但许多在店名中标明“Hallmark 商店”，例如“琳达的Hallmark 商店”。在这类分销系统中，为了买一张Hallmark卡，消费者必须首先决定去Hallmark商店。

思考：

1. 对贺卡的评价标准是什么？它们主要的目标是什么？在不同的细分市场中这些指标有何不同？

2. 据估计在美国卖出的所有贺卡中约85%是被妇女购买的，你认为男人和女人的决策制定过程有很大的差异吗？为什么？

三、消费者个性心理特征对消费行为的影响

（一）气质类型及消费者购买行为特点

气质是典型而稳定的个性心理特征。因此，对人的行为活动方式影响比较深远，特别是气质的四种类型，在购买活动中会充分地表现出来，使得消费者的购买行为丰富多彩，各具特色。

1. 胆汁质类型消费者

胆汁质类型的消费者感受性弱，耐受性高，情绪兴奋性高，变化剧烈而抑制力差，对外界事物反应速度快，但不灵活，可塑性差，外倾性明显，表现为直率、热情、易冲动、暴躁。这类消费者气质的神经过程呈现为稳定性、均衡性等，往往产生冲动型购买，在购物中喜欢标新立异，追求新颖奇特、具有刺激性的流行商品。一旦决定了购买目标就不会动摇，只要见到这种商品就会毫不犹豫地迅速要求成交，而不善于比较和思考，缺乏深思熟虑。如果购物时需要等待或是服务人员言行怠慢会激起烦躁的情绪甚至激烈的反应，体现出冲动型的购物行为特点。接待这类气质的消费者，要求服务人员眼疾手快，及时应答，并迅速递上他们所需要购买的商品，做好必要的解释，如商品性能、使用方法等。多向他们介绍一些新产品的使用功能，引起他们的注意和兴趣。总之，服务人员要以同样充沛的精力快而准地接待他们，并辅以柔和的语言和目光，做到礼让三分，使消费者的购物情绪达到

最佳状态。

2. 多血质类型消费者

多血质类型的消费者感受性低而耐受性较高，情绪兴奋性高，外部表露明显，对外界事物反应快，灵活性、可塑性强。表现为活泼、好动、开朗、善交际，注意力易分散，兴趣、感情变化快。这类消费者对购物环境及周围人物适应能力强，因此，有时在嘈杂的人声和较多的顾客中能应付自如，并乐于向服务人员咨询、讨论所需购买的商品，甚至言及他事，然而他们一般谈吐灵敏风趣，并不使对方反感。购买目标往往容易转移，因为某种商品又吸引了他们，使之“移情别恋”，富于想象，体现出想象型和不定型的购物行为特点。对待这类消费者，服务人员要分两种情况，一种是他们询问商品价格、质量、性能时要有问必答，不厌其烦，使他们能高兴而来，满意而归；另一种是如果遇到消费者有些离题的聊天，就应礼貌风趣地给予指点，使他们专注于商品。服务人员应尽量帮助他们缩短购买商品的过程，当好参谋，以博得顾客的好感。这类气质的消费者比较容易听取意见和转变态度，因此处理得当不会引起不悦。

3. 黏液质类型消费者

黏液质类型的消费者感受性差而耐受性强，情绪兴奋性低，抑制性较强，内倾性明显，反应速度慢，不够灵活，具有稳定性，行动表现迟缓，少言、细致、固执而有惰性。这类气质的消费者的神经过程呈现均衡性，自制力较强。他们在购买行为中表现得心中有数，对商品比较了解，因此不屑于过多地询问，更不会与对方谈论与商品无关的话题。在挑选商品时表情不明显，态度、动作比较认真，很少受外界的影响，对自己喜欢和熟悉的商品会产生连续购买行为，体现出理智型的购物行为特点。接待这类消费者时，服务人员要有的放矢，避免过多的语言和过分的热情，因为这样做反倒会引起某些反感。同时，要适当允许这类消费者有自己认真思考和挑选的余地，对他们的谨慎小心应给予充分理解，给予支持和信赖，用文明和礼貌构筑起信任的桥梁，使他们再行惠顾。

4. 抑郁质类型消费者

抑郁质类型的消费者与前三种气质类型的消费者相比较，其特点是神经过程的感受性高而耐受性低，严重内向，反应速度慢，不灵活，情绪兴奋性高，内心体验深刻。表现得刻板、羞涩、敏感、孤僻，防御性强。这类神经活动为弱型的消费者在购买行为中，心理状态比较复杂、矛盾，对周围事件很敏感，哪怕是对方无意的动作或眼神都会在其内心有所体验。因此，他们购买动作拘谨，神态唯喏，有时对服务人员的介绍表示过多的附和与信赖，缺乏对商品的主动性，有时则对他人的介绍犹豫不决，甚至不信任，全凭自我的心理评价定酌，体现出谨慎型、敏感型的购物行为特点。面对这类消费者，营业人员应更加温和细致，打消他们不必要的顾虑，鼓励他们大胆试穿、试用商品，迅速拿定主意。如果他们优柔寡断或放弃购买，也应以礼相待，欢迎他们再来购买。总之，接待中要善于察言观色，捕捉他们所反映的细枝末节问题并作好心理对应准备，使他们在平和愉快的气氛中购物。

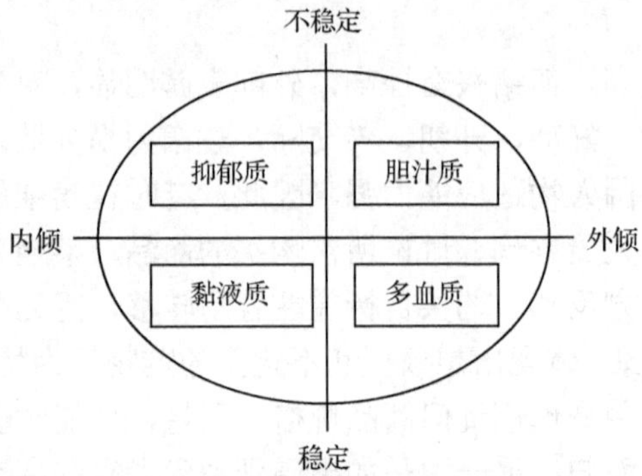

综上所述，我们分析了具有典型气质特征的消费者在购买活动中的行为表现，他们具有一定的代表性，但实际情况远比这四种类型要复杂得多。因为，消费者的气质多数介于各种类型的中间类型，加上多种外界条件的影响，使气质特征显露的机会各不相同。自然购买行为也表现得复杂多样，难以区分究竟是哪一种类型。同时，既不可能也没有必要非要把纷繁复杂的购买行为划归某一类型。我们研究消费者的气质，主要是观察和判定消费者具有哪些气质特征，从而揭示其购买活动规律，有针对性地提供各种服务，更好地满足消费者的需求。

想一想

请你分别说出下面四大人物的性格类型及其特点：
孙悟空、林黛玉、诸葛亮、张飞。

（二）性格类型及消费者购买行为特点

在企业的营销活动中，消费者千差万别的性格特点，往往表现在他们对商品购买活动的态度和习惯化了的购买行为方式上。因此，可以通过对消费者购买态度、购买情绪、购买方式的观察、分析、判断，来认识和大体区分消费者的性格类型。

1. 按占优势的心理机能，可分为理智型、情绪型、意志型、中间型

（1）理智型性格消费者的购买行为往往受其理智支配。是否购买商品和劳务，购买何种类型，如何购买，什么时候购买，往往是经过周密思考、反复权衡各种利弊因素之后才作决定的。在现实购买活动中经常有这种情况，商店出售削价处理商品，许多人贪图价格便宜，纷纷抢购、争购。但理智型消费者却不盲从，而是根据获得的信息，进行冷静分析，商品是否急需?价值多少?为什么降价?然后得出结论是否真正便宜。经过这一系列活动，才作出是否购买的决策。

（2）情绪型消费者购买行为往往受到感情的支配，同冲动型消费者类似。冲动型消费者往往是在短时间内激情涌起就采取购买行动，冷静下来之后，又后悔不迭。但情绪型消费者则不完全相同，他们购买商品一般是在喜欢、赞赏等各种感情支配下进行的。感情形成的时间可能较长，也可以较短，也可能受当时现场的气氛影响，也可能是受过去购买经验的影响，还有可能是受商品广告、其他人的消费经验的影响。总之，是感情左右其购买行为。

（3）意志型消费者购买行为受其意志支配。他们购买目的明确，识别商品积极主动，购买决策迅速果断，并且能克服各种干扰和困难，完成购买活动。

（4）中间型消费者是三种类型的过渡类型，如理智—意志型等。

2．按心理活动倾向性，可分为外倾型、内倾型、内外平衡型

（1）外倾型消费者的性格特点是心理活动倾向于外部，购买商品时热情较高，喜欢提问题，征询意见，不掩饰自己的喜怒哀乐，喜欢与人交往，能较快地适应各种购买环境，比较容易和营业员交流信息，并通过购买活动获得某种心理上的满足。这种类型的消费者虽然购买决策果断，但比较轻率，缺乏自我分析。

（2）内倾型消费者同外倾型正好相反，其性格的行为特点往往是稳重、谨慎，喜欢自己观察体验，自己分析判断，不轻易提出问题，发表意见，也不轻易相信他人的意见。这种类型的消费者不善于与人交往，不善于沟通信息，但往往有自己的独立见解与主张。

消费者行为研究专家指出：内倾型与外倾型消费者重要的外显行为差别，就是内倾型的人判断事物往往依靠自己的“内在”价值或标准，而外倾型的人判断事物是依靠他人的标准。所以，在购买新产品时，内倾型的人可能成为新产品的消费带头人，而外倾型的人则更多是新产品购买的追随者，也有资料表明，他们对广告的偏爱也不相同。内倾型的消费者相信强调产品特征和对个人有用性的广告，因为这会使他们更好地运用自己的价值标准评价产品；而外倾型的消费者则喜欢显示产品受欢迎、销路广等表明社会接受性特征的广告，因为这可以使他们有参照标准来评价产品。

（3）内外平衡型的消费者介于内倾型与外倾型之间。这种类型的人，由内部过渡到外部与由外部过渡到内部比较容易而且平衡。

3．按个体活动独立性的程度，可分为顺从型、独立型

（1）顺从型消费者在购买商品时缺乏独立性主见，易受暗示。购买时犹豫不决，经常拿不定主意，需他人帮助后才能促进购买决策。决策过程时断时续，持续时间较长，而且碰到突然情况应变能力差。

（2）独立型消费者善于独立思考，并且有个人信念，判断的坚定性和行动的独立性都比较强，往往是家庭购买决策的关键人物。他们在购买活动中处于主动地位，积极提出问题、思考问题，有较强的自信心，谨慎从事，不盲从，但难免带有一定的主观性、片面性。

国外一些研究资料表明，独立性较强的人会表现出固执的个性特点，对待不熟悉的事物采取的是防卫性的态度，并带有较大的不安和疑虑，不轻易相信产品及有关信息。但是，不太固执的消费者却对不熟悉的事物表现出较为开明的态度，乐于扩大个人的商品选择范围，对于抛弃老产品、购买新产品，他们会比固执的消费者有更少的心理负担。但需要指出的是，如果对新产品的宣传具有较大的权威性，则固执的消费者可能会更快地接受它。

消费者的性格类型除了按以上几种标准划分外，还可按社会生活方式以及由此形成的价值观不同，划分为理论型、经济型、审美型、社会型、权力型和宗教型等。

（三）对不同性格的消费者的营销策略

1．对待选购商品快和慢的消费者的策略

消费者选购商品的速度有快有慢。一般来说，对慢性的消费者，营业人员不能因为他们选购商品时间长而沉不住气，更不能急躁，显出不耐烦的表情：对急性的消费者，营业人员对他们没有经过充分思考匆忙作出的决定应谨慎稳重，防止他们后悔退货。对敏感型的消费者，营业人员应根据他们的要求，需要买什么就拿什么，不要过多介绍商品性能和特点，因为这类消费者对需要购买的商品的性能和特点早已心中有数。

2．对待言谈多和寡的消费者的策略

在购买活动中，有的消费者爱说话，有的则沉默寡言。对爱说话的消费者，营业人员应掌握分寸，多用纯业务性语言，多讲营销行话；对沉默寡言的消费者，营业人员要根据其不明显的举动、面部表情和目光注视方向等因素，摸清他们挑选商品的重点是放在商品质量上，放在商品价格上，还是放在商品的花色外观上，用客观的语言来介绍商品。这样，就会使营业人员和消费者很快找到共同语言，促使购买行为尽快实现。

3．对待轻信和多疑的消费者的策略

轻信型的消费者对商品性能的特点不太了解、熟悉，因此，营业人员应主动帮助他们出主意，检验和查证商品的质量，不要弄虚作假；对多疑型的消费者，应让他们自己去观

察和选定商品。

4．对待购买行为积极和消极的消费者的策略

购买行为积极的消费者深知自己要买什么，购买意图清楚明确，行为举止和语言表达毫不费力，营业人员应主动和他们配合，促使购买行为迅速实现；购买行为消极的消费者，没有明确的购买目标，进店以后能否成交，在很大程度上取决于营业人员能否积极、主动、热情地接待他们，激发他们购买的热情，引发他们的购买行为。

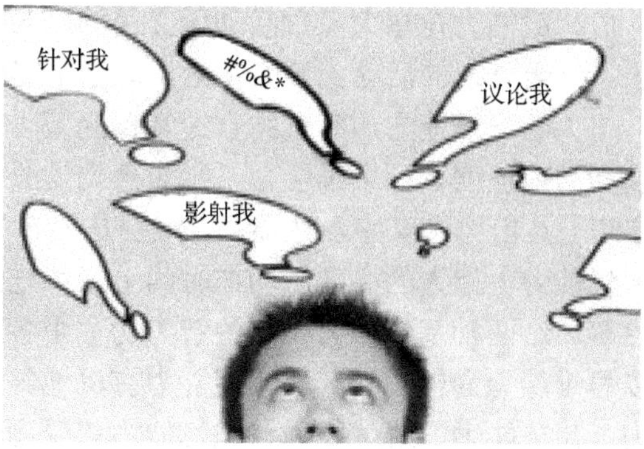

5．对待不同情感的消费者的策略

不爱交际的消费者，营业人员应注意对他们使用的语言语气，不能随便开玩笑，否则他们会难以接受；对待腼腆的消费者，营业人员不要看不起他们，以免伤害他们的自尊心；对温厚的消费者，营业人员应主动向他们介绍商品，为他们选择适合需要的商品。

案例 4-2

对于可口可乐这个世界上最大的软饮料制造商来说，消费者的态度是至关重要的。“可口可乐”可能是世界上最知名的品牌。正如可口可乐最大的股东沃伦•巴菲特所说：“它是全球规模最大的生意，价格适中并被广泛接受。每年每个国家的人均消费量都在上升，没有其他任何一种产品能与之媲美。”在许多国家特别是前社会主义国家，可口可乐被当成美国文化的标志和市场经济的象征。当可口可乐遍布波兰的大街小巷时，人们自发性地聚集在一起发出阵阵掌声。这样的品牌效应使可口可乐在 1992 年全球软饮料市场中占有 45%的份额（虽然可口可乐与百事可乐在国内市场竞争激烈，但可口可乐在海外的销量是百事可乐的四倍。可口可乐曾打算到 20 世纪 90 年代中期占领世界市场的一半以上份额）。

世界各地的消费者似乎都喜欢这个产品和品牌。积极的品牌态度也影响了消费者行为。在美国 20 世纪 90 年代初，可口可乐的人均年消费量是 296 瓶。这意味着，每个人每年喝下 296 瓶 8 盎司装的可口可乐！这种消费水平能变得更高吗？世界各地正提供持续增长的空间。在 1992 年，澳大利亚的年人均消费水平是 150 瓶，匈牙利是 83 瓶，罗马尼亚只有 8 瓶，冰岛是 397 瓶，而太平洋上的萨摩亚群岛则高达 500 瓶。

思考：

1．消费者会同时对多个可乐软饮料品牌保持忠诚吗？

2．品牌的价值包括哪些内容？管理者怎样利用一个品牌的价值去推出新品牌？对一个品牌的积极态度和感觉能传递给其他产品吗？

（四）能力结构及购买活动中消费者能力的组成

在现实生活中，由于人们面对着不同的环境条件和要实现的不同目标任务，会采用不同的方式和手段以显示其自身方面对现实客观世界的各种能力。也就是说不同类型的活动，

所需要的能力结构各不相同。只有各种能力互相结合、共同发挥作用时才能完成各种类型的活动。

心理学家认为：人的能力是由一般能力和特殊能力、再造能力和创造能力、活动能力和社会交往能力三部分构成的。

1．一般能力和特殊能力

一般能力是指大多数活动所必需的、带有共同性的基本活动，它适合于多种活动的要求，从最复杂的活动到最简单的活动都不能脱离这种一般能力。

人的一般能力的有机结合通常称为智力，它主要包括：观察能力，指观察的速度、广度和精细程度等；思维能力，指对事物的分析、综合、抽象和概括能力；表达能力，包括语言表达能力和文字表达能力，特别是前者的高低，标志着一个人的概括水平和思想水平；记忆能力，指人的心理活动在时间上保持连续性的长短，包括记忆的速度、准确性、持久性等。这四种基本能力在人的智力构成中各有一定的作用并相互制约、相互影响。其中，以思维能力为核心和其他认识能力有机地结合为一个整体。如果思维能力偏低，则表现能力、想象能力、表达能力、记忆能力都受到影响，整个认识能力或智力水平也就偏低；反之亦然。因此，逻辑思维能力标志着一般能力水平的高低。

练一练

请你帮小老鼠在圆圈里填上适当的数，使每横行或每竖行里的3个数相加等于8。

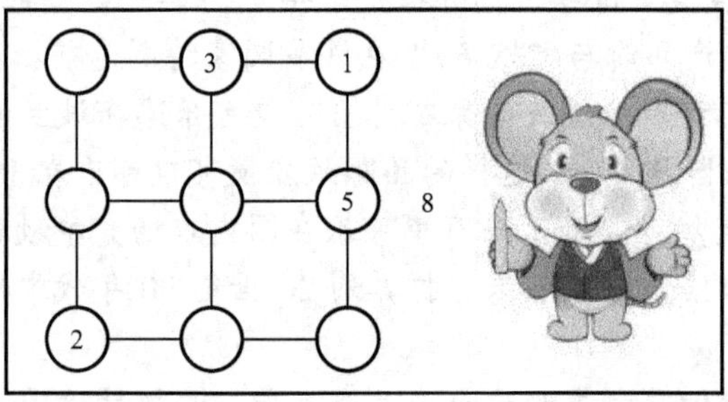

特殊能力是指某项专门活动所必需的知识和技能，它属于专业技术方面的能力，如专业鉴赏能力、定向能力、运算能力、色彩辨别能力、音乐能力、绘画能力、平衡能力等。购买珍贵毛皮、珠宝时的鉴别能力，购买各类文物、字画时的鉴赏能力等均属特殊能力。每一种活动除了要求有一般的能力外还要求有一些专门能力，如飞行员除了要求具备一般的观察能力、记忆能力和思维能力外，还应具备在高空高速条件下工作所需的特殊能力。有的人由于缺乏与自己所从事的工作相适应的特殊能力而被淘汰，这类事例是不少的。

特殊能力当然不是天赋的，主要靠后天的锻炼和培养，特别是早期培养。为此，就应该了解不同活动需要哪些不同的特殊能力，这就要求各行各业针对自己工作的特殊性质，制订出相应特殊能力的标准，选择和培养出各种各样的人才。

在人们的现实生活中，一般能力和特殊能力是有机地联系在一起的，一般能力和特殊能力的区分不是绝对的。在同一活动领域中，由于具体的活动性质与条件的不同，也有一般与特殊的区别，而且顺利地从事活动都必须具有一般能力，又具有特殊能力。一般能力越发展，就越为特殊能力的发展创造有利条件；而在活动中发展相应的特殊能力的同时，也就发展了一般能力，特殊能力是在一般能力的基础上展示和发挥的行为表现。在人们的每次具体活动中，一般能力和特殊能力总是共同起作用的，很难将它们截然分开。

2. 再造能力和创造能力

再造能力是指根据别人的指导和积累的经验、知识和技能进行一系列活动的能力。例如，幼儿咿呀学语的过程。创造性能力则指根据一定的目的，创造出有社会价值的新的、独特的东西的能力。这两种能力也是相互联系的，再造性活动一般都包含有创造性因素；创造性活动也包含有再造活动，而且创造性能力是在再造性能力的基础上产生飞跃发展的。

3. 活动能力和社会交往能力

活动能力是指人们完成某种活动的能力，它也是由一些基本能力构成的。如组织能力、计划能力、适应能力以及实际操作能力等。社会交往能力是指参加社会群体生活与周围人们相互交往协调的能力。营销活动作为一种人际活动，消费者还需具有一定的人际交往能力，这种能力在现代社会中对人来说更是不可缺少的。活动能力和社会交往能力是密切联系、相互制约、相互促进的。人们通过在实践活动和交往活动中认识客观世界，来不断提高自己的认识能力；人们又是依靠自己对客观世界的认识去调节自己的实践活动和交往活动。

（五）在购买活动中消费者能力的组成

消费者的购买活动是范围广泛、内容复杂的社会实践活动，它需要消费者多方面的能力。如消费者在购买商品时，首先要运用观察力、注意力感知商品，还要对各种商品进行分析对比，了解它们的不同性质，这就需要分析能力、判断能力、思维能力；最后还要用鉴别能力、决策能力，顺利完成自己的购买行为，买到满意的商品。

1. 对商品的观察能力

观察能力是个体对事物进行准确而又迅速的感知的能力，它属于知觉品质的范围。观察力比较强的消费者往往一进商店，就能在琳琅满目的商品中迅速观察到他们所要购买的商品，或者是迅速发现他们感兴趣的商品。而观察力差的人却不能。在购买活动中，两个人带有同样的购买目的，先后到同一商场，前者买到了可心的商品，后者却没有在商场买到，这说明人的观察能力是有区别的。一般情况下，消费者购买经验越丰富，观察注意能力越敏锐。观察能力强的人比较容易迅速作出正确的购买决策；反之，其购买决策就慢。

2. 对商品的感知辨别能力

感知辨别能力是指消费者识别、辨认商品所具有的能力，消费者识别能力的强弱与个人经验密切相关。如果消费者商品知识渊博，购买经验丰富，其识别能力就比较强，特别是对于购买一些特殊用途的商品。例如，在购买微波炉时，有一定专业技术知识的顾客与普通顾客识别商品能力有很大区别，前者不仅能从商品的外观造型、生产厂家、规模、型号上识别商品，更主要的是能根据专业知识识别商品的内在质量，如通过对微波炉的调试及观察内部构造、性能特点等，来识别该商品质量的好坏。而后者却只能通过外观或者是售货员的介绍了解个大概。消费者识别能力的差别，可以体现在识别方法上。一些重传统经验的消费者，识别方法比较单调，习惯用手摸、嘴尝、耳听；而受教育水平较多，接受新事物较快的消费者识别方法比较灵活、科学，他们不仅靠自己的感官感知商品，而且利用各种形式收集相关商品的信息，鉴别商品的性能和质量。例如，注意商品说明书，或商品质量、性能鉴定书，商品生产日期、有效日期等。

3．对商品的分析评价能力

分析评价能力主要反映在对商品信息的收集，对商品信息来源的分析评价，对购物场所的评价，对商品本质特点的认识和评价能力，甚至对他人消费行为的评价也包括在内。一般说来，消费能力强的人收集商品信息相对要主动一些，尤其是在高档商品信息收集方面，他们对于广告有比较全面而准确的认识，对于购物场所中的一些正常的和非正常的促销手段有相当的判断能力，也有的消费者对于商品知识了解得相当多。因此，这些消费者在购买商品时有一定的分析评价能力。消费者评价能力高低直接影响其购买行为，评价能力高的顾客购买商品能清楚了解商品的优缺点、利弊关系，往往能作出正确的购买决定。

需要注意的是，评价能力是消费能力中比较复杂，相对来说包括的因素比较多的一种能力。这是因为消费者的收入不同、行为方式不同、审美情趣不同等，所以对商品的评价能力，特别是评价标准就会出现多种多样的形式，当然也有一个符合社会发展的基本标准或约定俗成的标准。

4．对商品的鉴赏能力

鉴赏能力主要是指消费者的艺术欣赏能力。大部分商品不仅具有一定的使用价值，同时也具有一定的欣赏价值。随着人们生活水平的提高，精神生活的日益丰富，人对商品的审美要求也越来越高，但不同的消费者对商品的艺术欣赏能力却有所不同。例如，同是一对茶杯，艺术欣赏能力较高的消费者，可以看出它是以古典式的美给人以艺术享受，还是以现代派的风格吸引消费者。而欣赏能力较低的人，则只不过认为是喝茶的杯子罢了。艺术欣赏能力的高低，与家庭环境的熏陶、所从事的工作以及个人的艺术修养、受教育水平等密切相关。

应该指出，消费者艺术欣赏能力的高低不能与审美观不同相提并论。审美观不同是由于不同的人从不同的角度，根据不同的标准对美的理解。例如，牛仔裤是现代年轻人喜欢的流行服装，穿上它给人一种潇洒、朴素、自然的美，而那些追求古典华丽美的人却从不问津。

5. 选购商品时的决策能力

决策能力主要反映在选择商品时能否正确地作出决策，购买到让自己满意的商品。当消费者运用注意力、识别力、评价分析能力和鉴赏能力等对商品进行综合分析后，进入购买决策阶段。是否购买？什么时间购买？购买哪种品牌的商品？需要消费者作出最后决断。消费者的气质类型、个性特点是影响决策能力的重要因素。个性不同的消费者，往往对购买方案的选择、决断截然不同。例如，一个性格内倾、反应迟缓、意志力较差的消费者，在作出购买决策时容易犹豫不决，难以作出决定；而性格外倾、反应灵敏、自信心较强、处理问题迅速果断的消费者，在需要作购买决策时会及时地作出决定。另外，消费者对该商品的卷入程度，对该商品的认识程度，使用该商品的经验以及使用该商品的习惯，也是影响决策能力的重要因素。例如，一个消费者认为大屏幕彩电对他很重要，需要仔细考虑是否购买或者买哪种品牌的，在这种情形下，卷入程度就比较高，他的决策能力就会表现出风险体验较大，但又比较谨慎麻利的特点。

6. 选购商品时的应变能力

应变能力主要反映消费者对于突然发生的情况或尚未预料到情况的适应能力、应付能力。例如，消费者去商店要买某种品牌的商品，但却没有这种品牌的商品了，而其他品牌的同类商品却很多，是买还是不买？买哪一种？再比如，消费者到商店购买熟悉的某种商品，但商品却调价了。要灵活处理这些问题，就需要消费者的应变能力。应变能力强的消费者对突发情况能够冷静分析、思考、权衡利弊关系，重新作出正确抉择，而应变能力差的消费者面对新情况会手足无措，甚至干脆放弃购买行为。

7. 消费者对于消费利益的自我保护能力

消费者保护自己的消费利益的能力，是消费能力中很重要的一种能力。在我国，由于市场经济的秩序刚刚建立，在商品的购买和消费过程中，还存在着许多侵犯消费者权益的情况。而解决这些侵犯消费者权益的问题，一方面必须依靠更加完善的法律制度和消费者协会的工作；另一方面还需要消费者不断增强自我保护能力，在各种侵犯消费者的问题即将和已经发生的时候，消费者能够设法维护本人的消费利益。

任务二　洞察消费者决策行为

一、消费者购买决策的概念

消费者购买决策是指消费者谨慎地评价某一产品、品牌或服务的属性，并进行选择、购买能满足某一特定需要的产品的过程。

二、消费者购买决策的内容

为了更好地满足消费者需求和提高企业市场营销业绩，国外相关学者对消费者购买商品过程分析后，提出消费者购买决策的相关模式。

1．消费者购买决策的一般模式

人类行为的一般模式是 S-O-R 模式，即“刺激—个体生理、心理—反应”。该模式表明消费者的购买行为是由刺激所引起的，这种刺激既来自于消费者身体内部的生理、心理因素，也来自于外部的环境。消费者在各种因素的刺激下，产生动机，在动机的驱使下，作出购买商品的决策，实施购买行为，购后还会对购买的商品及其相关渠道和厂家作出评价，这样就完成了一次完整的购买决策过程。

2．科特勒行为选择模型

菲利普·科特勒提出一个强调社会两方面的消费行为的简单模式。该模式说明消费者购买行为的反应不仅要受到营销的影响，还要受到外部因素影响，比如：经济、政治、文化、技术。而不同特征的消费者会产生不同的心理活动的过程，通过消费者的决策过程，导致了一定的购买决定，最终形成了消费者对产品、品牌、经销商、购买时机、购买数量的选择。

3．尼科西亚模式

尼科西亚 1966 年在《消费者决策程序》一书中提出这一决策模式。该模式有四大部分组成：第一部分，从信息源到消费者态度，包括企业和消费者两方面的态度；第二部分，消费者对商品进行调查和评价，并且形成购买动机的输出；第三部分，消费者采取有效的决策行为；第四部分，消费者购买行动的结果被大脑记忆、贮存起来，供消费者以后的购买参考或反馈给企业。

4．恩格尔模式

恩格尔模式又称 EBK 模式，其重点是从购买决策过程去分析。整个模式分为 4 个部分：①中枢控制系统，即消费者的心理活动过程；②信息加工；③决策过程；④环境。恩格尔模式认为，外界信息在有形和无形因素的作用下，输入中枢控制系统，即对大脑引起、发现、注意、理解、记忆与大脑存储的个人经验、评价标准、态度、个性等进行过滤加工，构成了信息处理程序，并在内心进行研究评估选择，对外部探索即选择评估，产生了决策方案。在整个决策研究评估选择过程，同样要受到环境因素，如收入、文化、家庭、社会阶层等影响。最后产生购买过程，并对购买的商品进行消费体验，得出满意与否的结论。此结论通过反馈又进入中枢控制系统，形成信息与经验，影响未来的购买行为。

三、消费者购买决策的类型

不同消费者购买决策过程的复杂程度不同，究其原因，是受诸多因素影响，其中最主要的是参与程度和品牌差异大小。同类产品不同品牌之间的差异越大，产品价格越昂贵，消费者越是缺乏产品知识和购买经验，感受到的风险越大，购买过程就越复杂。比如，牙膏、火柴与计算机、轿车之间的购买复杂程度显然是不同的。根据购买者的参与程度和产品品牌差异程度区分出四种购买类型。

（一）复杂的购买行为

如果消费者属于高度参与，并且了解现有各品牌、品种和规格之间具有显著差异，则会产生复杂的购买行为。复杂的购买行为指消费者需要经历大量的信息收集、全面的产品评估、慎重的购买决策和认真的购后评价等各个阶段。比如，家用计算机价格昂贵，不同品牌之间差异大，某人想购买家用计算机，但又不知硬盘、内存、主板、中央处理器、分辨率、Windows 等为何物，对于不同品牌之间的性能、质量、价格等无法判断，贸然购买有极大的风险。因此他要广泛收集资料，弄清很多问题，逐步建立对此产品的信念，然后转变成态度，最后才会做出谨慎的购买决定。

对于复杂的购买行为，营销者应制定策略帮助购买者掌握产品知识，运用印刷媒体、电波媒体和销售人员宣传本品牌的优点，发动商店营业员和购买者的亲友影响最终购买决定，简化购买过程。

（二）习惯性购买行为

对于价格低廉的、经常性购买的商品，消费者的购买行为是最简单的。这类商品中，各品牌的差别极小，消费者对此也十分熟悉，不需要花时间进行选择，一般随买随取就行了。例如，买油、盐之类的商品就是这样。这种简单的购买行为不经过搜集信息、评价产品特点、最后作出重大决定这种复杂的过程。

对习惯性购买行为的主要营销策略是：

1. 利用价格与销售促进吸引消费者试用

由于产品本身与同类其他品牌相比难以找出独特优点以引起顾客的兴趣，就只能依靠合理价格与优惠、展销、示范、赠送、有奖销售等销售促进手段吸引顾客试用。一旦顾客了解和熟悉了某产品，就可能经常购买以致形成购买习惯。

2. 开展大量重复性广告加深消费者印象

在低度参与和品牌差异小的情况下，消费者并不主动收集品牌信息，也不评估品牌，

只是被动地接受包括广告在内的各种途径传播的信息，根据这些信息所造成的对不同品牌的熟悉程度来选择。消费者选购某种品牌不一定是被广告所打动或对该品牌有忠诚的态度，只是熟悉而已。购买之后甚至不去评估它，因为并不介意它。购买过程是：由被动的学习形成品牌信念，然后是购买行为，接着可能有也可能没有评估过程。因此，企业必须通过大量广告使顾客被动地接受广告信息而产生对品牌的熟悉。

为了提高效果，广告信息应简短有力且不断重复，只强调少数几个重要论点，突出视觉符号与视觉形象。根据古典控制理论，不断重复代表某产品的符号，购买者就能从众多的同类产品中认出该产品。

3. 增加购买参与程度和品牌差异

在习惯性购买行为中，消费者只购买自己熟悉的品牌而较少考虑品牌转换，如果竞争者通过技术进步和产品更新将低度参与的产品转换为高度参与并扩大与同类产品的差距，将促使消费者改变原先的习惯性购买行为，寻求新的品牌。提高参与程度的主要途径是在不重要的产品中增加较为重要的功能和用途，并在价格和档次上与同类产品拉开差距。

比如，洗发水若仅仅有去除头发污渍的作用，则属于低度参与产品，与同类产品也没有什么差别，只能以低价展开竞争；若增加去除头皮屑的功能，则参与程度提高，提高价格也能吸引购买，扩大销售；若再增加滋养头发的功能，则参与程度和品牌差异都能进一步提高。

（三）寻求多样化的购买行为

有些商品牌子之间有明显差别，但消费者并不愿在上面多花时间，而是不断变化他们所购商品的牌子。如在购买点心之类的商品时，消费者往往不花长时间来选择和估价，下次买时再换一种新花样。这样做往往不是因为对产品不满意，而是为了寻求多样化。比如购买饼干，他们上次购买的是巧克力夹心，这次购买的是奶油夹心。这种品种的更换并非出于对上次购买的饼干不满意，而是想换换口味。

对于寻求多样化的购买行为，市场领导者和挑战者的营销策略是不同的。市场领导者力图通过占有货架、避免脱销和提醒购买的广告来鼓励消费者形成习惯性购买行为。而挑战者则以较低的价格、折扣、赠券、免费赠送样品和强调试用新品牌的广告来鼓励消费者改变原习惯性购买行为。

（四）化解不协调的购买行为

有些选购品，牌子之间区别不大，而消费者又不经常购买，购买时有一定的风险性。对这类商品，消费者一般先转几家商店看看有什么货，进行一番比较，而后不花多长时间就买回来，这是因为各种牌子之间没有什么明显的差别。一般如果价格合理，购买方便，机会合适，消费者就会决定购买。如购买沙发，虽然也要看它的款式、颜色，但一般差别不太大，有合适的就会买回来。

购买以后，消费者也许会感到有些不协调或不够满意，也许商品的某个地方不够称心，或者听到别人称赞其他种类的商品。在使用期间，消费者会了解更多情况，并寻求种种理由来减轻、化解这种不协调，以证明自己的购买决策是正确的。

对于这类购买行为，营销者要提供完善的售后服务，通过各种途径经常提供有利于本企业和产品的信息，使顾客相信自己的购买决定是正确的。

四、消费者购买决策的特点

（1）消费者购买决策的目的性。消费者进行决策，就是要促进一个或若干个消费目标的实现，这本身就带有目的性。在决策过程中，要围绕目标进行筹划、选择、安排，就是实现活动的目的性。

（2）消费者购买决策的过程性。消费者购买决策是指消费者在受到内、外部因素刺激，产生需求，形成购买动机，抉择和实施购买方案，购后经验又会反馈回去影响下一次的消费者购买决策，从而形成一个完整的循环过程。

（3）消费者购买决策主体的需求个性。由于购买商品行为是消费者主观需求、意愿的外在体现，受许多客观因素的影响。除集体消费之外，个体消费者的购买决策一般都是由消费者个人单独进行的。随着消费者支付水平的提高，购买行为中独立决策的特点将越来越明显。

（4）消费者购买决策的复杂性。决策是人大脑复杂思维活动的产物。消费者在做决策时不仅要开展感觉、知觉、注意、记忆等一系列心理活动，还必须进行分析、推理、判断等一系列思维活动，并且要计算费用支出与可能带来的各种利益。因此，消费者的购买决策过程一般是比较复杂的。

五、消费者购买决策的过程

在复杂购买中，消费者购买决策过程由引起需要、收集信息、评价方案、决定购买和购后行为五个阶段构成。

1. 问题认知

消费者认识到自己有某种需要时，是其决策过程的开始，这种需要可能是由内在的生理活动引起的，也可能是受到外界的某种刺激引起的。例如，看到别人穿新潮服装，自己也想购买；或者是内外两方面因素共同作用的结果。因此，营销者应注意不失时机地采取适当措施，唤起和强化消费者的需要。

2. 搜寻信息

信息来源主要有以下 4 个方面。

① 个人来源，如家庭、亲友、邻居、同事等；

② 商业来源，如广告、推销员、分销商等；

③ 公共来源，如大众传播媒体、消费者组织等；

④ 经验来源，如操作、实验和使用产品的经验等。

3. 评价备选方案

消费者得到的各种有关信息可能是重复的，甚至是互相矛盾的，因此还要进行分析、评估和选择，这是决策过程中的决定性环节。

在消费者的评估选择过程中，有以下几点值得营销者注意：①产品性能是购买者所考虑的首要问题；②不同消费者对产品的各种性能给予的重视程度不同，或评估标准不同；③多数消费者的评选过程是将实际产品同自己理想中的产品相比较。

4. 购买决策

消费者对商品信息进行比较和评选后，已形成购买意愿，然而从购买意图到决定购买之间，还要受到两个因素的影响。

（1）他人的态度，反对态度愈强烈，或持反对态度者与购买者关系愈密切，修改购买意图的可能性就愈大。

（2）意外的情况，如果发生了意外的情况——失业、意外急需、涨价等，则很可能改变购买意图。

5. 购后评价

购后评价包括消费者购后的满意程度和购后的活动。

消费者购后的满意程度取决于消费者对产品的预期性能与产品使用中的实际性能之间的对比。购买后的满意程度决定了消费者的购后活动，决定了消费者是否重复购买该产品，决定了消费者对该品牌的态度，并且还会影响到其他消费者，形成连锁效应。

案例 4-3

2017 年圣诞节，我给一位很要好的同学（女性）买圣诞礼物。

在我脑海里，我认为这位同学对一些简简单单的东西，或者是一些价格较高，但是没有新意的礼物不甚喜欢。送给她这些东西不但不能博其一笑，反而会给她留下一种老套、骗子、没有素养的坏印象。

前者简单礼物指一些像毛毛熊、暖手宝、苹果之类，后者指一些首饰、套装巧克力之流。最重要的是要送出自己的心意，这些东西是能够暖人心的，不是拿出来做样子用的。

首先，就此礼物，我向我们班级大部分女生询问，什么样的礼物能让她们看一眼就被深深地吸引住，同时能够明白作为一个朋友的良苦用心，得到建设性意见若干条。如一致认为要：只要对的，不要贵的。

其次，我自己在学校附近所有的礼品店参看，不让任何一家哪怕一个小小的格子铺成为漏网之鱼。同时，询问服务人员何种礼物今年销量最好。这能有效地提升自己对美的理解，同时把握最新的时尚动态。如，看到何种颜色是现今最流行的，并结合她自身气质归纳出自己礼物的颜色。

再次，我在学生经常上的网站，如校内网、贴吧、论坛等征求网友的意见。网友也给出了很多好的意见，如 DIY（自己动手做）。至此，心里基本对自己的礼物有了一个大致的构想。

最后，我邀请自己班级一位很不错的女同学（该同学眼光独特，心细眼明），再一次把学校周围的礼品店逛了一圈。这次，我每至一店，就拿出店中一些不错的礼物询问并听取她的意见。如，这些店里的礼物挑来挑去都是那些东西，不好玩，不好看。要自己动手做一个。同时，我又给和她玩得不错的一位朋友打电话，询问何种礼物最好。她也给出建议如：要有新意和心意，要实用，实在不行水杯也可。

至此，得出自己的礼物要是一份很独特的，天下无双！那么，只有 DIY 符合要求了，下一步就是制作何种东西。得益于和我一块出去挑礼物的同学的一句话："我高中时候，有人送我这么一件东西——一个开心果壳，上面写了我的名字。"我也萌发了这个念头，为何不做一个这样的礼物呢？

确定了目标：买一个包装盒（不要太大，也不能太小），颜色为大方的黑色，同时上面有颜色搭配很恰当的图案。在包装盒里面，用自己 PS 过（乳白色纸上全是她喜欢的迷你熊）的一张卡，分成小方格（结合开心果的大小，共计 81 个，数字也吉利，嘿）。在学校附近买开心果一包。开心果上自己手刻一首自己写的诗（水平不高，谨表心意）。

包装盒分了两层。上面一层我放了一个很大的棒棒糖（电影《功夫》同款），同时零散地放了几个开心果。至此，第一件礼物完成。

同时，由于是圣诞节，苹果还是要买的。正好当时他们班级有同学卖苹果。并很有新意地在装苹果的包装盒里放小礼物（也即运气好的话，可以中奖）。我就买了一个，因为和他们都认识，特别强调要中奖，一箭双雕，第二件礼物完成。

我们班级有卖孔明灯的，挺不错。我也买了一盏孔明灯，自己私下里还提前拆开看了一下孔明灯的结构，学会了如何使用（之前并没有接触过）。第二件礼物完成。

圣诞节前一天晚上，一并送出这三件礼物。其中孔明灯是和她一块在操场带着我们年轻的梦想放飞的。放过孔明灯，我还问了一句好看么？她兴奋地说："嗯，嗯。"我随后也跟了一句更加年轻气盛的话："那我以后每年给你点一盏。"

对于第一件和第二件礼物她的反应，我问了和她玩得很要好的朋友，对方说："她很高兴，你那礼物我也吃了几个。"哈哈，我认为她们吃的一定是我在上层零放的一颗。

思考题：

这则故事，如何反应消费者购买决策的全过程？

六、影响消费者购买决策过程的因素

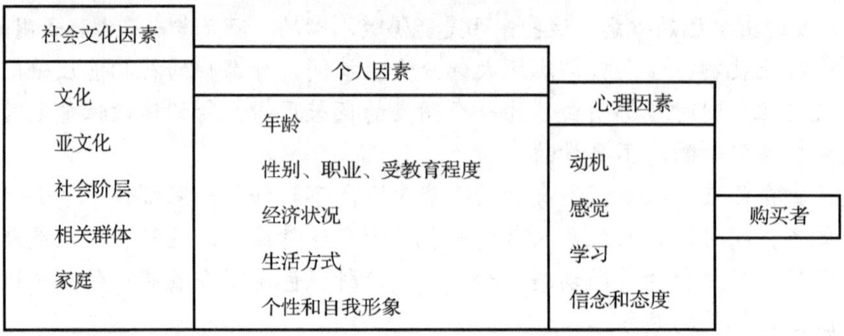

（一）个人因素的影响

1. 稳定因素

稳定因素主要是指个人某些特征，诸如年龄、性别、种族、民族、收入、家庭、生活周期、职业等。稳定因素不仅能影响参与家庭决策者，而且影响人们决策过程的速度。在决策过程的某一特殊阶段，购买行为也部分地决定于稳定因素。例如，在收集信息阶段，一个人的年龄和收入就会影响信息来源的数量和类型，以及用来收集信息所花费的时间。稳定性因素也能够影响消费者对某产品的使用范围。例如：假定一个大学教授每年的收入和一个行政官员一样多，然而这些收入的分配却有很大的差别，这是由于两种职业的不同引起的，他们在工作中之所需和使用的生活用品都会有明显区别。

2. 随机因素

随机因素是指消费者进行购买决策时所处的特定场合和具备的一系列条件。有时，消费者购买决策是在未预料的情况下作出的，例如，某人也许要购买一张机票去与弥留之际的亲戚一起度过其最后几天。或者某种情况的出现将延迟或缩短人们的决策过程，例如，一个正在考虑购买计算机的消费者可能会在评价与选择上耽搁，这种耽搁肯定会减慢决策过程或者会导致他放弃这种购买。但是，假如此人在另一种不同的环境下，譬如工资上涨20%，购买决策过程可能会比工资不上涨完成得快得多。而且，随机因素对消费者行为的影响，往往还是多方面的。

（二）心理因素的影响

1. 感觉

不同的人用不同的方法同时看到同一事物的结论是不一样的。同样，同一个人在不同的时间用不同的方式看同一事物，结论自然也不同。感觉是为了获得结果，对输入的信息进行识别、分析和选择的过程。

输入信息就是我们通过各种感官获得的。我们听到一个广告，看到一个朋友，闻到污染的空气和水，摸到一种产品的时候，我们就获得了信息。虽然我们立即获得了大量的零碎的信息，但只有一部分成为知觉。我们选择一些信息同时放弃其他大量的信息，这是因为我们无法在同一时间里去注意所有的信息。这种现象有时候我们称为选择保留。因为我们选择输入的信息是那些保留于我们思路之外的。假如你正将注意力集中于某一篇文章，你可能注意不到外面的人或汽车噪声。即使你接收了那些信息，也将等到提起这些信息时才能意识到。这就是为什么有的信息能上升为知觉，有的却不行。假如信息与期望的事联系在一起，则已被人所知觉。肯德基使用一系列的广告牌，已被人所知觉。即使一些司机可能不停下来，这儿也有一个机会至少让他们注意到这些商店。假如这些信息能满足眼前的需要，人们也可能让这些信息上升为意识。例如，你饿的时候，你便可能去注意食品。相反，假如刚吃过饭，这种广告不被意识到的可能性更大。最后，假的信息输入的强度急剧变化，意识的可能性越大。一个商店的处理降价幅度较小时，也许未加以注意。这是因为其变化太小，但是如果商店降价一半，我们注意到这种削价的可能性就大得多。

2. 动机

动机是激励一个人的行动朝一定目标迈进的一种内部动力。在任何时候一个购买者受多种动机影响而不是仅受一个动机影响，而某一时点一些动机比另一些动机强，但这种强烈的动机在不同的时点是不同的。动机能降低或增大压力。当动机驱使我们朝向一些目标迈进时，它们减弱压力。但是，假如一些动机迫使我们向一个目标前进，另一些又把我们拖向另一目标时，压力可能会增加，这是因为我们一个目标也达不到。许多不同动机能立即影响购买行为。例如一个想买沙发的人可能被这种沙发的特性所吸引，诸如耐久性、经济性、式样等。假如一个市场营销者通过强调仅有的一个有吸引力的特性去吸引顾客，也许这种努力并不能得到一个满意的销售结果。

影响人们在习惯性地点购买商品的动机被称为惠顾动机。某个购买者可能因为此动机在某一特殊商店购买商品。譬如，商品的价格、服务态度、地点、信誉、产品的多样性甚至售货员的友善等方面的因素。利用消费者的惠顾动机，市场营销应该设法了解为什么习惯性顾客惠顾一个商店并在销售组合中突出这些特点。

动机研究能帮助市场营销者分析那些去买或不买他们产品的消费者的主要动机。动机常常处于潜意识状态，是很难加以衡量的，人们通常不知道怎样激发动机，所以市场营销者不能简单地去询问他们的动机是什么，许多动机研究依靠交谈和推测技术。

3. 经验

经验包括由于信息和经历所引起的个人行为的变化。一些生理条件如饥饿、劳累、身体成长变化、衰老、退休而引起的行为变化，不列入经验考虑范围。个人行为的结果强烈地影响着经验积累过程。如果个人的活动带来了满意的结果，那么他在以后相同的情况下，会重复以前的做法。如果行为没有带来满意的结果，那么将来他可能采取完全不同的做法。例如，一个消费者购买了某种牌子的香烟而且很喜欢，那么他以后还会一直购买同样牌子的香烟，直到这个牌子不再使他满意为止。

一个公司要成功地推销产品，它就要帮助消费者了解产品。消费者可以通过直接经验了解产品，许多营销者都设法在消费者购买产品前向他们提供直接经验。通过推销人员和广告作用，营销者在消费者购买前就要向其提供信息以影响消费者经验，从而使消费者对产品的态度有利于销售产品。

4．态度

态度由知识和对目标的积极和消极的情感构成。我们有时说一个人有“积极的态度”，但这种表述不完整。只有知道了与这种态度相联系的目标时，这种表述才有意义。人们所持态度针对的目标可能是有形的或无形的，有生命的或无生命的。例如，我们有针对性别、信仰、政治等事物的态度；也有对花和啤酒的态度。然而，个人的态度基本上是保持稳定的，不会时刻变化。同样，任何时候，个人的态度产生的影响都是不同的，有的强、有的弱。消费者对公司和产品的态度，对公司营销战略的成功或失败至关重要。当消费者对公司营销实践的一个或几个方面持否定的态度时，不仅他们自己会停止使用公司的产品，他们还会要求亲戚和朋友也这样。营销者应该估计消费者对价格、包装设计、品牌名称、广告、推销人员、维修服务、商店布局、现存和未来产品的特点等各方面所持的态度，营销者有几种办法来估量消费者的态度，最简单的一种方法就是直接向人们提问题，动机调查中的推测技术也可以用来估计态度。

5．个性

有的个性不一定引人注目，但每个人都有这种个性。个性是和人们的经验与行为联系在一起的内在本质特征。源于不同的遗传和经历，每个人的内心世界、知识结构、成长过程都不同。个性比较典型地表现为以下一种或几种特征，如：冲动、野心、灵活、死板、独裁、内向、外向、积极进取和富有竞争心。营销者要试图发现这些特点和购买行为之间的关系，相信人的个性对所购商品的品牌和类型会有影响。例如，人们所购买的服装、首饰、汽车等类型也反映了一种或几种个性特征。通常，营销者把广告宣传瞄准在某些一般人都有的个性特点上，通过运用那些积极的有价值的个性特征来进行促销。能够通过这种方法促销的产品主要包括啤酒、软饮料、香烟及一些服装。

（三）社会影响

1．角色和家庭

我们每个人都在一定的组织、机关和团体中占有一定位置，和每个位置相联系的就是角色。

由于人们占据多种位子，他们同时扮演多种角色。例如一个男子不仅扮演父亲和丈夫的角色，而且还可能是公司主管、学会理事、体育教练或者大学夜校的学生，这样对一个人的行为就有多种期望。个人角色不仅影响一般行为，而且还影响购买行为。个人的多种角色需求可能不一致，为了说明这一点，假定上面提到过的男子打算买一辆车，他的妻子希望他买一辆广州本田，他的儿子要买上海别克，他的同事却建议买进口宝马，因为那个牌子知名度更高，因而个人的购买行为部分地受到其他人意见的影响。在家庭扮演的角色直接和购买决策联系在一起。家庭中的男主人可能主要是烟酒这些商品的购买者，而许多家庭用品的购买决策，包括像保健品、洗漱用品、纸类产品和食品主要由妻子决定。丈夫和妻子、子女共同参与的购买决策，主要是耐用商品。当两个或两个以上的家庭成员参与购买时，他们就要进行分工，每个人都要完成一定的任务。

2. 相关群体

相关群体是指个人对群体的认可，并采纳和接受群体成员的价值观念、态度和行为。有的群体对个人来说可能是消极的相关群体，有些人在一定的时候是某个群体的，但后来却拒绝这个群体的价值观念而不成为其中的一员。同样，一个人可以采取特殊的行动避开某一个特殊群体。然而，我们这里讨论的是那种对个人有积极影响的相关群体。相关群体对个人来说可以起到参照物和信息来源的作用，顾客的行为可以变得和群体成员的行为和信念一致。例如，一个人由于受相关群体成员的影响停止使用某一种牌子的食品而使用另一种。相关群体对购买决策的影响程度，依赖于个人对相关群体影响的敏感性和个人与相关群体结合的强度。营销者有时要努力使用相关群体在广告中的影响，宣传每个群体中的人购买某种产品并获得高度的满足。通过这种呼吁的方式，广告商希望有大量的人会把推荐的那个群体作为相关群体，他们将会购买（做出更积极的反应）这种产品。这种广告宣传的成功要取决于广告在传递信息方面的效果，产品的类型和个人对相关群体影响的敏感性。

3. 社会阶层

社会阶层是具有相似社会地位的人的一个开放的群体。开放指的是个人可以自由地进入和离开，形成阶层的主要因素包括：职业、教育、收入、健康、地区、种族、伦理、信仰和财富。把某一个人归入某一阶层不需要考虑所有的社会标准。所选择的标准的数量及其重要性取决于所划入阶层的特点以及个人在阶层内的价值大小。在一定程度上，某个阶层内的成员采取的行为模式差不多，他们具有相似的态度、价值观念、语言方式和财富。社会阶层对我们生活许多方面都有影响，例如，可以影响我们的职业、信仰、小孩培养和教育娱乐。由于社会阶层对人的生活的许多方面都有影响，同样可以影响购买决策。

4. 文化

文化是指人类所创造的物质财富与精神财富的总和，是人类劳动的结晶，包括有形的东西，像食物、家具、建筑、服装和工具；无形的概念，如教育、福利和法律。文化同样也包括整个社会所能接受的价值和各种行为。构成文化的观念、价值和行为，是一代接一代地学习和传授的。

文化对购买行为有广泛的影响，因为它渗透在我们的日常生活中。文化决定我们的吃、穿、住和行。文化对我们如何购买和使用产品有影响，而且还影响我们从中得到的满足。由于文化在某种程度上决定了购买和使用产品的方式，从而影响到产品的开发、促销、分销和定价。例如食品营销者，在他们营销过程中要做出多种变化。20 多年前，我们的许多家庭几乎天天在一起吃饭，母亲一天要花 4～6 个小时来为此做准备，而现在 60%以上的 25～40 岁年龄段就职于公司的人员基本上在外就餐。

当营销者在其他国家推销商品时，他们常看到文化对产品的购买和使用的强烈冲击。国际营销者发现世界其他地区的人具有不同的态度、价值观念和需求，从而要求运用不同的营销方法以及不同的营销组合。一些国际营销者之所以失败，是因为他们没有或者不能根据文化的不同而对营销观念组合进行调整。

案例 4-4

KFC 遭遇滑铁卢

1974 年 9 月肯德基公司突然宣布多家香港地区的餐店停业，只剩 4 家坚持营业。到 1975 年 2 月首批进入香港的肯德基餐店全部关门停业。虽然肯德基公司的董事宣称这是由于租金困难而歇业的，但其失败已成定局。失败原因也很明显，不仅是租金问题，而主要是没吸引住顾客。当时的香港评论家曾大肆讨论此事，最后认为导致肯德基全盘停业的原因，是鸡的味道和宣传服务上出了问题。为了适应香港人的口味，香港地区开设的肯德基快餐店采用了本地产的土鸡品种，但却仍采用国外的喂养方式。这样便破坏了中国鸡特有的口味，令人失望。在广告上，肯德基采用了“好味到舔手指”的广告词，这在观念上也很难被香港居民所接受。而且当时的香港人认为肯德基价格太昂贵，因而抑制了需求量。在服务上，肯德基采用了美国式服务，在欧美的快餐店一般是顾客驾车到快餐店买了食物回家吃，因此店内通常不设座位。而香港的情况则不同，人们多数在买的地方进餐，通常是一群人或三三两两买了食品后坐在店内边吃边聊。肯德基不设座位的做法等于是赶走了一批有机会成为顾客的人。因此肯德基虽然广告规模较大，吸引了许多人前往品尝，但是回头客却不多。

思考题：

1. 肯德基为什么宣布进入香港市场失败？
2. 肯德基国际市场部，应该采用哪些方式吸引香港居民购买？

七、如何进行正确的购买决策

1. 准确收集利用信息

信息是决策的基础。如果可以获得完全信息，就可以作出最优决策。理解问题，找出真正的问题，需要准确收集和分析与问题有关的各种信息。为了扩大决策时所依据的信息量，使决策建立在信息基础上，从而提高决策的正确率，我们一方面要认识到个人能力和知识、经验的局限性，愿意听取他人意见；另一方面要注意方式方法，善于征求他人意见。不要轻信别有用心或与该决策有根本利害关系的人提供的信息。要注意实际收入水平与实际购买力情况的差异，不要盲目购买打折、促销商品。

2. 正确利用直觉

当我们面临一个新问题时，我们的思维就开始在我们成长记忆的分类信息中搜索。一旦发现存在类似或相关的情况，我们脑海中就会闪出一个念头，这就是直觉。直觉建立在分析问题和解决问题的广泛实践经验基础之上。只要这些实践经验是有根据的、是合乎逻辑的，那么直觉也会是合乎逻辑的。

3. 明智地把握决策时机和确定决策者

在购买商品过程中，要明确分析问题的核心和关键，分清轻重缓急，把握决策时机。避免在不适当的时候作出未成熟的决定。购买商品过程中，并不是所有问题都必须由你来决定，比如：购买柴米油盐，妻子做主要决策；购买车子，丈夫做主要决策。

4. 克服决策中的心理障碍

购买商品过程中，消费者会由于受一些不良心理障碍的影响，导致没有购买或将商品买回家又后悔的事，比如：优柔寡断、急于求成、求全求美等，都有可能导致购买不成功。

练习与自测

一、选择题

1. 对购物环境适应能力强，在购物中观察敏锐、反应敏捷，易于与营业员沟通的消费者的气质类型属于（　　）。

　　A. 多血质类型　　B. 胆汁质类型
　　C. 黏液质类型　　D. 抑郁质类型

2. 消费者对古董字画的鉴定，对皮毛、中药材的检验，所表现出来的是（　　）。

　　A. 特殊能力　　B. 一般能力　　C. 流体能力　　D. 晶体能力

3. 情绪变化缓慢、言行拘谨自制、反应从容不迫的消费者属于（　　）。

　　A. 胆汁质气质类型　　B. 多血质气质类型
　　C. 黏液质气质类型　　D. 抑郁质气质类型

4．属于比较谨慎，细致认真，善于控制自己，不易受广告、包装干扰的消费者的气质类型是（　　）。

A．胆汁质　　B．多血质　　C．黏液质　　D．抑郁质

5．个性心理表现为较易兴奋，直率、热情、精力旺盛、容易冲动的气质类型最可能是（　　）

A．胆汁质　　B．多血质　　C．黏液质　　D．抑郁质

二、多选题

1．消费者购买行为的气质类型包括（　　）。

A．胆汁质气质类型　　B．多血质气质类型

C．黏液质气质类型　　D．抑郁质气质类型

2．多血质消费者的购物行为表现出的心理类型包括（　　）。

A．想象型　　B．不定型　　C．冲动型

D．理智型　　E．敏感型

3．人的能力包括（　　）。

A．一般能力和特殊能力　　B．再造能力和创造能力

C．活动能力和社会交往能力　　D．一般能力和创造能力

4．特殊能力是指为某项专门活动所必需的知识和技能，它属于专业技术方面的能力，包括（　　）。

A．专业鉴赏能力、定向能力　　B．运算能力

C．色彩辨别能力　　D．平衡能力

5．消费者购买决策的特点是具有（　　）。

A．目的性　　B．过程性　　C．需求有个性　　D．复杂性

三、案例分析题

在“中国质量万里行”活动中，不少制造、销售伪劣商品的工商企业被曝光，消费者感到由衷的高兴。3 月 15 日，正值世界消费者权益日，某大型零售企业为了改善服务态度，提高服务质量，向顾客发出意见征询函，调查内容是“如果您去商店退换商品，售货员不予退换怎么办?”要求被调查者写出自己遇到这种情况时是怎样做的，其中有这样几种选项：

（1）耐心诉说。尽自己最大努力，慢慢解释退换商品的原因，直至问题得到解决。

（2）自认倒霉。向商店申诉也没用，商品质量不好又不是商店生产的，自己吃点亏，下一回长经验，缺少退换的勇气和信心。

（3）灵活变通。找好说话的其他售货员申诉，找营业组长或值班经理协商，只要有一人同意退换就可望解决。

（4）据理力争。绝不求情，脸红脖子粗地与售货员争到底，不行就向媒体投诉曝光，向工商局、消费者协会投诉。

试分析：上述四种选项各反映出消费者的哪些气质特征?各有何特点?

项目五

影响消费者心理的主要因素

导入案例

做生意要瞄准女人

"做生意要瞄准女人"这一犹太人经商的座右铭，已被许许多多的经商者所认识和注意。他们认为，如果说消费者是企业的"上帝"，那么女性消费者就是更为活跃的主角，她们至少左右了现实生活购买力（包括女性、儿童以及家庭所需消费的大部分，甚至很多男性消费品的购买与否也基本取决于女性）的四分之三，因此，充分掌握并巧妙地运用女性消费心理特征，积极吸引并成功诱导女性消费，应当引起企业营销者的重视。在经营的实践中，有人总结出了女性消费心理引导十诀。

（1）激励女性的创造感。大部分女性认为，购物并使她们的家庭保持舒适而井井有条，就是最大的创造和骄傲，对创造性的向往是女性购物的主要动机之一。因此，应把握时机，引导她们对不同职业、年龄、家庭条件、兴趣爱好等方面的创造欲，从而触发购买欲。

（2）借助女性"幻想"的魔力。女性基于一种窘迫的现实意识，喜欢以自己的实际生活为基础进行幻想，并常把幻想当作现实的组成部分。所以，巧妙运用女性所特有的不完全幻想，处处留给她们发挥幻想力的余地，同时满足幻想和实用价值两方面的需求，就极容易对她们产生作用。

（3）鼓励女性用指尖"思想"。女性的触觉远比视觉发达，致使她们对事物进行决断时，必须相当程度地依赖触觉。在百货公司，女性购买者肯定会要求拿过商品，经她们实际触摸后才可能决定是否购买，换言之，女性不只用大脑思想，也是用指尖"思想"的。因之对那些购物时表现得犹豫不决的女性，让其亲手触摸触摸，效果会好得多。

（4）帮助女性缩小选择范围。女性购物时，最讨厌只拿一样商品强行推销。但是，奉劝她们多中择优，又只能徒增其选择上的困难。可见，促使女性购物最有效的办法，就是让她们参与作出决定的过程，布置出令她们感觉自己"慧眼识英雄"的情势，缩小购物范围，击破其迷梦而达到推销目的。

（5）借"被斥感"激起购买欲。女性从众心理尤其强烈，非常害怕自己属于"例外"之列，往往舍弃选择的自由，乐于在"从众泥潭"里打转。因此，应恰当地利用女性唯恐被大众排斥的心理，积极诱导女性购物意向并付诸行动。

（6）让虚荣女性拥有"唯一"。她们心中常有一种"只有我一个"的"唯一"意识，经常希望自己是"与众不同的一个"。所以向她们兜售商品时，若能提供大多数女性都向往的"唯有我用"的诱惑，会使其产生"我是唯一被选择的对象"之类的快感，不仅能如愿以偿地达到推销效果，而且还能用她们向自己同伴吹嘘而连带收到免费广告的效果。

（7）不要撕破"书"的封面。"女性是一本内容和封面相去甚远的书"，为迎合潮流，她们很可能表露出与真实想法（内容）相反或别的主张（封面）。故此，必须透过虚情假意的迷雾，先接受她们一口咬定的意见，给她们一个"面子"，再针对其真实本意发动攻势，只有这样才有希望探明深藏不露的真实意向。

（8）用赞扬消解女性的烦恼。女性希望自己给人一种完美无瑕的形象，也竭力让自己看起来完美无瑕，她们最忌讳被他人揭了"伤疤"。对于体型肥胖的女性，"胖"是绝对禁忌的。因之，店员应尝试赞赏她的高级坤表、别致耳环、新颖装束等无关紧要但又令女性喜悦的特点，如此造成良好的气氛之后，再引导女性消费就容易收到事半功倍的效果。

（9）“佩服”女性的一知半解。女性特别无法容忍他人的指责，稍受冒犯，就会在一瞬间“勃然大怒”。对付这类女性，千万不能揭开她们的底牌，应耐心地将她们当作见多识广的人那样看待，使其自尊心得以满足，这样她们便自会欣然接纳意见。

（10）运用权威意见促销。引导女性购买商品需要营销人员综合运用情感唤起和理性号召两种形式，热情地举出众多具有说服力的具体事例，显示出立即能得到的效果。而搬出那些较有名气的、为女性所熟知的权威人士，无疑是其中最为有效的方法。

思考：

1. 为什么女性是经商者赚钱的对象？你对此有何理解？
2. 上述案例所总结的引导女性消费心理十诀的依据是什么？请进行详细分析。
3. 你对上述十项措施，有什么改进意见？

任务一　社会群体对消费者的影响

一、社会群体对消费者的影响

群体是指在共同目标的基础上，由两个以上的人所组成的相互依存、相互作用的有机组合体。群体并不是个体的简单集合，几个人偶然坐在火车上的邻近的座位上，几十个人在海滨游泳戏水，都不能称为群体，群体是指在共同目标的基础上，由两个以上的人所组成的相互依存、相互作用的有机组合体。

群体作为一种由人组成的有机组合体，它时时刻刻都对个体和组织发生着影响，并由此体现出自身的特征，其本质特征表现为：

（一）成员们的目标共同性

群体之所以能够形成，它是以若干人的共同的活动目标为基础的，正是有了共同的目标，他们才能走到一起并彼此合作，以己之长，补他人之短，以他人之长，弥合自己之短，使群体爆发出超出单个个体之和的能量。群体的这一特性，也是群体建立和维系的基本条件。

（二）群体自身的相对独立性

群体虽然是由一个个的个体所构成的，但一个群体，又有自己相对独立的一面。它有着自身的行为规范、行动计划，有自己的舆论，而这些规范、计划和舆论，不会因为个别成员的去留而改变。

（三）群体成员的群体意识性

作为一个群体，它之所以能对各个成员发生影响，并能产生出巨大的动力，就是因为群体中的每个成员都意识到自己是生活在某一个群体里，在这个群体中，成员之间在行为上相互作用，互相影响，互相依存，互相制约。在心理上，彼此之间都意识到对方的存在，也意识到自己是群体中的成员。

（四）群体的有机组合性

群体不是一个个个体的简单组合，而是一个有机的整体，每个成员都在这个群体中扮演一定的角色，有一定的职务，负一定的责任，并以作好自己的工作而配合他人的活动，使群体成为一个聚集着强大动力的活动体。

在这个问题上，美国心理学家霍曼斯（G．C．Homons）经过研究认为，任何一个群体的社交行为，都包括以下三个因素。

（1）任务活动因素；即人们所从事的工作活动。这种活动属于浅层外显活动，一般容易为他人所觉察。例如交谈、工作、学习、社交等，它常常是组织衡量一个人工作效率的依据。

（2）相互作用因素：就是在完成任务时，人与人之间的行为影响，例如：彼此之间语言行为和非语言行为的相互沟通和接触，以及对他人的活动进行分析，他人的行为与自己的关系等等。

（3）情感活动因素：即个人之间以及个人与群体、个人与活动之间的情感反应。这种因素是属于深层的内隐的因素，一般不易直接观察到，但是，可以通过活动特点和他人的相互作用的方式等来了解，这可进一步加深相互之间的认识，有利于更加密切的配合。

这 3 个因素之间的关系可以用一句话来概括：3 个因素互为双向反应。后来许多研究者也认为，群体的存在，一般都离不开这 3 个因素，首先，必须有共同活动的内容，没有共同活动的内容，群体也就不可能存在下去；其次，活动的成败又取决于人们对活动的认识，态度和情感，同时为了使活动顺利进行而又必须得到人们的相互协作和密切的配合；第三，在群体中，人们的感情交往往往占有重要地位，它不仅仅与活动的顺利进行有关，而且与人们之间的交往有关，交往产生感情，感情促进交往和协作。

二、参照群体对消费者心理的影响

所谓参照群体是个体在形成其购买或消费决策时，用以作为参照、比较的个人或群体。参照群体的含义也在随着时代的变化而变化。参照群体最初是指家庭、朋友等个体与之具有直接互动的群体，但现在它不仅包括了这些具有互动基础的群体，而且也涵盖了与个体没有直接面对面接触但对个体行为产生影响的个人和群体。

参照群体具有规范和比较两大功能。前一功能在于建立一定的行为标准并使个体遵从这一标准，比如受父母的影响，子女在食品的营养标准、如何穿着打扮、到哪些地方购物等方面形成了某些观念和态度。个体在这些方面所受的影响对行为具有规范作用。后一功能，即比较功能，是指个体把参照群体作为评价自己或别人的比较标准和出发点。如个体在布置、装修自己的住宅时，可能以邻居或仰慕的某位熟人的家居布置作为参照和仿效对象。

1. 参照群体的类型

参照群体可以分为直接的参照群体和间接的参照群体。

直接的参照群体是直接接触到人们生活的面对面的成员群体关系。他们可以是主要成员群体或次要成员群体。主要成员群体包括人们以非正式的面对面的方式经常互相影响的所有群体，如家庭、同事和朋友。次要成员群体是非持续而且更正式的，如俱乐部、宗教团体。

间接的非成员群体包括渴望参照群体和非渴望参照群体。渴望参照群体是人们渴望加入的群体，非渴望参照群体是人们试图与其保持距离、避免与其有关的群体。

2. 参照群体的影响方式

人们总希望自己富有个性和与众不同，然而群体的影响又无处不在。不管是否愿意承认，每个人都有与各种群体保持一致的倾向。看一看班上的同学，你会惊奇地发现，除了男女性别及其在穿着上的差异外，大部分人衣着十分相似。事实上，如果一个同学穿着正规的衣服来上课，大家通常会问他是不是要去应聘工作，因为人们认为这是他穿着正式的原因。请注意，作为个体，我们并未将这种行为视为从众。尽管我们时常要有意识地决定是否遵从群体，通常情况下，我们是无意识地和群体保持一致的。参照群体对消费者的影响，通常表现为 3 种形式，即行为规范上的影响、信息方面的影响、价值表现上的影响。

（1）规范性影响。规范性影响是指由于群体规范的作用而对消费者的行为产生影响。规范是指在一定社会背景下，群体对其所属成员行为合适性的期待，它是群体为其成员确定的行为标准。无论何时，只要有群体存在，无须经过任何语言沟通和直接思考，规范就会迅即发挥作用。规范性影响之所以发生和起作用，是由于奖励和惩罚的存在。为了获得赞赏和避免惩罚，个体会按群体的期待行事。广告商声称，如果使用某种商品，就能得到社会的接受和赞许，利用的就是群体对个体的规范性影响。同样，宣称不使用某种产品就得不到群体的认可，也是运用规范性影响。

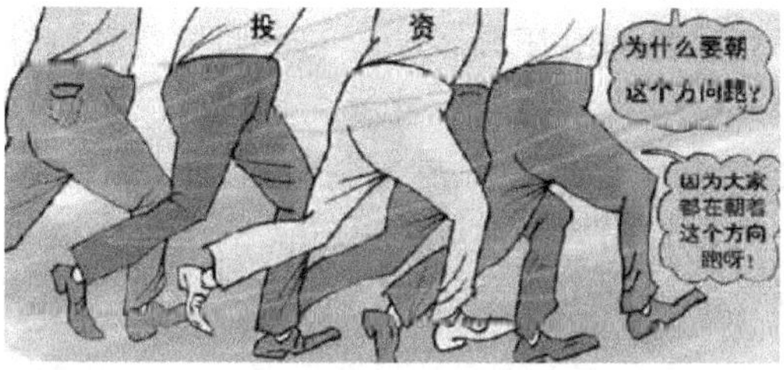

（2）信息性影响。信息性影响指参照群体成员的行为、观念、意见被个体作为有用的信息予以参考，由此在其行为上产生影响。当消费者对所购产品缺乏了解，凭眼看手摸又难以对产品品质作出判断时，别人的使用和推荐将被视为非常有用的证据。群体在这一方面对个体的影响，取决于被影响者与群体成员的相似性，以及施加影响的群体成员的专长性。例如，某人发现好几位朋友都在使用某种品牌的护肤品，于是她决定试用一下，因为这么多朋友使用它，意味着该品牌一定有其优点和特色。

（3）价值表现上的影响。指个体自觉遵循或内化参照群体所具有的信念和价值观，从而在行为上与之保持一致。例如，某位消费者感到那些有艺术气质和素养的人，通常都留长发、蓄络腮胡、不修边幅，于是他也留起了长发，穿着打扮也不拘一格，以反映他所理解的那种艺术家的形象。此时，该消费者就是在价值表现上受到参照群体的影响。个体之所以在无须外在奖惩的情况下自觉依群体的规范和信念行事，主要是基于两方面力量的驱动。一方面，个体可能利用参照群体来表现自我，提升自我形象。另一方面，个体可能特别喜欢该参照群体，或对该群体非常忠诚，并希望与之建立和保持长期的关系，从而视群体价值观为自身的价值观。

3. 参照群体的运用

（1）名人效应。名人或公众人物如影视明星、歌星、体育明星，作为参照群体对公众尤其是对崇拜他们的受众具有巨大的影响力和感召力。对很多人来说，名人代表了一种理想化的生活模式。正因为如此，企业花巨额费用聘请名人来促销其产品。研究发现，用名人作支持的广告较不用名人的广告评价更正面和积极，这一点在青少年群体上体现得更为明显。

运用名人效应的方式多种多样。如可以用名人作为产品或公司代言人，即将名人与产品或公司联系起来，使其在媒体上频频亮相；也可以用名人作证词广告，即在广告中引述广告产品或服务的优点和长处，或介绍其使用该产品或服务的体验；还可以采用将名人的名字使用于产品或包装上等做法。

（2）专家效应。专家是指在某一专业领域受过专门训练、具有专门知识、经验和特长的人。医生、律师、营养学家等均是各自领域的专家。专家所具有的丰富知识和经验，使其在介绍、推荐产品与服务时较一般人更具权威性，从而产生专家所特有的公信力和影响力。当然，在运用专家效应时，一方面应注意法律的限制，如有的国家不允许医生为药品作证词广告；另一方面，应避免公众对专家的公正性、客观性产生质疑。

（3）“普通人”效应。运用满意顾客的证词证言来宣传企业的产品，是广告中常用的方法之一。由于出现在荧屏上或画面上的证人或代言人是和潜在顾客一样的普通消费者，这会使受众感到亲近，从而使广告诉求更容易引起共鸣。宝洁公司、北京大宝化妆品公司都曾运用过“普通人”证词广告，应当说效果还是不错的。还有一些公司在电视广告中展示普通消费者或普通家庭如何用广告中的产品解决其遇到的问题，如何从产品的消费中获得乐趣等。由于这类广告贴近消费者，反映了消费者的现实生活，因此，它们可能更容易获得认可。

（4）经理型代言人。

自20世纪70年代以来，越来越多的企业在广告中用公司总裁或总经理作代言人。例如，克莱斯勒汽车公司的老总李·艾柯卡（Lee Iacocca）在广告中对消费者极尽劝说，获得很大成功。同样，雷明顿（Remington）公司的老总维克多·凯恩（Victor Kiam），马休特连锁旅店的老总比尔·马休特均在广告中促销其产品。我国广西三金药业集团公司，在其生产的桂林西瓜霜上使用公司总经理和产品发明人邹节明的名字和图像，也是这种经理型代言人的运用。

练一练

请说出以下产品分别有哪些明星代言，OPPO、德芙、欧莱雅、奥迪、潘婷洗发水？

三、不同年龄群体的消费心理

对于一个企业来说，顾客就是“上帝”，因此在开展促销活动的时候，不仅要针对消费者的需求进行促销，同时还要针对不同消费者的心理特征展开促销活动。如何掌握消费者的消费心理特征，对于企业来说，是开展促销活动的成败因素之一。

顾客因年龄不同，其消费心理特征也不一样。

1. 儿童的消费心理特征

儿童，是指 11 岁以下年龄阶段的消费者。对儿童消费者来说，他们具有以下消费心理特征：①其心理没有完全成熟，处在逐渐成长的过程，尽管他们很少自己去购买东西，但是有时也会影响其父母的购买决定。②他们有很强的模仿心理，而且更有很强的个性特征。这就使得他们逐渐由模仿他人消费，发展为具有自己个性特点的消费，购买行为开始有一定的动机、目标和倾向。③消费者情绪从不稳定发展到比较稳定。

2. 少年的消费心理特征

少年消费者主要是指 11 岁～14 岁的消费者。对少年消费者来说，他们具有以下消费心理特征：①他们具有很强的好奇心理。②处于心理逐渐稳定的阶段，并且喜欢和成年人相比。③他们的心理和购买行为尽管还不成熟，但是他们希望按照自己的愿望进行消费，不愿受家长的束缚，要求与成年人、父母有平等的消费权利。④逐渐由受家庭影响转变为受社会影响，并乐于接受社会影响。

案例 5-1

旅店和度假村：迎合家庭消费者

多年以来，旅店业的服务不能使儿童感到满意，他们对许多高档的旅店和度假村感到失望。但是，最近一些大型旅游产业，包括美国一些著名的大旅店和度假胜地，开始将儿童作为一个重要市场来对待了。

美国家庭人口组成的重要变化是这些旅店和度假村改变营销战略的根本原因。从 20 世纪 80 年代开始，生育高峰一代陆续开始生儿育女。一位旅游产业专家说："这些生育高峰一代是最喜欢旅游的一代人。现在他们有了孩子，但是仍希望能带孩子一起去度假，希望能有时间参加属于成年人的娱乐活动。"因为生育高峰一代人生育孩子的时间较晚，并且大多数是双收入家庭，因此，许多家庭在旅游和度假上的支出相当高。1993 年，这些家庭有 20%的夜晚是在旅店里度过的，而 1989 年的比例为 15.6%。1994 年有 5,000 万人和自己的孩子在外面度假，为旅店业带来了 127 亿美元的营业额，而旅店业的总营业额为 690 亿美元。

为了迎合这个市场的消费者，许多旅店和度假村想办法来满足小朋友的需求。即使是豪华酒店也增加了白天照顾孩子的项目，其中包括每晚房价 200 美元的旧金山四季酒店。管理者已经意识到他们必须要让和父母一起来的这些小朋友们感到满意。"许多人喜欢住在高档豪华酒店，并且要把孩子带在身边"，酒店的一位管理人员说。

为了适应这种趋势，保住自己的生意，这家大酒店推出了住户项目。现在，酒店成了一家人的安乐窝，酒店要询问孩子的姓名和年龄。当一家人出现在酒店里的时候，服务台的人也会向孩子表示欢迎，并赠送一份适合他们年龄的玩具或者图书。在住店的第一天婴儿会得到免费的尿布和婴儿食品。孩子们会有和父母在一起的、属于自己的房间，并且这种房间可以享受打折优惠。四季酒店会派人照顾孩子，带他们参观博物馆或者动物园，收费标准是每小时 5 美元。酒店提供夜宵，24 小时供应食品。酒店还欢迎小朋友到豪华的餐厅就餐，那里身穿燕尾服的侍者早已接受过如何接待这些小朋友的培训了。

其他的酒店和度假村也为迎合这些孩子而推出了自己的项目。夏威夷所有的 Sheraton 酒店都增加了为 4 到 12 周岁儿童服务的项目。只要每天交纳 10 美元的费用，酒店就可以给儿童安排一系列活动，包括学打网球和学变魔术等。华盛顿的 Hyatt 度假村为周末晚会提供方便，孩子们可以钻进睡袋里在起居室过夜，而他们的父母可以往在旁边的卧室里。曾经被冠以"美国商业胜地"的希尔顿大酒店也为商务旅行的家庭推出了周末促销活动。芝加哥的希尔顿大酒店将婴儿床位增加了 3 倍，在小房间里放了玩具熊，并且想出办法使父母们可以通过收费电视系统观看成人电影。

思考：

1. 儿童的消费心理特征有哪些？
2. 酒店采用哪些方式吸引儿童的兴趣？

3. 青年的消费心理特征

在我国，青年消费者的人数是最多的，也是所有企业竞争的主要消费目标。因此，了解青年消费者的消费心理特征，对于企业的发展具有极其重要的意义。一般来说，青年消费者的消费心理具有以下特征：

（1）追求时尚和新颖，青少年的特点是热情奔放，思想活跃，富于幻想，喜欢冒险，这些特点反映在消费心理上就是追求前卫的新的产品，尝试新的生活。

（2）表现自我和体现个性，这一时期的青少年自我意识日益增强，强烈地追求独立意识，在做任何事情的时候都极力地表现自我个性。喜欢购买一些具有特色的商品，而且这些商品都能很好地表现自己的个性特征。

（3）容易冲动，注重情感。由于人生阅历并不丰富，青少年对事物的分析判断能力还没有完全成熟，做事容易冲动，在购买产品时感情因素占了主导地位。

4．中老年龄的消费心理特征

（1）中老年龄的消费者由于生活经验丰富，因而在购买东西时大多以理智来支配自己的行为，不会或很少出现像年轻人一样的冲动购买行为。

（2）中老年龄的消费者一般都有家眷，所以他们会按照自己的实际需求购买产品，量力而行，注意节约，对商品的质量、价格、用途、品种等会做详细的了解，很少盲目购买。

（3）他们这一阶段的消费者都会秉持主见，不受外界影响。对于品牌的忠诚度较高。

四、男、女消费群体对消费者心理的影响

（一）男性消费心理的特征

男性消费者相对于女性来说，购买商品的范围较窄，一般多购买“硬性商品”，注重理性，较强调阳刚气质。其特征主要表现为：

（1）注重商品质量、实用性。男性消费者购买商品多为理性购买，不易受商品外观、环境及他人的影响。注重商品的使用效果及整体质量，不太关注细节。

（2）购买商品目的明确、迅速果断。男性的逻辑思维能力强，并喜欢通过杂志等媒体广泛收集有关产品的信息，决策迅速。

（3）强烈的自尊好胜心，购物不太注重价值问题。由于男性本身所具有的攻击性和成就欲较强，所以男性购物时喜欢选购高档气派的产品，而且不愿讨价还价，忌讳别人说自己小气或所购产品“不上档次”。

在考虑性别变数时，有两点需注意：第一，是商品的“性别属性”，即商品本身的性别差异。譬如说，口红当然是针对女性市场，领带当然是针对男性市场。商品的性别差异无可避免地影响行销策略，尽管你可以想办法鼓吹男人买口红送给女朋友，或鼓励女人买领带送给男朋友，但这只能作为一种拓展市场的权宜之计，口红和领带的主要行销策略仍须专门针对使用者的性别而制定。第二，是市场的“性别属性”，即市场本身的性别差异。许多商品，譬如说一张信用卡，其实是“中性”的，不分男人或女人专用。为一项“中性”商品制定行销策略，必须考虑市场的性别差异。例如在一个职业妇女迅速增加的都市里，女性市场显然是一个极具潜力的市场，给一些“中性商品”贴上“女性”标签，例如强调小型汽车适合女性驾驶，不失为一种好地销售方法。

（二）男性消费心理分析

1. 动机形成迅速、果断，具有较强的自信性

男性的个性特点与女性的主要区别之一就是具有较强理智性、自信性。他们善于控制自己的情绪，处理问题时能够冷静地权衡各种利弊因素，能够从大局着想。有的男性则把自己看做能力、力量的化身，具有较强的独立性和自尊心。这些个性特点也直接影响他们在购买过程中的心理活动。

因此，男性消费者的动机形成要比女性果断迅速，并能立即导致购买行为，即使处在比较复杂的情况下，如当几种购买动机发生矛盾冲突时，也能够果断处理，迅速作出决策。特别是许多男性不愿“斤斤计较”，购买商品也只是询问大概情况，对某些细节不予追究，也不喜欢花较多的时间去比较、挑选，即使买到稍有问题的商品，只要无关大局，也不去计较。

2. 购买动机具有被动性

就普遍意义讲，男性消费者不如女性消费者经常料理家务，照顾老人、小孩，因此，购买活动远远不如女性频繁，购买动机也不如女性强烈，比较被动。在许多情况下，购买动机的形成往往是由于外界因素的作用，如家里人的嘱咐、同事朋友的委托、工作的需要等等，动机的主动性、灵活性都比较差。我们常常看到这种情况，许多男性顾客在购买商品时，事先记好所要购买的商品品名、式样、规格等，如果商品符合他们的要求，则采取购买行动，否则，就放弃购买动机。

3. 购买动机感情色彩比较淡薄

男性消费者在购买活动中心境的变化不如女性强烈，不喜欢联想、幻想，他们往往把幻想看作是未来的现实。相应的，感情色彩也比较淡薄。所以，当动机形成后，稳定性较好，其购买行为也比较有规律。即使出现冲动性购买，也往往自信决策准确，很少反悔退货。需要指出的是，男性消费者的审美观同女性有明显的差别，这对他们动机的形成也有很大影响。比如，有的男同志认为，男性的特征是粗犷有力，因此他们在购买商品时，往往对具有明显男性特征的商品感兴趣，如烟、酒、服装等。

练一练

请说出男人最烧钱的十大消费爱好。

（三）女性消费者的重要地位

1．女性消费者数量庞大，占整个社会总体消费的绝大多数

据统计，女性消费者占全国人口的 48.7%，对消费活动影响较大的中青年妇女，即年龄在 20 岁～55 岁的那些占人口总数的 21%。女性消费者群体数量庞大，是大多数购买行为的主体。如果将实际购买者和购买决策者的数量统计出来，这个比例将会更高。由于在家庭中，女性消费者同时担任女儿、妻子、母亲、主妇等多种角色，她们不仅为自己购买所需商品，也是大多数儿童用品、老人用品、家庭用品的主要购买者。因此相关产品的生产厂家，都要认清这样一个现实：虽然女性不是企业产品的使用者，却是产品的实际购买者，或者是对购买行为有决策权的重要人物。女性对日常用品有绝对的购买决定权，对于买房、家庭装修、私家车的购买也具有很大的建议权，女性做决策的家庭也不在少数。商家只要打动了女性消费者的心，就可以占据较大的市场份额。

2．女性消费者影响力大

女性通常具有较强的表达能力、感染能力和传播能力，善于通过说服、劝告、传话等方式对周围其他消费者产生影响。女性消费者会把自己购买产品的满意使用感受和接受的满意的服务经历当作炫耀的资本，利用一切机会向其他人宣讲，以证明自己有眼光或精明。反过来，女性购物决策也较易受到其他消费者使用经历的影响。这个特点决定女性是口碑的传播者和接收者，一些产品通过女性的口碑传播可以起到一般广告所达不到的效果。但成也口碑，败也口碑，只有过硬的质量才能维持住女性消费者的忠诚度。据国外调查表明，通常在对产品和服务不满意的顾客中只有 4%会直接对公司讲，在 96%不抱怨的顾客中有 25%有很大意见；4%抱怨的顾客比 96%不抱怨的顾客更可能继续购买；如果问题得到解决，那些抱怨的顾客将有 60%的机会继续购买，如果尽快解决，这一比例将上升到 95%；不满意的顾客将把他们的经历告诉 10～20 人；抱怨被解决的顾客会向 5 个人讲他的经历。其中会把自己的抱怨反映给产品或服务提供者的大多数是女性消费者，因此女性顾客的反馈和口碑非常重要，商家一定要讨得女士的欢心才能赢得市场的青睐。

（四）针对女性消费者的营销策略

各生产和销售企业应针对女性的特点，改善生产和经营，以吸引和维持女性顾客，为企业带来源源不断的商机。

（1）现场促销活动要关注女性消费者的情绪变化

男性比较注重服务人员的知识和技能，而由于女性同时对态度也比较敏感，服务人员不经意间哪怕一个怠慢的动作，一句不耐烦的话语，一个轻蔑的眼神，都会将之前滔滔不绝的产品推销成果毁于一旦。女性消费者的自我意识、自尊心较强，在购买行为中喜欢评价商品，喜欢根据自己的爱好和标准分析商品，评价商品。购买后，她们总愿听到别人的赞赏。营销人员要讲究语言表达的艺术性，尊重女性消费者的自尊心，赞美女性消费者的选择，以博得女性消费者的心理满足感。

（2）女性商品设计要重视细节和外观形象，体现流行和时尚

女性对生活方式的反应要比男性快，女性的审美观影响着社会消费潮流。自古以来，

女性的审美观就比男性更加敏锐。现代社会的职业女性对生活中新的、富有创造性的事物总是充满热情。年轻女性的心境和感性支配着流行；女性不仅自己爱美，还注意丈夫、儿女和居家的形象。商品的流行大多是随女性审美观的变化而变化的，现在的商家也通过每年改变产品的流行样式，利用潮流的力量来激发女性消费者的购买欲望。因为女性对落后于时尚流行趋势是最不能忍受的，而一般的女性消费者对流行的判断就是商家又推出了什么新款式，别人都在穿什么、用什么，即存在严重的从众心理。在这方面，明星广告起了极大的煽动作用，知名人物做产品形象代言人也会明显地促进产品的销售。

（3）采用各种名目繁多的促销活动迎合对价格敏感的女性消费者

采用适当的促销手段，增进女性消费者对本企业及其产品的好感，是开拓女性消费者市场的重要途径。价格的影响对女性比对男性大得多，一般来说女性很少能够抵制住降价的诱惑。在市场中进行讨价还价的绝大多数都是女性消费者，一方面出于女人节约的天性，妇性消费者比较有耐心，另一方面由于家庭中大多是女性掌握财政大权，直接控制家庭日常开支。男人“开源”，女人“节流”，这是大多数家庭的理财方式。有些女性一方面会花上几百元上千元买一套流行时装，而另一方面在菜场上买菜却对于几元几角讨价还价、斤斤计较，可见女性比较计较小数目的低档品，而对高档品却认为价高质好。附赠品正是迎合了女性的这种心理，比如，两个商店的营销策略不同：一家是低价，另一家是高价但有附赠品；很可能女性在没有时间或能力比较两家商品的质量时，认为高价的质量一定好，而有附赠品就更吸引了她们。

鉴于女性消费心理对整个消费市场的重要性，企业在制订营销组合策略时，应特别注意现代女性消费者的心理特征及其变化趋势，采取适宜的措施。例如，企业的橱窗布置，应注意明朗、热烈的气氛；商品的设计、色彩、款式要注意诱发女性的情感；在商品的包装装潢、经营方式等方面，要新颖、别致、适时方便。向女性消费者宣传某商品的好处和具体利益，比向她们宣传商品的质量、性能效果更好。可见，只要能密切注意女性世界，研究并了解女性消费者的购买动机与需求以及决策的心理活动过程，就能随时把握住女性消费市场的新契机，乃至整个消费市场的变迁及发展趋势，企业就能做到先发制人，使企

业商品的形象契合消费者的印象，并经由有力的销售诉求，将潜在消费者转变为实际消费者，市场前景一定是广阔的。

案例 5-2

麦当劳 2002 年营业额大幅滑坡，为了扭转颓势，麦当劳开始寻找原因，麦当劳原顾客定位主要是男性与儿童。他们认为，儿童如果喜欢麦当劳，光顾麦当劳，孩子的母亲自然也会随之登门，因此不必单独针对女性进行市场开发。可经过调查却发现，随着社会形态的新发展，女性的角色已不仅仅是母亲这一种，有事业型女性、不婚者、丁克一族等，更加自我的主观思想及出于对儿童健康的考量，使带孩子光顾麦当劳的女性顾客越来越少，麦当劳原来的如意算盘慢慢开始落空。于是，麦当劳一面提高食品的营养成分，一面推出了一系列如超级豪华沙拉等针对女性量身定做的快餐食品。女性顾客随之快速增长，她们的光顾频次与消费金额也是麦当劳所没有预料到的，不久麦当劳便扭转了利润下滑的情况。

思考：

1. 当今社会女性购买行为的特点有哪些？
2. 麦当劳要提高盈利，需如何吸引女性顾客？

任务二　社会环境对消费心理的影响

一、社会文化对消费心理的影响

社会文化环境是指企业所处的社会结构、社会风俗和习惯、信仰和价值观念、行为规范、生活方式、文化传统、人口规模与地理分布等因素的形成和变动。

任何企业都处于一定的社会文化环境中，企业营销活动必然受到所在社会文化环境的影响和制约。企业应针对不同的文化环境，制订不同的营销策略，组织不同的营销活动。

1. 教育状况分析

受教育程度的高低，影响到消费者对商品功能、款式、包装和服务要求的差异性。通常文化教育水平高的国家或地区的消费者，要求商品包装典雅华贵，对附加功能也有一定的要求。因此企业营销开展的市场开发、产品定价和促销等活动都要考虑到消费者所受教育程度的高低，采取不同的策略。

2. 宗教信仰分析

宗教是构成社会文化的重要因素，宗教对人们消费需求和购买行为的影响很大。不同的宗教有自己独特的对节日礼仪、商品使用的要求和禁忌。某些宗教组织甚至在教徒购买决策中有决定性的影响。为此，企业可以把影响大的宗教组织作为自己的重要公共关系对象，在营销活动中也要注意到不同的宗教信仰，以避免由于矛盾和冲突给企业营销活动带来损失。

3．价值观念分析

价值观念是指人们对社会生活中各种事物的态度和看法。不同文化背景下，人们的价值观念往往有着很大的差异，消费者对商品的色彩、标识、式样以及促销方式都有自己褒贬不同的意见和态度。企业营销必须根据消费者不同的价值观念设计产品，提供服务。

4．消费习俗分析

消费习俗是指人们在长期经济与社会活动中所形成的一种消费方式与习惯。不同的消费习俗，具有不同的商品要求。研究消费习俗，不但有利于组织好消费用品的生产与销售，而且有利于正确、主动地引导健康的消费。了解目标市场消费者的禁忌、习惯、避讳等是企业进行市场营销的重要前提。

二、家庭对消费心理的影响

家庭是指婚姻关系、血缘关系或收养关系基础上产生的，亲属之间所构成的社会生活单位。家庭是最基本的社会设置之一，是人类最基本、最重要的一种制度和群体形式。

家庭有广义狭义之分，狭义的指一夫一妻制个体家庭；广义的则泛指人类进化的不同阶段上的各种家庭形式。在英文中也有这样一种说法：family 中的 f 代表 father，a 代表 and，m 代表 mother，i 就是我，l 指 love，y 是 you。连起来就是 father and mother I love you，也就是爸爸妈妈我爱你们。

按照家庭的规模划分，家庭结构有以下四种。

① 核心家庭，由一对父母和未成年子女组成的家庭。

② 扩展家庭，分为主干家庭和扩大联合家庭。

③ 主干家庭，由一对父母和一对已婚子女（或者再加其他亲属）组成的家庭。

④ 扩大联合家庭，由一对父母和多对已婚子女（或者再加其他亲属）组成的家庭。

非传统家庭结构主要包括以下五种。

① 单亲家庭：由单身父亲或母亲养育未成年子女的家庭。

② 单身家庭：人们到了结婚的年龄不结婚或离婚以后不再婚，而是一个人生活的家庭。

③ 重组家庭：夫妻一方再婚或者双方再婚组成的家庭。

④ 丁克家庭：有生育能力但不要孩子，浪漫自由的家庭。

⑤ 空巢家庭：只有老两口生活的家庭。

随着社会的变迁，这种扩展家庭的数目越来越少，而非传统家庭相对越来越多。

（一）家庭购买决策的方式

在日常生活中，家庭每天都要做出很多的购买决策。在这些购买决策中，有的极为重要，如购买何种汽车，搬家到何处以及去哪里度假等。另一些决策则普通得多，如决定午餐吃什么。

家庭购买决策是指由两个或两个以上家庭成员直接或间接作出购买决定的过程。作为一种集体决策，家庭购买决策在很多方面不同于个人决策，例如在早餐麦片的购买活动中，成年人与儿童所考虑的产品特点是不同的，因而他们共同作出的购买决策将不同于他们各自单独作出的决策。

家庭购买决策研究中的一个重要问题是，对于不同产品的购买，家庭决策是以什么方式作出的，谁在决策中发挥最大的影响力。戴维斯（H. Davis）等人在比利时作的一个研究识别了家庭购买决策的 4 种方式。

① 妻子主导型。在决定购买什么的问题上，妻子起主导作用。

② 丈夫主导型。在决定购买什么的问题上，丈夫起主导作用。

③ 自主型。对于不太重要的购买，可由丈夫或妻子独立作出决定。

④ 联合型。丈夫和妻子共同作出购买决策。

练一练

家庭购买决策有四种形式，请分别说一说它们适合应用于购买什么产品？

（二）家庭购买决策的影响因素

研究人员一直试图找出决定家庭人员相对影响力，从而影响家庭购买决策方式的因素。奎尔斯（W. Qualls）的研究识别了 3 种因素：家庭成员对家庭的财务贡献；决策对特定家庭成员的重要性；夫妻性别角色取向。

一般而言，对家庭的财务贡献越大，家庭成员在家庭购买决策中的发言权也越大。同样，某一决策对特定家庭成员越重要，他（她）对该决策的影响就越大，原因是家庭内部亦存在交换过程：某位家庭成员可能愿意放弃在此领域的影响而换取在另一领域的更大影响力。性别角色取向，是指家庭成员多大程度上会按照传统的关于男、女性别角色行动。研究表明，较少传统和更具现代性的家庭，在购买决策中会更多地采用联合决策的方式。除了上述因素，通常认为，影响家庭购买决策的因素还包括以下五个方面。

1. 文化和亚文化

文化或亚文化中关于性别角色的态度，很大程度上决定着家庭决策是由男性主导还是女性主导。

例如，在我国不发达的农村地区，由于家庭中的封建思想和重男轻女意识比较严重，家庭多以男性为核心。男性比女性有更多的受教育机会，更高的收入水平，在家庭中的地位更高，对家庭购买决策的影响自然更大。在我国的大城市如上海、北京，人们受传统家庭观念的影响相对要小，家庭成员的地位较为平等，因此家庭决策过程中就更可能出现自主型、联合型甚至妻子主导型决策方式。当然，文化并非一个地理的概念，即使生活在同一个城市，由于文化背景的不同，人们对于性别角色地位的认识也会有相当大的差别，由此导致男女在家庭决策中影响力的不同。

2．角色专门化

随着时间的推移，夫妻双方在决策中会逐渐形成专门化角色分工。传统上，丈夫负责购买机械和技术方面的产品，例如，他们要负责评价和购买汽车、保险、维修工具等产品；妻子通常负责购买与抚养孩子和家庭清洁有关的产品，如孩子的食物与衣服，厨房和厕所用的清洁剂等。随着社会的发展，婚姻中的性别角色不再像传统家庭中那样鲜明，丈夫或妻子越来越多地从事以前被认为应由另一方承担的活动。虽然如此，家庭决策中的角色专门化仍然是不可避免的。从经济和效率角度来看，家庭成员在每件产品上都进行联合决策的成本太高，而专门由一个人负责对某些产品进行决策，效率会提高很多。

家庭中的角色分工与家庭发展所处的阶段密切相关。比起建立已久的家庭来，年轻夫妻组成的家庭会更多地进行联合型决策。之后，随着孩子的出生和成长，家庭内部会形成较一定的角色分工。当然，随着时间的推移，这种分工也会发生相应的变化。

3．家庭决策的阶段

在家庭购买决策中，同样存在着不同的阶段。家庭成员在购买中的相对影响力，随购买决策阶段的不同而异。戴维斯等人在比利时的研究，识别出家庭决策的三个阶段，即问题认知阶段、信息搜集阶段和最后决策阶段。家庭决策越是进入后面的阶段，角色专门化通常变得越模糊。

4．个人特征

家庭成员的个人特征对家庭购买决策方式亦有重要影响。诚如前面所指出的，夫妻双方的影响力很大程度上来自各自的经济实力，因此拥有更多收入的一方，在家庭购买决策中更容易占据主导地位。

个人特征的另一个方面是受教育的程度，妻子所受教育程度越高，她所参与的重要决策也就越多。一项研究表明，在美国受过大学教育的已婚妇女中，有70%认为她们在选择汽车时，有着与丈夫同等的权利；而在只受过高中教育的妇女中，这一比例是56%；在学历不足高中的妇女中，这一比例就更低了，仅为35%。家庭成员的其他个人特征，如年龄、能力、知识等，也都会直接或间接影响其在购买决策中的作用。

5．介入程度及产品特点

家庭成员对特定产品的关心程度或介入程度是不同的。例如，对CD唱片、游戏卡、玩具等产品的购买，孩子们可能特别关心，因此在购买这些产品时他们可能会发挥较大的影响；而对于父亲买什么牌子的剃须刀，母亲买什么样的厨房清洗剂，孩子可能不会特别关心，所以在这些产品的购买上他们的影响力就比较小。

家庭采购的决策方式因产品的不同而异。当某个产品对整个家庭都很重要，且购买风险很高时，家庭成员倾向于进行联合型决策；当产品为个人使用，或其购买风险不大时，自主型决策居多。此外，一些情境因素也会影响购买决策的方式，如当购买产品的时间充裕时，联合型决策出现的可能性增大；而当时间压力较大时，丈夫或妻子主导型以及自主型决策就更为普遍了。

（三）家庭生命周期

家庭生命周期指的是一个家庭诞生、发展直至死亡的运动过程，它反映了家庭从形成到解体呈循环运动的变化规律。家庭随着家庭组织者的年龄增长，而表现出明显的阶段性，并随着家庭组织者的寿终而消亡。家庭生命周期的概念最初是美国人类学学者 P•C•格里克于 1947 年首先提出来的。消费者随着年龄的增长，对产品和服务的需求不断地发生变化，对食品、衣着、家具、娱乐、教育等方面的消费会有明显的年龄特征。

一个典型的家庭生命周期可以划分为形成、扩展、稳定、收缩、空巢与解体六个阶段。

1. 青年单身期

青年单身期是指一个人参加工作至结婚的时期，一般为 1～5 年。这时的收入比较低，消费支出大。这个时期是提高自身、投资自己的大好阶段。这个时期的重点是培养未来的获得能力。财务状况是资产较少，可能还有负债（如贷款、父母借款），甚至净资产为负。

2. 家庭形成期

家庭形成期是指从结婚到新生儿诞生时期，一般为 1～5 年，这一时期是家庭的主要消费期。经济收入增加而且生活稳定，家庭已经有一定的财力和基本生活用品。为提高生活质量往往需要较大的家庭建设支出，如购买一些较高档的用品；贷款买房的家庭还须一笔大开支——月供款。

3. 家庭成长期

家庭成长期指小孩从出生直到上大学前，一般为 9～15 年。在这一阶段里，家庭成员不再增加，家庭成员的年龄都在增长，家庭的最大开支是保健医疗费、学前教育费、智力开发费用。同时，随着子女的自理能力增强，父母精力充沛，又积累了一定的工作经验和投资经验，投资能力大大增强。

4. 子女教育期

子女教育期指小孩上大学的这段时期，一般为 4～8 年。这一阶段子女的教育费用和生活费用猛增，财务上的负担通常比较繁重。

5. 家庭成熟期

家庭成熟期指子女参加工作到家长退休为止这段时

期，一般为15年左右。这一阶段里自身的工作能力、工作经验、经济状况都达到高峰状态，子女已完全自立，债务已逐渐减轻，理财的重点是扩大投资。

6. 退休养老期

退休养老期指退休以后，这一时期的主要内容是安度晚年，投资和花费通常都比较保守。

三、社会阶层对消费心理的影响

社会阶层，意义相近或相关的汉语词汇还有“等级”、“阶层”、“社会等级”、“等级社会”。显然，社会阶层指的是某一社会中根据社会地位或受尊重程度的不同而划分的社会等级。一个人位于哪个社会阶层，不是单一地由一个因素决定的，而是至少由几个因素决定，这些因素包括：经济收入、教育背景、职业、父母亲的社会地位等。

（一）社会阶层的特征

社会阶层是在一个社会中具有相对的同质性和持久性的群体，它们是按等级排列的，每一阶层成员具有类似的价值观、兴趣爱好和行为方式的，并具有如下6个特征。

（1）社会阶层展示一定的社会地位，一个人的社会阶层是和他的特定的社会地位相联系的。处于较高社会阶层的人，必定是拥有较多的社会资源，在社会生活中具有较高社会地位的人。

（2）社会阶层的多维性，决定社会阶层的因素既有经济层面的因素，也有政治和社会层面的因素。

（3）社会阶层的层级性，从最低的地位到最高的地位，社会形成一个地位连续体。不管愿意与否，社会中的每一成员，实际上都处于这一连续体的某一位置上。那些处于较高位置上的人被归入较高层级，反之则被归入较低层级，由此形成高低有序的社会层级结构。

（4）社会阶层对行为的限定性，社会交往较多地发生在同一社会阶层之内，而不是不同阶层之间。

（5）社会阶层的同质性，社会阶层的同质性是指同一阶层的社会成员在价值观和行为模式上具有共同点和类似性。

（6）社会阶层的动态性，社会阶层的动态性是指随着时间的推移，同一个体所处的社会阶层会发生变化。这种变化可以朝着两个方向进行：从原来所处的阶层跃升到更高的阶层，或从原来所处阶层跌入较低的阶层。

（二）社会阶层的消费者行为差异

1. 支出模式上的差异

不同社会阶层的消费者所选择和使用的产品是存在差异的。有的产品如股票、到国外度假更多地被上层消费者购买，而另外一些产品如廉价服装与平价葡萄酒，则更多地被下层消费者购买。下层消费者的支出行为从某种意义上带有“补偿”性质。一方面，由于缺乏自信和对未来并不乐观，他们十分看重眼前的消费；另一方面，低的教育水平使他们容易产生冲动性购买。

2．休闲活动上的差异

社会阶层从很多方面影响个体的休闲活动。一个人所偏爱的休闲活动通常是同一阶层或临近阶层的其他个体所从事的某类活动，他采用新的休闲活动往往也受到同一阶层或较高阶层成员的影响。虽然在不同阶层之间，用于休闲的支出占家庭总支出的比重相差无几，但休闲活动的类型却差别颇大。

3．信息接收和处理上的差异

信息搜集的类型和数量也随社会阶层的不同而存在差异。处于最底层的消费者通常信息来源有限，对误导和欺骗性信息缺乏甄别力。出于补偿的目的，他们在购买决策过程中可能更多地依赖亲戚、朋友提供的信息。中层消费者比较多地从媒体上获得各种信息，而且会更主动地从事外部信息搜集。随着社会阶层的上升，消费者获得信息的渠道会日益增多。

4．购物方式上的差异

人们的购物行为会因社会阶层而异。一般而言，人们会形成哪些商店适合哪些阶层消费者惠顾的看法，并倾向于到与自己社会地位相一致的商店购物。

美国 7 种主要社会阶层的特征如下所述。

（1）上上层（不到 1%）：上上层继承有大量遗产，多数是出身显赫的达官贵人。他们捐巨款给慈善事业，经常参加社交活动的舞会，拥有一个以上的宅第，送孩子就读于最好的学校。这些人是珠宝、古玩、住宅和度假用品的主要市场。他们的采购和穿着常较保守，不喜欢炫耀自己，这一阶层人数很少，当其消费决策向下扩散时，往往作为其他阶层的参考或模仿的榜样。

（2）上下层（2%左右）：上下层的人由于在职业和业务方面能力非凡，因而拥有高薪和大量财产，他们常常来自中产阶级，对社会活动和公共事业颇为积极，喜欢为自己的孩子采购一些与其地位相称的产品，诸如昂贵的住宅、学校、游艇、游泳池和汽车等。他们中有些是暴发户，他们摆阔挥霍浪费的消费形式是为了给低于他们这个阶层的人镌上印象，这一阶层的人的志向在于被接纳入上上层。但实际情况是，其子女达到上上层的可能性比他们本人来得大。

（3）中上层（占 12%）：这一阶层既无高贵的家庭出身，又无多少财产，他们关心的是“职业前途”，已获得了像自由职业者、独立的企业家以及公司经理等职位。他们注重教育，希望其子女成为自由职业者或是管理技术方面的人员，以免落入比自己低的阶层。这个阶层的人善于构思和接触“高级文化”，参加各种社会组织，有高度的公德心。他们是优良住宅、衣服、家具和家用器具的最适宜的市场，同时他们也追求家庭布置，以招待朋友和同事。

（4）中间层（32%）：中间层是中等收入的白领和蓝领工人，他们居住在“城市中较好的一侧”，并且力图“干一些与身份相符的事”。他们通常购买“赶潮流”的产品。25%的人拥有进口汽车，其中大部分看重时尚，追求“一种良好品牌”，其理想居住条件是“在城市中较好一侧”，有个“好邻居”的“一所好住宅”，还要有“好的学校”。中间层认为有必要为他们的子女在“值得的见识”方面花较多的钱，要求他们的子女接受大学教育。

（5）劳动阶层（38%）：劳动阶层包括中等收入的蓝领和那些过着“劳动阶层生活方式”的人，而不论他们的收入多高、学校背景及职业怎样。劳动阶层主要依靠亲朋好友在经济上和道义上的援助，依靠他们介绍就业机会，购物听从他们的忠告，困难时期依靠他们的帮助。度假对于劳动阶层来说，指的是“待在城里”，“外出”指的是到湖边去，或常去不到两小时车程的地方。劳动阶层仍然保持着明显的性别分工和陈旧习惯，他们偏好的汽车包括标准型号或较大型号的汽车，对国内外的小型汽车毫不问津。

（6）下上层（9%）：下上层的工作与财富无缘，虽然他们的生活水准刚好在贫困线之上，他们无时不在追求较高的阶层，却干着那些无技能的劳动，工资低得可怜。下上层往往缺少教育，虽然他们几乎落到贫困线上，但他们千方百计“表现出一副严格自律的形象”，并“努力保持清洁”。

（7）下下层（7%）：下下层与财富不沾边，一看就知道贫穷不堪，常常失业或干“最肮脏的工作”，他们对寻找工作不感兴趣，长期依靠公众或慈善机构救济。他们的住宅、衣着、财物是“脏的”、“不协调的”和“破的”。

中国社会科学院重大研究项目——“当代中国社会阶层研究”课题，经过数十位社会学学者历时3年调查研究完成的调查报告已于2001年11月成书公开出版。专家们通过大量翔实的调查数据，以职业分类为基础，以组织资源、经济资源和文化资源的占有状况为标准，将当代中国社会阶层结构的基本形态划分出了“十大阶层”：国家与社会管理者阶层，经理人员阶层，私营企业主阶层，专业技术人员阶层，办事人员阶层，个体工商户阶层，商业，服务业员工阶层，产业工人阶层，农业劳动者阶层，和城乡无业，失业和半失业者阶层。

案例 5-3

美国的化妆品和日本的空调器

在美国的化妆品生产行业有一句名言：日本的化妆品市场是美国商人难以攀登的富士山！什么意思呢？原来美国是生产化妆品的一个大国，出口的化妆品也较多，其中有一些出口到日本市场上。美国化妆品进入日本市场的时候，也进行了大规模的广告宣传和其他形式的促销活动，但是日本人对此就是无动于衷，化妆品的销售量很少，美国运到日本市场的化妆品只能大量积压，生产厂家为此十分着急！美国的商人为此委托有关专家认真地研究了日本人购买化妆品的心理，通过大量的调查研究发现，原来是美国人生产的化妆品的色彩不适于日本人购买化妆品的心理。

在美国，人们对于皮肤的色彩有一种十分普遍的观念，即认为皮肤略为深色或稍黑一些是富裕阶层的象征，因为只有生活富裕的人才有足够的时间和金钱去进行各种休闲活动，到海滩去晒太阳是一种比较普遍的休闲活动，生活越富裕，去海滩晒太阳的机会越多，皮肤也就越黑，所以皮肤晒得越黑的人，说明其社会地位和生活的富裕程度越高！在化妆的时候，人们习惯于使用深色的化妆品，把自己的皮肤化妆成略呈深色，以显示自己的地位。化妆品的厂家在生产化妆品的时候，也就以色彩略为深一些的化妆品为主大量生产。而日本人的皮肤属于东方人的皮肤类型，崇尚白色，化妆时不喜欢使用深色的化妆品，所以日本人对于美国人的那种略为深色的化妆品需求量是很少的。

而日本的空调器开拓中东地区市场却和美国的化妆品相反。中东地区的国家一般比较富裕，重视改善居室的舒适性，所以消费家用空调的人比例较高。最先进入中东地区销售空调电器的厂商来自美国和英国等一些国家，这些国家的产品质量一般还不错，所以前期的销售效果很好，但销过一段时间之后，发现中东地区的消费者对于这些国家的空调器并没有太多的兴趣，空调器总是出问题，出现停转的现象。日本厂家在仔细研究了这些情况之后，得出一个结论：他们认为美国和英国一些国家的空调器在中东地区总是出现停转问题的原因在于，中东地区多沙，空调器的防沙能力很差，而美国和英国空调器的生产者没有设计防沙功能的意识，不了解当地消费者已往习惯于各种物品的防沙功能，所以生产的商品不适应于这一地区的消费要求。日本厂商立即着手改进空调器的防沙能力，对空调器的进出风口进行了防沙性能的处理，并且在广告中大力宣传日本空调器在中东地区的适应性。结果，日本的空调器一下子把美国和英国等国家的空调器挤出了中东地区的市场，并从此成为中东地区最畅销的产品。

思考：

1. 以上两个事例说明了什么？为什么两种产品会有不同的命运？
2. 结合案例分析消费习俗对消费心理的影响。
3. 试列举你所在地区的消费习俗特点。

练习与自测

一、选择题

1. 下列不是女性消费者购买行为的心理特征为（　　）
   A．注意商品的外表和情感因素　　B．注重商品的实用性和细节设计
   C．注意商品的便利性和生活的创造性　　D．注重商品价格与外表的统一性
2. 青年消费者的购买心理特征不包括（　　）
   A．追求个性、表现自我　　B．追求实用、表现成熟
   C．追求廉价、注意实惠　　D．注重情感、容易冲动
3. 从年龄层次上看，时尚消费心理较强的群体是（　　）
   A．老年　　B．中年　　C．青年　　D．少年儿童
4. 对销售服务要求最高的消费群体是（　　）
   A．儿童　　B．青年　　C．中年　　D．老年
5. 价格敏感性较强的消费群体是（　　）
   A．少年儿童群体　B．青年群体　　C．中年群体　　D．老年群体

二、多项选择题

1. 面向女性消费者的营销心理策略有（　　）
   A．销售环境布置要典雅温馨、热烈明快，具有个性特点
   B．商品设计要注重细节、色彩、款式，形状要体现流行、时尚，并且使用方便
   C．现场促销推广要关注女性消费者的情绪变化
   D．对经常购买的商品要进行广告宣传，注重传递商品的实用性、具体利益等信息
   E．促销活动要理性化
2. 设计老年用品包装应突出的特性包括（　　）
   A．实用性　　B．科学性　　C．简单性
   D．时尚性　　E．变动性
3. 少年儿童消费心理与行为的基本特征主要包括（　　）
   A．所受影响日益广泛　　B．群体意识逐渐形成
   C．独立消费意识逐渐成熟　D．行为的计划性与稳定性
   E．经历从生理需求向社会需求的过渡
4. 中年人消费心理与消费行为的基本特征包括（　　）
   A．理智性　　B．计划性　　C．冲动性
   D．集群性　　E．价格敏感性
5. 针对青年消费者的心理特征，企业营销策略的重点应该包括（　　）
   A．以质取胜　　B．以新取胜　　C．以廉取胜
   D．以变取胜　　E．以美取胜

三、案例分析题

A 品牌餐厅几乎成为全国儿童的乐园，店内窗明几净，餐桌椅色彩鲜明，灯光柔和，儿童游戏区气氛热烈，店内 POP 广告和儿童音乐吸引儿童。这里有好吃的，更有好玩的，还可以举办生日庆祝活动，金黄色的 A 标志和笑容可掬的儿童形象大使，成为欢乐和美味的象征。

请分析 A 品牌餐厅是怎样成功地营造出独具特色的消费环境的？

项目六

分析营销与消费心理

导入案例

SONY 何以成为世界驰名商标？

日本索尼公司前董事长盛田昭夫有句名言："商标就是企业的生命，必须排除万难捍卫它。"早期的索尼公司叫"东京通讯工业公司"，改为现名的过程令人深思。

1. 改名缘由。20 世纪 50 年代中期，日本东京通讯工业公司生产的磁带录音机开始投入欧美市场。由于讲拼音文字国家的人读日文很拗口，欧美商人难以记住该公司的名称。盛田昭夫和他的智囊团决定给公司起个朗朗上口、易读易记的新名，并希望新的公司名称在全世界任何国家都发音相同，在全球叫响。他们苦苦思索，什么样的罗马拼音字母组合，才能满足这个通向胜利的要求呢？

2. "索尼"诞生。当时，SONNY 在欧美国家十分流行，是"SONNY BOY"的简称，意为"可爱的小家伙"，这引起盛田昭夫等人的注意，认为这一含义正是东京通讯工业公司的象征。美中不足的是，这个词的发音正好与日文中的"损"字相同，令人忌讳。他们突发奇想，灵机一动，将原词五个字母中去掉一个"N"，成为 SONY，于是一个价值无法估量的商标诞生了。

3. 完善索尼。索尼公司最初设计的索尼商标，是在四方形图案里面写着 SONY。使用一段时间后公司发现，这种商标的广告效果十分令人失望，花钱费力也达不到使世界上所有的人都记住的目的。于是公司毅然删去商标图案，只用 SONY 四个字母做为产品标记，并一直沿用到现在。

4. 保护索尼。索尼在市场叫响后，被日本一家食品公司侵权盗用，对方将公司取名为"索尼食品公司"，产品牌子改为"索尼巧克力"。许多消费者只知索尼公司以生产电器产品著称，以为索尼公司财务困难去生产巧克力。索尼公司为挽回公司声誉，进一步树立公司形象和产品形象，打了历时四年的商标官司，最后以胜诉告终。目前，索尼公司已在世界 170 多个国家和地区进行了商标登记，以保护索尼商标。

思考：

1. 索尼公司的 SONY 商标成功地运用了哪些心理策略？
2. 索尼商标四部曲给商家以哪些启迪？
3. 你认为我国企业产品成为世界驰名商标的条件是什么？

任务一 商品因素与消费心理

一、商品名称与消费心理

在现实生活中，消费者对商品的认识和记忆不仅依赖于商品的外形和商标，而且还要借助商品的名称。所以，一个易读易记、引人注意、引发联想的名字能刺激消费者的购买欲望。

（一）商品命名的心理要求

商品命名的根本目的是使商品的名称与消费者的心理相吻合，对消费者产生积极的影响，因此在为商品命名时应注意以下消费者的心理要求。

1．名实相符

名实相符指商品的名称与商品的实际特征应吻合，使消费者通过名称迅速了解商品的主要特征和基本效用。例如，“三九胃泰”暗示了该产品在医治胃病上的专长。

2．便于记忆

一个易读、易记的商品名称能减轻记忆难度，缩短消费者的记忆过程，因此商品命名应力求简洁明了、通俗易懂。为便于消费者记忆，商品的名称最好不超过五个字。

3．引人注意

引人注意是商品命名最主要的目的。商品名称不仅要对商品做恰当的、形象的描述，更应突出商品的特性，给人留下深刻的印象。寓意好、独特、新颖的名称能使人过目不忘或一听就留下深刻的印象。例如，狗不理包子、可口可乐、娃哈哈等。

4．引发联想

引发联想是商品命名的一项潜在功能。通过商品名称的文字和发音使消费者产生良好、恰当的联想，从而引发消费者的购买欲望，达到促进销售的目的。例如，一提到孔府家酒，人们就会不由自主地在脑海中闪现出合家欢聚的喜庆画面。“孔府家酒，叫人想家”这句温馨的广告语也不由得涌上心头。

5．避免禁忌

不同国家和地区的消费者因为民族文化、宗教信仰、风俗习惯、语言文字等方面的差异，可能会对同一商品名称的认知和联想截然不同。例如，美国通用汽车公司曾给一款车取名为 Nova（诺娃），这是欧美许多国家喜欢用的名字。但该车到讲西班牙语的拉丁美洲以后，却销量大减。经调查后才发现该词在西班牙语中是“开不动”的意思。显然这种“开不动”的车唤不起消费者的购买欲望。

（二）商品命名的心理策略

商品命名的心理策略可归纳为以下几种。

1．根据商品的主要效用命名

这种命名方法直接反映商品的主要性能和用途，突出商品的本质特征，使消费者迅速了解商品的功效，以取得消费者的信赖。化妆品、医药产品和日用工业品多采用这种方法命名，如“小护士防晒霜”、“胃必治”等。这种命名方法迎合了消费者的求实心理。

2. 根据商品的主要成分命名

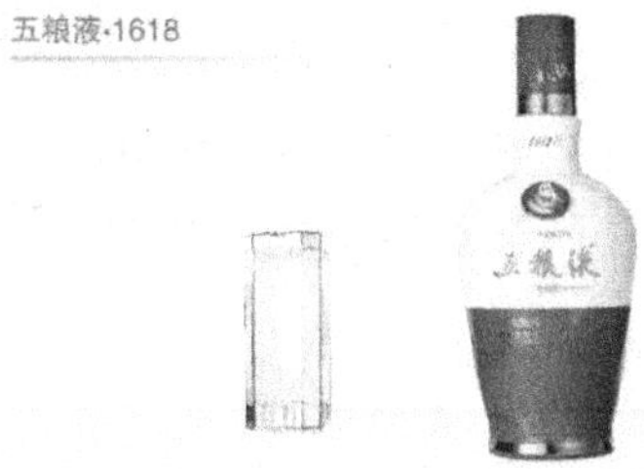

这种命名方法突出了商品的主要原材料和主要成分，多用于食品、药品和化妆品的命名。例如，鲜橙多、蜂王浆、隆力奇蛇油膏等。又如四川宜宾的“五粮液”酒，这一酒名既说明该酒由五种粮食酿造而成，又表示其酒质如琼浆玉液，使人闻其名而领其味。这种命名方法强调货真价实，吸引消费者进行挑选、购买。

3. 根据人名命名

这是指以发明者、制造者或历史人物等名字命名。这种命名方法使特定的人与特定的商品相联系，使消费者睹物思人，引发丰富的联想、追忆和敬慕之情，从而使商品在消费者心目中留下深刻的印象。这种命名方法还可以给消费者以产品历史悠久、工艺精湛、用料考究、质量上乘等印象，以此诱发消费者的购买欲望。例如：张小泉剪刀、范思哲、东坡肘子等。

4. 根据商品的产地命名

这种命名方法是指在商品名称前冠以商品产地的名称，主要用于一些有名的土特产品的命名，因为这些商品往往是利用当地独特的原材料或历史悠久的传统生产工艺精制而成的，如牛栏山二锅头、北京烤鸭、金华火腿等。直接以商品的产地命名，不仅可以突出地方风味和特色，而且可以迎合消费者“慕名购买”的心理。

5. 根据商品的外形命名

这种命名方法是通过形象化的名称，突出产品新、奇、特、美的造型，引起消费者的注意和兴趣，从而加深消费者对商品的印象，它多用于食品、工艺品的命名，例如猫耳朵、满天星等。

6. 根据商品的外文译音命名

这种命名方法多用于进口商品。直接借用商品的外文译音，既克服了翻译的困难，又满足了消费者求新、求异的消费心理。例如，Coca.Cola 译作可口可乐，该名称非常适合中国消费者的语言偏好，而且名称中流露着一种亲切和喜庆，让人联想到饮料可口，饮后会欢快喜悦。

7. 根据吉祥物或美好事物命名

这是一种迎合了人们希望事事顺心的心理而为商品命名的方法，例如龙凤水饺、福临门植物油等。

8. 根据商品的色彩命名

这种方法是指以商品或原材料的色彩给商品命名，例如白加黑感冒片、黑五类芝麻糊等。以色彩命名突出了视觉效果，增强了商品的吸引力。

练一练

请分别说出以下商品是按照哪一种方式命名的？
北京烤鸭、喇叭裤、咖啡、鲜橙多、润手霜、巧克力蛋糕。

二、商标与消费心理

（一）商标的含义

商品仅有名称是不够的，要进一步区别各生产经营者制造或销售的产品的质量、价格和性能，并在必要时诉诸法律保护，这就需要使用商标。商标是商品的标记，它表示商品的性质，并区别于其他同类商品。商标一般由文字、字母、图形、颜色组合而成，商标经过注册登记后，具有专利并受法律保护。

（二）商标的心理功能

1．识别功能

商标是商品的一种特定标志，它有助于消费者在购买商品过程中，辨认并挑选出他们所需要、所喜好的商品。同时，消费者可以通过商标来了解、记忆商品的生产经营单位，以便得到相关的服务，例如售后服务、索赔等。在现实消费活动中，很多消费者都是根据商标购买商品的。一旦消费者认定了某一商标，就会产生偏好而习惯性地购买。如有人长年使用“黑人牙膏”、喝“可口可乐”，或许他们认为这种牌号最可靠或是已习惯该种口味。

2．保护功能

商标一旦在国家相关部门注册后就受到法律的保护，任何假冒、伪造商标的行为都要受到法律的制裁。商标受法律保护的功能是非常重要的，它不仅维护了制造商和销售商的经济利益和企业形象，而且让消费者在购买和使用商品时有一种安全感和信赖感，从而可以促进商品的销售。

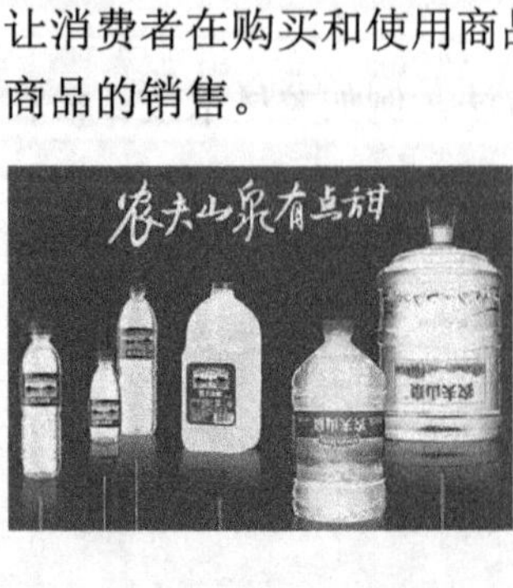

3．提示和强化功能

人的行为是外部刺激的结果，行为是对刺激的反应，当行为的结果能满足人们需求时，行为就倾向重复，也称“刺激—反应”模式。例如，一个人在路上行走，天气很热，他感到很口渴，正遇到冷饮摊出售饮料，于是想起了电视广告语“农夫山泉——有点甜”，就买了两瓶“农夫山泉”饮用水。他喝完之后感到该饮用水冰凉可口，十分满意，觉得“农夫山泉”饮用水味道的确不错，于是加深了对该商品的印象。下次口渴了或请别人喝时，他就会不假思索地选择购买“农夫山泉”饮用水。这就是“刺激—反应”模式反应的一次“学习”购买过程。上面的例子说明，行人的干渴、饮水的欲望是生理上的一种需要即驱使力，冷饮店的饮料是刺激物，电视里的广告尤其是商标就是一种提示物，商标所体现的心理功能就是一种提示功能。消费者喝完之后的满意感就是反应，这种良好的反应加深了消费者对这种提示物的印象，这一过程就是强化。

（三）商标设计心理策略

商标设计是商标发挥心理功能的基础。实践中，商标的设计具有很大的灵活性，可以采用文字、符号、图形及其组合等多种表现形式和手法。然而，精良的商标设计不可随心所欲，而必须考虑到商品的特色和消费者的心理，力求将丰富的信息浓缩于方寸之间，最大限度地发挥出商标应有的感召力。为此，可以采取以下策略。

1. 个性鲜明，富有特色

商标的设计要与众不同，切忌落入俗套，应以精巧的构思来突出个性，以显著性和奇特性昭示消费者。人们通常对特别的东西记忆深刻，为了使消费者从纷繁复杂的同类商品中迅速找到自己偏爱的商品，商标的设计应力求有别于其他同类商品。例如，“摩托罗拉”在商标设计上充分突出了个性和独特性，摩托罗拉将其M设计成棱角分明、双峰突出的M形，再赋予其“飞越无限”的主题，令大众刮目相看。

2. 造型优美，文字简洁

除了法律规定的不能用做商标的事物外，商标的题材几乎可以取自宇宙万物，这无疑为商标设计者提供了广阔的创作空间。由于现代消费者不仅要求商标具有明确的标示作用，而且追求商标的美学价值。所以在设计商标时，应力求其外形生动优美、线条明快流畅、色彩搭配和谐、富有感染力，以满足消费者的求美心理，使之对商标及商品产生好感。

此外，人们对简单而符合审美情趣的图形文字往往记忆深刻，所以商标语言应做到简洁鲜明、易记上口，商标图案也要简单明了，使人过目不忘。例如，美国著名品牌“耐克”的商标图案是一个小钩子，造型简洁有力、富于动感，一看就让人想到使用耐克体育用品后所产生的速度和爆发力，充分体现了耐克所经营的运动服装和运动鞋的特点。

3. 具有时代气息，反映社会的潮流趋向

商标的名称如果能结合特定的历史时期，反映时代的气息，甚至包含一定的社会政治意义，就可以激起消费者的购买热情，顺应民心民意，从而赢得消费者的青睐。比如2000年是世纪之交，在这一重大的历史时期，“联想”适时推出了千禧系列电脑，取得了很好的效果。

4．与商品本身的性质和特点相协调

商标既是对商品所要传达信息的提炼和精确表达，也是商品的代名词，又可起到提示和强化的作用。这就要求商标要准确地体现所代表商品的性质，突出商品的特色。例如，可口可乐公司的“雪碧”体现了这种饮料“晶晶亮、透心凉”的冰凉、清爽的特点，在炎热的夏季引起了广大消费者畅快的感觉。

5．遵从法律规定，顺应不同国家、民族、宗教、地域消费者的心理习惯

各个国家的商标法都明文规定了不允许被注册为商标的事物，如国徽、国旗和国际组织的徽章、旗帜、缩写等。例如，紫荆花曾被用做商品的标志，但是现已经被禁止了，因为紫荆花现在是我国香港特别行政区的区徽图案。另外，由于不同的国家、民族、宗教、地域的消费者有着不同的心理习性，从而产生了很多不同的偏好和禁忌，在设计商标时也应予以充分考虑。例如，对于图案，不同的国家有不同的偏好。加拿大人忌讳百合花，喜爱枫叶图案。澳大利亚人忌讳兔子，喜爱袋鼠图案。

总之，优秀的商标设计应以巧妙的构思、鲜明的个性、丰富的内涵以及具有高度感染力和冲击力的表象，成为商品乃至企业的象征，使消费者产生深刻而美好的印象。

案例 6-1

麦当劳标志性的金色拱门几十年来都是公司品牌的重要部分，并且多多少少在形状上与标在各家分店门上的名称相似，少有例外。你以为形成金色拱门的巨大“M”来自词语“McDonald’s”，因为刚好开头有一个字母 M，但是你错了。金色拱门实际上来自麦当劳最初店面的外形，其突出特点就是金色拱门，这座建筑因此与众不同。设计拱门的想法可以追溯到建筑师斯坦利·梅斯顿（Stanley Meston），他提出这样可以引导雨水，为排队的顾客和司机提供便利。20 世纪 60 年代餐厅更新品牌，决定让餐厅在高速公路上显而易见的拱门作为整个品牌的象征。请思考：

1. 麦当劳商标是如何吸引消费者注意的？
2. 你如何看待麦当劳改名“金拱门”这件事情？

三、商品包装与消费心理

商品包装设计的心理策略主要有以下几种类型。

1．数量差别包装策略

数量差别包装策略是根据消费者的购买习惯，按照产品的数量或重量，分别设计大小不同的包装。例如洗衣粉、洗发水等日用品，饼干、食用油等食品，都分别有大、中、小号不同的包装。这一包装策略为顾客购买提供了充分的选择余地，满足了消费者不同的购买习惯和消费心理。

2. 方便包装策略

随着现代社会生活节奏的加快，消费者在购物时希望方便挑选、便于携带、便于使用等。针对这种消费心理，应采用方便包装。例如透明或者开窗式包装的食品可以方便挑选，组合式包装的礼品可以方便携带，喷嘴开口形式的洗发水方便使用等，包装的方便易用有助于增添商品的吸引力。

3. 类似包装策略

企业对所生产的不同产品，在包装上采用相同的图案、色彩或其他共同特征，这样会使消费者很容易发现是同一家企业的产品。特别是对于有一定知名度的企业，采用类似包装策略对产品的宣传有一定的作用，而且节省包装的设计费用，还可以消除和减少消费者对新产品的不信任感，为新产品迅速打开销路创造条件。如日本松下、索尼公司的系列产品，均采用类似包装，使顾客一见如故，商品很畅销。但如果企业各种产品质量过于悬殊，则不宜采用该策略，否则反而会形成负面影响。

4. 配套包装策略

企业针对消费者的使用习惯，把多种有关联的产品配套包装在一起成套供应，便于消费者购买、使用和携带，同时还可扩大产品的销售。现在市场上配套的包装有咖啡、酒、化妆品、文具、服饰等。如一些女性化妆品厂商将口红、胭脂、眼影、眉笔等同置于一个包装盒，为消费者购买和使用提供了方便。但是，该策略实施有一定的局限性，只有那些购买频率高、配套性强的小件商品才能采用这一策略。

5. 再使用包装策略

再使用包装策略是指原包装的商品用完之后，空的包装容器可移作其他用途。这种策略可大大节省资源，如装果汁和咖啡的瓶子可用作水杯，又如驴胶补血冲剂的瓷碗式包装，在喝完后，剩下的瓷碗既可盛装其他物品，也可作为儿童的玩具。此外，这样的包装物上印有企业的标记，可增强消费者对该商品的印象，刺激消费者重复购买。大量事实证明，只要设计新颖、吸引力强，具有明显使用价值或欣赏价值的再使用包装，顾客通常是非常愿意购买的。

6. 附赠品包装策略

附赠品包装策略是在包装内或包装外附赠奖券、卡片或实物，借以刺激消费者购买或重复购买商品，从而达到扩大销售的目的。这种包装策略对儿童颇有吸引力，我国儿童食品“奇多”粟米脆每包都附有一个小圈，一定数量的小圈可以砌成玩具，小圈越多砌成的玩具越漂亮，结果吸引了大批儿童消费者。

7．等级包装策略

等级包装策略是对不同档次或不同质量等级的商品分别使用不同的包装，并在包装材质、装潢风格上力求与商品档次相适宜。例如，高档包装采用高档材料、豪华包装，以迎合消费者显示地位、身份的心理需要，而低档低价的同类商品包装设计，可以突出经济实惠、物美价廉的特点，尽量降低包装的成本，以满足低收入消费者的需求。

8．更新包装策略

更新包装策略是指企业为改变原有商品形象、促进商品销售而采用新的包装。由于包装技术、包装材料的不断更新，消费者的偏好不断变化，因此企业要采用新的包装以弥补原包装的不足。企业在改变包装的同时必须做好宣传工作，以消除消费者以为商品质量下降或其他的误解。

案例 6-2

红星青花瓷珍品二锅头

作为一家有着 50 多年历史的酿酒企业，北京红星股份有限公司（简称“红星公司”）生产的红星二锅头历来是北京市民的餐桌酒，一直受到老百姓的爱戴。然而，由于在产品包装上一直是一副“老面孔”，这使得红星二锅头始终走在白酒低端市场，无法获取更高的经济效益。

随着红星青花瓷珍品二锅头的推出，红星二锅头第一次走进了中国的高端白酒市场。红星青花瓷珍品二锅头在产品包装上融入了中国古代文化的精华元素。酒瓶采用仿清乾隆青花瓷官窑贡品瓶型，酒盒图案以中华龙为主体，配以紫红木托，整体颜色构成以红、白、蓝为主，具有典型中华文化特色，将中国的传统文化与白酒文化结合在一起。

对此，红星公司市场部有关负责人说，红星青花瓷珍品二锅头是红星公司 50 多年发展史上具有里程碑意义的一款重要产品。“它的推出，使得红星二锅头单一的低端形象得到了彻底的颠覆。不但创造了优异的经济效益，还提高了公司形象、产品形象和品牌形象。”记者了解到，红星青花瓷珍品二锅头在市场上的销售价格高达 200 多元，而普通的红星二锅头仅为 5、6 元。

思考：

1. 红星青花瓷珍品二锅头的包装是如何改变的？
2. 选择任意一款产品，说出它的包装类型。

任务二　价格与消费心理

一、商品价格的心理功能

商品价格对消费者所引发的心理功能主要有以下 3 个方面。

1. 衡量尺度

商品价格具有衡量商品价值的功能。通俗地讲，购买者往往以商品价格的高低作为评判商品价值大小或品质优劣的标准。价格这种衡量尺度的心理功能在现实生活中经常表现为消费者普遍具有“一分钱一分货”、“便宜没好货、好货不便宜”的心态。

2. 自我比拟

价格不仅体现了商品的价值，还象征着消费者的社会经济地位。商品价格在一定程度上反映了社会心理价值。不少消费者往往喜欢把商品价格与情趣爱好、生活质量、文化品位、价值观念等个性特征联系起来，以满足自身的社会性心理需要。如收入颇丰者喜欢购买高档名牌商品，把商品价格同个人的身份、地位相联系。

应对措施

3. 调节需求

商品价格调节需求的功能是由市场供求规律决定的。在其他条件不变的前提下，消费需求量的改变与价格的变化呈反向运动。价格调节需求的表现为价格上涨时，消费需求量减少；价格下降时，消费需求量增加。

二、消费者价格心理

消费者的价格心理是消费者在购买活动中对商品价格认识的各种心理反应和表现，它是由消费者的个性心理及其对价格的知觉判断共同构成的。此外，价格心理还会受到社会生活各方面的影响，消费者的价格心理主要表现为以下几个方面。

1. 习惯性心理

习惯性心理是指消费者根据以往的购买经验和对某些商品价格的反复感知，来决定是否购买的一种心理定势。特别是一些需要经常性购买的生活消费品，在顾客头脑中留下了深刻的印象，更容易形成习惯性价格心理。如果商品价格恰好居于购买者的习惯价格水平，一定会博得他们的信赖和认同。

2. 敏感性心理

敏感性心理是指消费者对商品价格变动做出反应的灵敏和迅速程度。用需求价格弹性的理论来解释，消费者对价格变动的敏感心理是因人而异、因商品而异的，由于商品价格的升降直接关系到人们的生活水平，所以低收入阶层的消费者对价格变化更为敏感。价格变动的敏感性还取决于人们对商品的需要程度。一般来说，粮食、蔬菜、肉类等生活必需品的需要程度高于名烟、名酒、化妆品等奢侈品，因而人们对日常生活消费品价格变化的敏感程度会远远大于享受型消费品。

3. 倾向性心理

倾向性心理是指消费者在购买过程中对商品价格选择所呈现出来的趋势和意向。大多数消费者在选购商品时，面对不同价格的同类商品，如果没有发现明显的差异，往往倾向于选择价格较低的。当然，对于那些耐用品、礼品或高档商品，消费者会倾向于选择价格较高的。由于消费者在经济收入、文化水平、价值取向以及性格等方面的差异，使得他们在购买中表现出来的价格倾向不尽相同。消费者会根据自己对商品价格的认知程度来做出判断。

4．感受性心理

价格感受性是指消费者对商品价格及其变动的感知强弱程度。它表现为消费者对于通过某种形式的比较所出现的差距，对其形成的刺激的一种感知。价格的高与低、昂贵与便宜都是相对的。一般来说，消费者对价格高低的认知不完全基于某种商品价格是否超出或低于他们心中的价格尺度，还基于与同类商品的价格进行比较，以及购物现场的不同类商品的价格比较来认识。比较结果的差异大小，形成了消费者对价格高低的不同感受，这种感受会直接影响消费者的价格判断。

案例 6-3

名牌保暖内衣 19 元一件

近些年保暖内衣市场出现一个奇怪的现象，彩棉内衣大唱主角。据成都近十家大型商场销售统计，一种名叫“朵彩”的彩棉保暖内衣日销售额都在 10 万元左右，周末甚至突破 20 万，几乎占蓉城保暖内衣市场的半壁江山。尽管一些保暖内衣促销活动一波高过一波，但以倡导“非化学，无污染”的“朵彩”彩棉保暖内衣却始终不采取降价措施，销售依然火爆。

市民疑问：今年保暖内衣到底如何选？

面对低价销售的保暖内衣，很多消费者却拿不定主意，商家如此疯狂降价，质量到底如何？很多消费者认为降价的内衣是去年的存货。在摩尔百盛，一位正准备选内衣的女士告诉笔者：“现在内衣价格战打得这么厉害，完全让我们消费者无从下手，以前卖两三百元的内衣不到 20 元就能买到，真是不可思议。”

思考：

1. 名牌是否就应该高价？
2. 应该怎样定价才能不失品牌的意义？
3. 你认为朵彩的定价策略怎样？为什么？

三、商品定价与消费心理

价格是企业竞争的主要手段之一，企业除了根据不同的定价目标，选择不同的定价方法外，还要根据复杂的市场情况，采用灵活多变的方式确定产品的价格。商品定价的心理策略主要有以下几种。

1. 撇脂定价策略

撇脂定价策略是指以在鲜牛奶中撇取奶油，先取其精华后，再取其一般，比喻新产品在进入市场的初期时，利用消费者“求新”、“猎奇”的心理，高价投放商品，以期从市场上赚取丰厚的利润，从而迅速收回成本。当竞争者纷纷出现时，“奶油”已被撇走，企业可就市场销售情况，逐步降低价格。

这种策略的优点是：定价高能获取较高的利润，可以尽快收回成本；当新产品上市时，消费者对其无理性认识，利用较高价格可以提高新产品身价，塑造其优质产品的形象；扩大价格的调整回旋余地，提高价格的适应能力，有助于增强企业的赢利能力。

这种策略的缺点是：在一定程度上有损消费者的利益；在新产品尚未被消费者认识之前，高价会抑制产品销售；如果产品容易被模仿、复制或缺乏专利保护，还会因利润过高而迅速吸引其他竞争者进入，从而加剧竞争，最终迫使企业降价。采用这种策略，市场销售量和市场占有率可能无法相应提高，除非具有绝对优势的产品迎合目标市场的需要，企业才能在快速赚取暴利的同时，提升市场占有率。适宜采取撇脂定价策略的情况有：新产品比老产品有明显、突出的优点，市场上需求者多；生产方面拥有专利技术，没有竞争者；消费者认为高价代表高档、高品质的产品，虽然价格高但市场需求量不会大量减少；该商品是需求弹性较小的商品；消费者求购心切，愿出高价。

案例 6-4

沃尔玛能够迅速发展，除了因为其采取了正确的战略定位以外，也得益于其首创的折价销售策略。每家沃尔玛商店都贴有天天廉价的大标语。同一种商品在沃尔玛比其他商店要便宜。沃尔玛提倡的是低成本、低费用结构、低价格的经营思想，主张把更多的利益让给消费者，为顾客节省每一美元是他们的目标。沃尔玛的利润率通常在30%左右，而其他零售商如凯马特的利润率都在45%左右。公司每星期六早上举行经理人员会议，如果有分店报告某商品在其他商店比沃尔玛低，可立即决定降价。低廉的价格、可靠的质量是沃尔玛的一大竞争优势，这帮它吸引了一批又一批的顾客。

思考：

沃尔玛通过什么方式吸引消费者购买商品？

2. 渗透定价策略

与撇脂定价策略相反，渗透定价策略是以低价投放新产品，使产品在市场上广泛渗透，以提高企业的市场份额，然后再随企业市场份额的提高而逐步调整价格，最终实现企业赢利目标的定价策略。这种定价策略迎合了消费者求廉、求实的消费心理。

这种策略的优点是：低价能迅速打开新产品的销路，有利于提高企业的市场占有率；低价薄利，使竞争者望而却步、减缓竞争，获得一定的市场优势；物美价廉的产品有利于树立良好的企业形象。

这种策略的缺点是：投资回收期较长，并且价格变动余地小，难以应付在短期内骤然出现的竞争或需求的较大变化；逐步提高价格会使消费者产生抵触心理，不忠诚的顾客会转而购买其他品牌的商品。

适宜采取渗透定价策略的情况有：需求价格弹性大、购买率高、周转快的产品，如生活日用品；在成熟市场上竞争，往往要采取这种策略，以便和竞争者保持均势；如果大多数竞争者都降低了价格，尤其是竞争者对价格很敏感，而且企业的主要竞争对手提供了本企业无法提供的附加价值时，只能降低产品价格。

3. 尾数定价策略

尾数定价策略又称为非整数定价策略。这种策略是指保留价格尾数，采用零头标价。例如，一件衣服的定价为49.9元，而不是50元。利用尾数定价策略可以使价格在消费者心目中产生三种特殊的效应。

（1）便宜。将一双皮鞋标价为98元，就比标价100元的销路好。因为消费者会从心理上认为这是百元以下的开支。

（2）精确。带有尾数的定价可以使消费者认为企业制定的价格是认真的、精确的，从而产生信任感。

（3）吉利。由于民族习惯、社会风俗、文化传统和价值观念的影响，某些数字常常会被赋予一些独特的涵义。如在我国，尾数是“8”的价格较多见，“8”与“发”谐音。人们往往乐于接受这个有吉祥意义的数字。根据这一情况，采用尾数定价策略时，可有意识地选择消费者偏爱的数字，则其产品更容易得到消费者的喜爱。

4. 整数定价策略

与尾数定价策略不同，该策略在定价时把商品的价格定成整数，而不带尾数。整数价格又称方便价格，适用于某些价格特别高或特别低的商品。对于一些款式新颖、价格较贵、风味独特的商品，采取整数定价，取消尾数，能够满足购买者高消费的心理。例如，精品服装可将价格定为1000元，而不定为998元，这样可以以千元价位的面目赋予商品以高档、优质的形象。而对于某些价值很低的日用品，如手帕纸定价为0.5元，较之0.49元，对消费者而言，在付款时更为方便。

5. 声望定价策略

声望定价策略是根据消费者的“求名”心理，制定高价的策略。多数消费者购买商品时不仅仅看重商品一流的质量，更看重品牌所蕴涵的象征意义，如地位、身份、财富、名望等。该策略适用于知名度高、广告影响力大，深得消费者青睐的名牌商品。例如，20世纪80年代世界著名品牌皮尔·卡丹进入中国的时候，一条皮尔·卡丹的皮带卖到1000元人民币，这是一种典型的声望定价。声望定价策略不仅被广泛运用于零售业中，而且在餐饮、娱乐、维修服务等行业也得到了广泛运用。

6. 习惯定价策略

习惯定价策略是按照消费者的习惯心理来制定价格。消费者在长期的购买实践中，对某些经常购买的商品，心目中已经形成了一个习惯性的价格标准。这些商品的价格稍有变动，就会引起消费者不满，如降价易引起消费者对品质的怀疑，涨价则可能受到消费者的抵制。因此对于这类商品，企业宁可在商品的内容、包装、容量等方面进行调整，也不愿采取调价的方法。若确实需要调价，则应预先做好宣传工作，让消费者充分了解调价的原因，从而做好心理准备，然后再择机调价。日常生活中的饮料、食品一般都适用这种策略。

7．招徕定价策略

招徕定价策略是指多品种经营的企业将一种或几种商品的价格定得特别低或特别高，以招徕消费者，吸引他们来到本店并期望他们在购买低价或高价商品时，也购买其他商品，从而带动其他商品的销售。这一定价策略常为综合性百货商场、超级市场甚至高档商品的专卖店所采用。

8．分级定价策略

分级定价策略是把不同品牌、规格及型号的同一类商品划分为若干个等级，对每个等级的商品制定一种价格。这种定价策略的优点在于不同等级商品的价格有所不同，能使消费者产生货真价实、按质论价的感觉，能满足不同消费者的消费习惯和消费水平，既便于消费者挑选，也使交易手续得到简化。在实际运用中，要注意避免各个等级的商品标价过于接近，以防止消费者对分级产生疑问而影响购买。

9．折扣定价策略

折扣定价策略指在特定条件下，为了鼓励消费者及早付清货款、大量购买或在淡季购买，企业以低于原定价格的优惠价向消费者出售商品。

案例 6-5

（1）哈尔滨市洗衣机商场规定，商场的商品从早上 9 点开始，每一小时降价 10%。特别在午休时间及晚上下班时间商品降价幅度较大，吸引了大量上班族消费者。在未延长商场营业时间的情况下，带来了销售额大幅度增加的好效果。

（2）金利来领带一上市就以优质、高价定位，对有质量问题的金利来领带他们决不上市销售，更不会降价处理。给消费者这样的信息，即金利来领带绝不会有质量问题，低价销售的金利来绝非真正的金利来产品，从而极好地维护了金利来的形象和地位。

（3）许多商品尤其是家庭生活日常用品，在市场上已经形成了一个习惯价格。消费者已经习惯于消费这种商品时，只愿付出这么大的代价，如买一块肥皂、一瓶洗涤灵等。对这些商品的定价，一般应依照习惯确定，不要随便改变价格，以免引起顾客的反感。

思考：

以上情景分别属于什么形式的价格策略？这些策略分别有什么不同？

四、价格调整的心理策略

根据消费者对商品降价和提价的心理反应，企业可以采取相应的降价和提价策略。

1．降价的心理策略

企业可能出于以下原因而考虑降价：企业的生产能力过剩，需要扩大销售而又不能通过改进产品和加强销售来达到目的；在强大的竞争压力下，企业市场份额下降，不得不降价竞销；企业的成本费用低于竞争对手，试图通过降价来提高市场份额。

企业要达到预期的降价目的，应当注意了解消费者的心理是：消费者注重商品的实际性能与质量，而较少将所购商品与自身的社会形象相联系；消费者对商品的质量和性能非常熟悉，如某些日用品和食品，降价后仍对商品保持足够的信任度；消费者需要企业向其充分说明降价的理由，并使其感到能够接受；即使制造商和产品品牌信誉度高，消费者只有在以较低的价格买到“好东西”时才会满意。

准确把握降价时机。关于降价时机，应根据商品和企业的具体情况而定，一般认为对于时尚和新潮商品，进入模仿阶段后期就应降价；对于季节性商品，应在换季时降价；对于一般商品，进入成熟期的后期就应降价；根据我国近年来出现的“假日经济”现象，节假日可实行降价优惠；店庆也可作为较好的降价时机。应当注意的是，商品降价不能过于频繁，否则会造成消费者对降价不切实际的心理预期，或者对商品的正常价格产生不信任感。降价幅度要适宜，应以吸引消费者购买为目的，幅度太小不能刺激消费者的购买欲望；幅度过大则企业可能会亏本，或引起消费者对商品质量的怀疑。

2．提价的心理策略

一般来讲，商品价格的提高会对消费者利益造成损害，引起消费者不满。但在营销实践中，成功的提价可以使企业的利润增加。引起企业提价的主要原因有：由于通货膨胀，物价上涨，企业的成本费用提高，企业不得不提高产品价格；企业的产品供不应求，不能满足其所有消费者的需要；资源稀缺或劳动力成本上升导致产品成本提高。

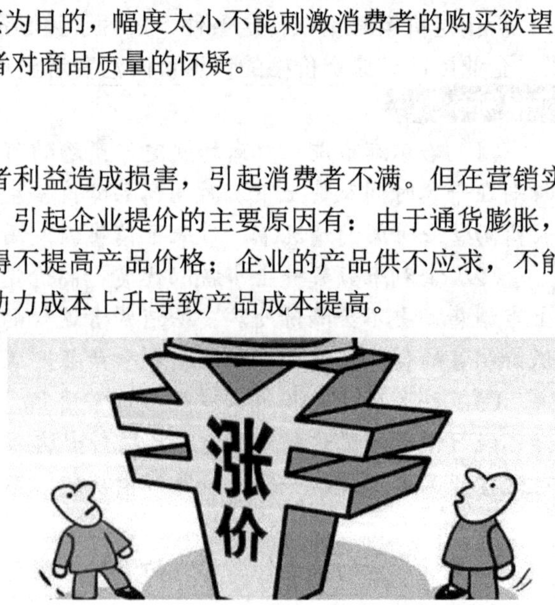

正如商品降价一样，要达到预期的提价目的，也应注意了解消费者的心理要求：消费者的品牌忠诚度很高，他们忠诚于某一特定品牌，不能因价格上涨而轻易改变购买习惯；消费者相信商品具有特殊的使用价值或具有更优越的性能，是其他商品所不能替代的；消费者有求新、猎奇、追求名望、好胜攀比的心理，愿意为自己喜欢的商品支付高价；消费者能够理解价格上涨的原因，能容忍价格上涨带来的消费支出的增加。

准确把握商品提价时机。为保证提价策略的顺利实现，提价时机可选择以下几种情况：商品在市场上处于优势地位；产品进入成长期；季节性商品达到销售旺季；一般商品在销售淡季；竞争对手提价等。应当注意的是，提价幅度不宜太大，速度不宜太快，否则会失去一大批消费者。提价幅度没有统一的标准，一般视消费者对价格的心理承受能力而定。为了使消费者接受上涨价格，企业应针对不同的情况，采取相应的心理策略，包括做好宣传解释工作，组织替代品的销售，提供热情周到的服务，尽量减少消费者的损失等，以求得消费者的理解和支持。综上所述，消费者对价格的心理反应是纷繁多样的。在实际市场营销活动中，应针对不同商品、不同消费者群体的实际情况，在明确消费者心理变化的趋势下，采取切实可行的定价和调价策略，以保证企业营销活动的成功。

任务三　营销促进与消费心理

一、促销组合的含义、构成、决策以及影响因素

所谓促销组合，是一种组织促销活动的策略思路，主张企业运用广告、人员推销、公关宣传、营业推广四种基本促销方式组合成一个策略系统，使企业的全部促销活动互相配合、协调一致，最大限度地发挥整体效果，从而顺利实现企业目标。

（一）促销组合的方式

（1）人员推销，指企业派出推销人员或委托推销人员，直接与消费者接触，向目标顾客进行产品介绍、推广，促进销售的沟通活动。

（2）广告促销，指企业按照一定的预算方式，支付一定数额的费用，通过不同的媒体对产品进行广泛宣传，促进产品销售的传播活动。

（3）营业推广，指企业为刺激消费者购买，由一系列具有短期诱导性的营业方法组成的沟通活动。

（4）公关促销，指企业通过开展公共关系活动或通过第三方在各种传播媒体上宣传企业形象，促进与内部员工、外部公众良好关系的沟通活动。

（二）促销组合的决策

1. 确认促销对象

通过企业目标市场的研究与市场调研，界定其产品的销售对象是现实购买者还是潜在购买者，是消费者个人、家庭还是社会团体。明确了产品的销售对象，也就确认了促销的目标对象。

2. 确定促销目标

不同时期和不同的市场环境下，企业开展的促销活动都有着特定的促销目标。短期促销目标，宜采用广告促销和营业推广相结合的方式。长期促销目标，公关促销具有决定性意义。

3．促销信息的设计

企业促销要对目标对象所要表达的诉求是什么，并以此刺激其反应。诉求一般分为理性诉求、感性诉求和道德诉求 3 种方式。

4．选择沟通渠道

传递促销信息的沟通渠道主要有人员沟通渠道与非人员沟通渠道。人员沟通渠道向目标购买者当面推荐，能得到反馈，可利用良好的“口碑”来扩大企业及产品的知名度与美誉度。非人员沟通渠道主要指大众媒体沟通。大众传播沟通与人员沟通的有机结合才能发挥更好的效果。

5．确定促销的具体组合

根据不同的情况，将人员推销、广告、营业推广和公共关系 4 种促销方式进行适当搭配，使其发挥整体的促销效果。应考虑的因素有产品的属性、价格、寿命周期、目标市场特点、“推”或“拉”策略。

6．确定促销预算

企业应从自己的经济实力和宣传期内受干扰程度大小的状况，决定促销组合方式。如果企业促销费用宽裕，则可几种促销方式同时使用；反之，则要考虑选择耗资较少的促销方式。

（三）影响促销组合决策的因素

1．促销目标

促销目标是影响促销组合决策的首要因素。每种促销工具——广告、人员推销、销售促进和人员推广——都有各自独有的特性和成本。营销人员必须根据具体的促销目标选择合适的促销工具组合。

2．市场特点

除了考虑促销目标外，市场特点也是影响促销组合决策的重要因素。市场特点受每一地区的文化、风俗习惯、经济政治环境等的影响，促销工具在不同类型的市场上所起的作用是不同的，所以我们应该综合考虑市场和促销工具的特点，选择合适的促销工具，使它们相匹配，以达到最佳促销效果。

3．产品性质

由于产品性质的不同，消费者及用户具有不同的购买行为和购买习惯，因而企业所采取的促销组合也会有所差异。

4．产品生命周期

在产品生命周期的不同阶段，促销工作具有不同效益。在导入期，导入期广告投入较大的资金用于广告和公共宣传，能产生较高的知名度；促销活动也是有效的。在成长期，成长期广告和公共宣传可以继续加强，促销活动可以减少，因为这时所需的刺激较少。在成熟期，相对广告而言，销售促进又逐渐起着重要作用。购买者已知道这一品牌，仅需要起提醒作用的广告。在衰退期，衰退期广告仍保持在提醒作用的水平，公共宣传已经消退，销售人员对这一产品仅给予最低限度的关注，然而销售促进要继续加强。

5. “推动”策略和“拉引”策略

促销组合较大程度上受公司选择“推动”或“拉引”策略的影响。推动策略要求使用销售队伍和贸易促销，通过销售渠道推出产品。而拉引策略则要求在广告和消费者促销方面投入较多，以建立消费者的需求欲望。

6. 其他营销因素

影响促销组合的因素是复杂的，除上述五种因素外，本公司的营销风格、销售人员素质、整体发展战略、社会和竞争环境等不同程度地影响着促销组合的决策。营销人员应审时度势，全面考虑才能制定出有效的促销组合决策。

二、各种促销方式与消费心理

1. 降价式促销

降价式促销就是将商品低于正常的定价出售。其运用方式最常见的有库存大清仓、节庆大优惠、每日特价商品等方式。（1）库存大清仓：以大降价的方式促销换季商品或库存较久的商品、滞销品等。（2）节庆大优惠：新店开张、逢年过节、周年庆时，是折扣售货的大好时机。（3）每日特价品：由于竞争日益激烈，为争取顾客登门，推出每日一物或每周一物的特价品，让顾客用低价买到既便宜又好的商品。低价促销如能真正做到物美价廉，极易引起消费者的抢购热潮。

2. 有奖式促销

顾客有时总想试试自己的运气，所以“抽奖”是一种极有效果的促销活动。因为，抽奖活动一定会有一大堆奖品，如彩色电视机、洗衣机等，这样的奖项，是极易激起消费者参与兴趣的，可在短期内对促销产生明确的效果。通常，参加抽奖活动必须具有某一种规定的资格，如购买某特定商品，购买某一商品达到一定的数量，在店内消费达到固定金额，或回答某一特定问题答对者。另外，需要注意的是，举办抽奖活动时，抽奖活动的日期、奖品或奖金、参加资格、如何评选、发奖方式等务必标示清楚，且抽奖过程需公开化，以增强消费者的参与热情和信心。

3. 打折式优惠

一般在适当的时机，如节庆日、换季时节等打折，以低于商品正常价格的售价出售商品，使消费者获得实惠。

（1）设置特价区，就是在店内设定一个区域或一个陈列台，销售特价商品。特价商品通常是应季大量销售的商品或过多的存货，或为快过保质期的商品，或为外包装有损伤的商品。注意不能鱼目混珠，把一些变质损坏的商品卖给顾客，否则会引起顾客的反感，甚至会受到顾客投诉。

（2）节日、周末大优惠，即在新店开业、逢年过节或周末，将部分商品打折销售，以吸引顾客购买。

（3）优惠卡优惠，即向顾客赠送或出售优惠卡。顾客在店内购物，凭手中的优惠卡可以享受特别折扣。优惠卡发送对象可以是由店方选择的知名人士，也可以是到店购物次数或数量较多的熟客，出售的优惠卡范围一般不定，这种促销目的是为了扩大顾客群。

（4）批量作价优惠，即消费者整箱、整包、整桶或较大批量购买商品时，给予价格上的优惠。这种方法一般用在周转频率较高的食品和日常生活用品上，可以增加顾客一次性购买商品的数量。

4．竞赛式促销

竞赛式促销是融动感性与参与性为一体的促销活动，由比赛来突显主题或介绍商品，除了可打响商品的知名度以外，更可以增加销售量，如喝啤酒比赛等。此外，还可举办一些有竞赛性质的活动，如卡拉 OK 比赛等，除了可热闹卖场之外，也可借此增加顾客对零售店的话题，加深顾客对零售店的印象。

5．免费品尝和试用式促销

在促销之时，零售店可以在比较显眼的位置设专柜，免费品尝新包装、新口味的食品。非食品和其他新商品实行免费赠送、免费试用，鼓励顾客使用新商品，进而产生购买欲望。例如许多连锁百货店设有美容专柜，免费为愿意试用新品牌化妆品的顾客做美容。国外零售店的香水柜台也常常进行免费试用。

6．焦点赠送式促销

想吸引顾客持续购买，并提高品牌忠诚度，焦点赠送是一种非常理想的促销方式。这一促销活动的特色是消费者要连续购买某商品或连续光顾某零售店数次后，累积到一定积分的点券，可兑换赠品或折价购买其他商品。

7．赠送式促销

赠送式促销是在店里设专人对进店的消费者免费赠送某一种或几种商品，让顾客现场品尝、使用。这种促销方式通常是在零售店统一推出新商品时或老商品改变包装、品位、性能时使用。目的是迅速向顾客介绍和推广商品，争取消费者的认同。

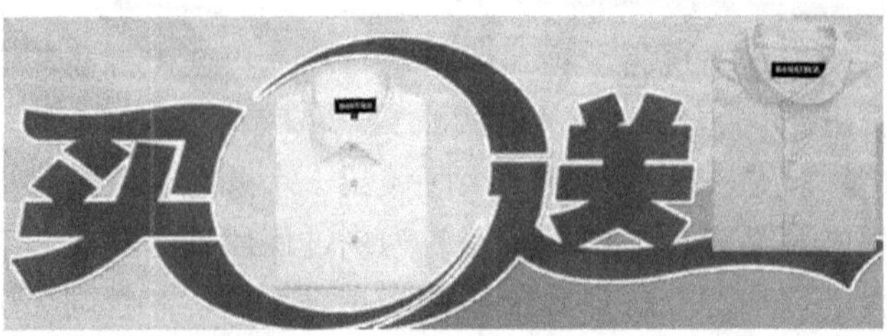

8. 展览和联合展销式促销

这种促销方法是在促销之时，商家可以邀请多家同类商品厂家，在所属分店内共同举办商品展销会，形成一定声势和规模，让消费者有更多的选择机会。也可以组织商品的展销，比如多种节日套餐销售等。在这种活动中，通过各厂商之间相互竞争，促进商品的销售。

案例 6-6

两家小店

有两家卖粥的小店。

左边这个和右边那个每天的顾客量相差不多，都是川流不息、人进人出的。然而晚上结算的时候，左边这个总是比右边那个多出了百十来元，天天如此。

于是，我走进了右边那个粥店。服务小姐微笑着把我迎进去，给我盛好一碗粥。问我："加不加鸡蛋？"我说加。于是她给我加了一个鸡蛋。

每进来一个顾客，服务员都要问一句："加不加鸡蛋？"也有说加的，也有说不加的，大概各占一半。

我又走进左边那个小店。服务小姐同样微笑着把我迎进去，给我盛好一碗粥。问我："加一个鸡蛋，还是加两个鸡蛋？"我笑了，说："加一个。"

再进来一个顾客，服务员又问一句："加一个鸡蛋还是加两个鸡蛋？"爱吃鸡蛋的就要求加两个，不爱吃的就要求加一个。也有要求不加的，但是很少。一天下来，左边这个小店就要比右边那个多卖出很多个鸡蛋。

思考：

1. 这两家小店的经营方式有什么不同？
2. 哪家店生意好？为什么？

三、广告的心理功能及创意策划的心理策略

广告的宗旨是将商品信息传播到受众群体，从而促进商品销售。

（1）传播性。广告是种传播平台，由商品的生产或经营机构，将商品信息传送给特定用户和消费者。

（2）说服性。广告进行的有计划、连续的传播活动是带有说服性的，是有目的的行为。

（3）价值性。广告不仅对广告主有利，而且对目标对象也有好处，它可使用户和消费者得到有用的信息。

（一）创意策划的心理策略

1. 从消费者的实际利益上定位

定位是满足不同群体心理需求（利益）的界定，这是创意的开始，也就是创意首先要解决的基本问题。只有对消费者的心理需求和自身特性有了充分的了解后，才会清楚什么产品能给消费者的实际利益带来真正的满足。消费者花钱消费最主要的动力是因为他们觉得这个产品对自己有用，能为他们带来实际的利益。这就要求广告人深刻挖掘产品本身的

特性，把它独有的、与众不同的优势放在首位，并应在最短的时间里发现并将其提出，为自身的产品创造最有力的外部条件。

2．从消费者感情上定位

情感定位是基于产品给消费者感情上带来的满足（个性、地位、派头、时尚、享受人生快乐等）。像飘柔是“使秀发飘逸柔顺”；雀巢冰激凌是“尽情享受吧”；原野时装是使你拥有“大自然风采，大都市气派”；美特斯邦威是“不走寻常路”等。随着经济发展水平的提高，消费者追求个性化的趋势越来越强，尤其是女性、年轻人和高收入的消费群体，对新潮、时尚、科技等个性化的追求越来越强烈，喜欢与众不同的感觉，喜欢赶潮流、追时髦，喜欢表现自我，有较强的品牌意识。对文化背景、时代潮流、社会风俗、消费者心理有深入理解，深层次地深刻领会目标消费者的人生态度、价值观念和对产品的特殊需求；然后找出产品上的关联点，使产品配合消费者心理，引起共鸣，从而在消费者情感中占据一个位置，牢牢抓住消费者的心。

3．巧妙地运用广告语

广告语是表现广告主题最直接的方式，在广告中有着举足轻重的作用。优秀的广告语从来不会反复地使用某几个广告词，只会推陈出新，巧思妙想，树立自己独特的风格，根据企业产品特点、市场、定位、对象等，生动、准确、巧妙地突出主题，以达到吸引消费者、树立企业产品形象和促进销售的目的。

一条好的广告语能让人过“耳”不忘。如：“德芙巧克力——牛奶香浓，丝般感受”、“中国联通——情系中国结，联通四海心”、“英特尔——给电脑一颗奔腾的芯”等，这些广告语都直接有力地表现了广告主题。

4．巧妙运用广告视觉

有些产品之所以能受到大众的欢迎，不仅仅是因为产品本身的利用价值高，也有一部分原因是因为产品广告视觉的设计吸引了一批消费者。但是，想要在这方面占据有利优势，就必须切合公众心理，并且要定时地了解公众心理，根据不同时期公众的心理制定不同的方案。广告视觉的巧妙，给观者视觉带来强烈的冲击，即美和娱乐的享受，简洁生动、形式感强的画面会给人留下深刻的印象。

刺激消费者注意的方法有：增大刺激物的外延、增大刺激物之间的对比度并突出图底关系、加大广告刺激的时空密度、利用刺激物的动态、利用人们熟悉的信号、突出观众的利益点、追求刺激的新异性和奇特性。

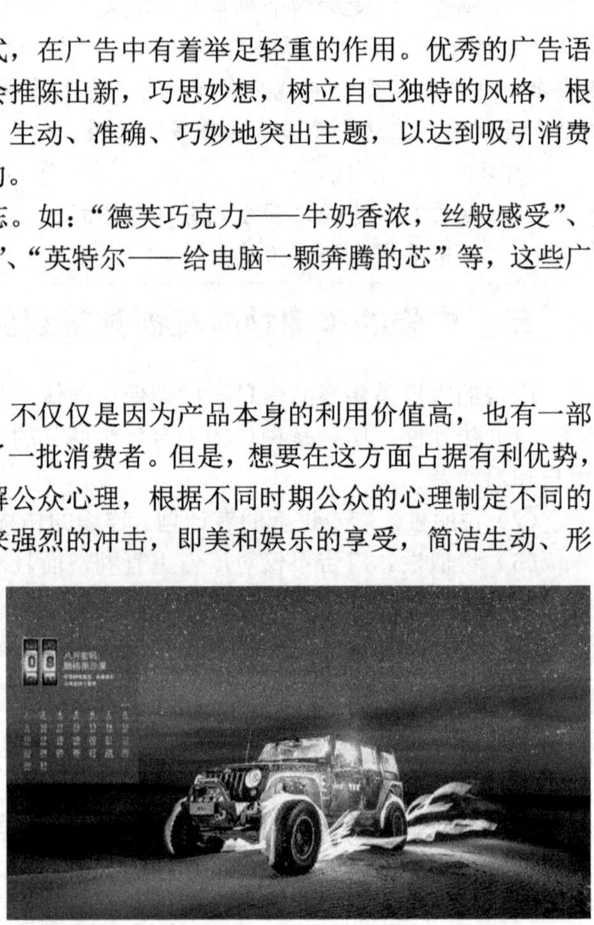

以德芙巧克力为例，广告中选取的主角都是清新、可爱的年轻女性，这点

贴合目标受众的年龄特点。她们有独特的个性，随心随意，渴望美好的幸福，勇敢地展现自我，喜欢享受生活，喜爱纯真，喜欢体验生活的乐趣。广告中的音乐动感动听，给人一种别样的体会，恰似一个悠闲的午后，一盒德芙巧克力，一片温暖的阳光，一种洒脱的心态。广告生活场景的选择，或是在阳光下的随心随意；或是找到自己所需之物幸福甜蜜；或是一家人在一起的其乐融融。都是如此的惬意，充满浓厚的生活情趣。并且在场景中德芙如丝般的飘动，浪漫地表现了一种优雅美妙的丝般感受。这种巧妙的视觉设计在体现其产品特色的同时，也迎合了消费者的口味，使其的销售量与日俱增。

5. 选择性的广告宣传

像一些小规模、低成本的产品就适合在报纸上登广告，因为报纸的发行频率高、成本低、受众广。而一些高档次的服饰广告，则适合刊登在杂志上，因为高收入的年轻人喜欢定期购买一些杂志，他们希望从杂志上获得最新的消息，以满足他们的需要。电视广告的投放成本高、受众广，动态感强，这就适合一些规模较大的、消费群体广的产品。户外媒体则适合一些大众的必需品，人们大部分的时间还是在户外，在消费者常经过的地方刊登广告，可以给消费者带去信息的同时激起其购买欲望。互联网是现在最常用的传播媒介，但是在进行广告创意之前必须要考虑受众的年龄，一些适合年轻人的产品在这时就占据了优势。

不同的产品有其自身的宣传渠道，所以广告人在进行广告创意之前，应该根据产品自身的特性和面对不同的消费群体进行适当的媒体选择。

案例 6-7

王老吉凉茶（2012 年改名为“加多宝”）

凉茶是广东、广西地区的一种由中草药熬制、具有清热去湿等功效的“药茶”。凉茶发明于清道光年间，至今已有百余年历史。到了近代，凉茶更随着华人的足迹遍及世界各地。

2002 年以前，从表面看，红色罐装王老吉（以下简称“红罐王老吉”）是一个很不错的品牌，在广东、浙南地区销量稳定，盈利状况良好，有比较固定的消费群，红罐王老吉饮料的销售业绩连续几年维持在 1 亿多元。发展到这个规模后，加多宝的管理层发现，要把企业做大，要走向全国，就必须解决一连串的问题，甚至原本的一些优势也成为困扰企业继续成长的障碍。而所有困扰中，最核心的问题是企业不得不面临一个现实难题——红罐王老吉应该当“凉茶”卖，还是当“饮料”卖？

2002 年年底，加多宝找到成美营销顾问公司（以下简称“成美”），初衷是想为红罐王老吉拍一条以赞助奥运会为主题的广告片，要以“体育、健康”的口号来进行宣传，以期推动销售。

成美经初步研究后发现，红罐王老吉的销售问题不是通过简单的拍广告可以解决的——这种问题当时在中国企业中特别典型：一遇到销量受阻，最常采取的措施就是对广告片动手术，要么改得面目全非，要么赶快搞出一条“大创意”的新广告——红罐王老吉销售问题首要解决的是品牌定位。

研究一个多月后，成美向加多宝提交了品牌定位研究报告，首先明确红罐王老吉是在“饮料”行业中竞争，竞争对手应是其他饮料；其品牌定位——“预防上火的饮料”，独特的价值在于——喝红罐王老吉能预防上火，让消费者无忧地尽情享受生活：吃煎炸、香辣美食，吃烧烤，通宵达旦看足球……明确了品牌要在消费者心智中占据什么定位，接下来的重要工作就是要推广品牌，让它真正地进入人心，让大家都知道品牌的定位，从而持久、有力地影响消费者的购买决策。

紧接着，成美为红罐王老吉确定了推广主题“怕上火，喝王老吉”，在传播上尽量凸显红罐王老吉作为饮料的性质。在第一阶段的广告宣传中，红罐王老吉以轻松、欢快、健康的形象出现，避免出现对症下药式的负面诉求，从而把红罐王老吉和“传统凉茶”区分开来。

为更好地唤起消费者的需求，电视广告选用了消费者认为日常生活中最易上火的五个场景：吃火锅、通宵看球、吃油炸食品薯条、烧烤和夏日阳光浴，画面中人们在开心享受上述活动的同时，纷纷畅饮红罐王老吉。结合时尚、动感十足的广告歌反复吟唱“不用害怕什么，尽情享受生活，怕上火，喝王老吉”，促使消费者在吃火锅、烧烤时，自然联想到红罐王老吉，从而促成购买。

红罐王老吉的电视媒体选择主要锁定覆盖全国的中央电视台，并结合原有销售区域（广东、浙南）的强势地方媒体，在2003年短短几个月，一举投入4000多万元广告费，销量立竿见影，得到迅速提升。同年11月，企业乘胜追击，再斥巨资购买了中央电视台2004年的黄金广告时段。正是这种急风暴雨式的投放方式保证了红罐王老吉在短期内迅速进入人们的头脑，给人们一个深刻的印象，并迅速红遍全国大江南北。

2003年初，企业用于红罐王老吉推广的总预算仅1000万元，这是根据2002年的实际销量来划拨的。红罐王老吉当时的销售主要集中在深圳、东莞和浙南这三个区域，因此投放量相对充足。随着定位广告的第一轮投放，销量迅速上升，给企业极大的信心，于是不断追加推广费用，滚动发展。到2003年年底，仅广告投放累计超过4000万元（不包括购买2004年中央台广告时段的费用），年销量达到了6亿元——这种量力而行、滚动发展的模式非常适合国内许多志在全国市场，但力量暂时不足的企业。

在地面推广上，除了强调传统渠道的POP广告外，还配合餐饮新渠道的开拓，为餐饮渠道设计布置了大量终端物料，如设计制作了电子显示屏、灯笼等餐饮场所乐于接受的实用物品，免费赠送。在传播内容选择上，充分考虑终端广告应直接刺激消费者的购买欲望，将产品包装作为主要视觉元素，集中宣传一个信息：“怕上火，喝王老吉饮料。”餐饮场所的现场提示，最有效地配合了电视广告。正是这种针对性的推广，使得消费者对红罐王老吉“是什么”、“有什么用”有了更强、更直观的认知。目前餐饮渠道业已成为红罐王老吉的重要销售传播渠道之一。

这种大张旗鼓、诉求直观明确 “怕上火，喝王老吉”的广告运动，直击消费者需求，及时迅速地拉动了销售；同时，随着品牌推广的进行，消费者的认知不断加强，逐渐为品牌建立起独特而长期的定位——真正建立起品牌。

红罐王老吉成功的品牌定位和传播，给这个有175年历史的、带有浓厚岭南特色的产品带来了巨大的效益：2003年红罐王老吉的销售额比去年同期增长了近4倍，由2002

年的1亿多元猛增至6亿元，并以迅雷不及掩耳之势冲出广东，2004年，尽管企业不断扩大产能，但仍供不应求，订单如雪片般纷至沓来，全年销量突破10亿元，以后几年持续高速增长，2008年销量突破100亿元大关。

思考：

王老吉饮品采用什么形式的广告策略进入市场？

任务四　营销环境与消费心理

营销场景分为营销外部环境和营销内部环境两种，它对消费者的心理有着极大的影响力。

一、营销外部环境与消费心理

良好的外部环境是企业给顾客的第一整体形象，它影响着顾客对企业的整体印象以及体验感受。一个好的、有强大吸引力的店面外部形象能够吸引更多过往顾客驻足观望，使他们有兴趣迈进体验中心的大门进行产品体验，吸引他们进店购买相关产品。因此，店面形象应该新颖别致、清晰典雅、独具特色。

通常体验中心外部形象设计包括以下几个方面：中心名称、企业标识或产品商标、广告招牌、建筑外观、门面和出入口以及橱窗设计。

1. 中心名称

名称的设计一般简单易懂，切忌出现生僻词语。名称应该让人一目了然，不可出现模糊的概念，甚至让人不知所云、望而却步。对于中心名称设计的基本要求是，包含企业地域、企业名称关键字和所经营的产品或项目以及运作模式等，如果是连锁企业，名称应该做到相对统一。

2. 企业标识或产品商标

标识或商标的设计要求美观大方，设计要根据标识或商标想表达的内涵进行图案演绎，通常如果不是新成立的公司都会用自己原有的图案标识，从视觉上给人一种冲击。一个设计精美的商标会给人留下深刻的印象，带给人长时间的回味。

3. 广告招牌

广告招牌的目的是吸引更多人的眼球，让他们在繁华的闹市区或者稠密的霓虹灯下，一眼看到企业的位置或者是识别到企业想向公众传递的信息。因此，招牌在文字或者图案的选择与设计上应力求简洁、个性、与众不同，要非常精准地传递企业想要表达的信息。

4. 建筑外观

体验中心建筑外观应该和周围建筑相互协调，造型别致、新颖，给人安全、可靠而不是危险、虚幻的感觉。要让体验者从建筑外观就能体验到企业的踏实、稳重及诚信。当然建筑外观应具有行业特点和现代的流行元素。为了更加吸引顾客，给顾客别样的体验，还可以结合产品和公司的特征将建筑外观做得新奇而有特色。

5. 门面和出入口

门面和出入口要根据企业所经营产品的类型、档次等具体条件进行设计，通常门面和出入口的设计是体验中心建筑设计中最重要的部位。如果经营的产品是高档产品，那么门面的设计一定要尊显雍容华贵，展现店铺品位和气势，投入成本要高。

6. 橱窗设计

橱窗设计是门面设计的一部分，也是体验中心对外宣传的第一展厅，因此在设计橱窗时一定要构思新颖、主题鲜明、陈列美观，体现出体验中心的经营特色。通常要求设计人员以特定的灯光、饰品、文字、视频等工具烘托产品，达到广而告之的效果。通过感官刺激激发顾客光顾、实施体验和购买。

二、营销内部环境与消费心理

营销环境内部设计感太强，会让很多人望而却步，或只顾欣赏美妙的设计而忽视了产品，总之会缺少亲近感。营销环境内部形象设计通常包括内部装修、室内布局、店内 POP 和产品陈列几个主要方面。

1. 内部装饰

企业应根据自身的实际情况、产品的价位、接待顾客的身份等一些因素，对店内的装饰做出客观的分类，通常室内装饰分为简易型、经济型、先进型和豪华型几种类型。店内的装饰特色一定要和企业文化相吻合，给顾客一种文化气息和文化展示的氛围。色调要和企业文化相一致，悬挂一些企业经营理念或品牌传播口号等。为了更好地烘托室内环境，客观上要求我们从照明、音响、气味和色彩等方面全方位进行考虑。

2. 室内布局

室内设备设施的配置要从安全、适用、专业角度出发，确保体验中心业务能正常运行，同时确保设备能安全使用，不但为顾客提供人性化服务，而且保障所有人的生命财产安全。

3. 店内 POP

POP 即为“卖点广告”，其主要商业用途是刺激、引导顾客消费和活跃体验中心气氛。它的形式有展板、海报、易拉宝、店内台牌、价目表、吊旗，甚至是立体卡通模型等。常用的 POP 为短期的促销使用，其表现形式夸张幽默，色彩强烈，能有效地吸引顾客的视点，唤起其购买欲。它作为一种低价高效的广告方式已被体验中心广泛应用。

4. 产品陈列

产品陈列即商品在体验中心内摆放和展示的形式。产品陈列的目的是为了恰到好处地展示商品，突出宣传商品的特点，吸引顾客的注意，方便顾客挑选，增进商品销售的机会，同时还可以美化店容、展现体验中心经营风貌和特色。产品陈列的合理性标准是整洁丰满、艺术美观。产品陈列不是简单的摆放，陈列是企业产品在终端的广告，销售的好坏有 40% 的因素取决于陈列的好坏。陈列的规则是摆放有序、主次分明、主题突出、区分功能、尽炫重点，完美视觉形象可以有效传播产品品牌，促进产品销售。

案例 6-8

随着时代的发展，李宁服装品牌定位错误，不够了解顾客心理，国际化不成功，实体店的购物环境并不吸引人，实体店成交量日益减少，使其产品逐渐遭遇国人的冷遇，从而深陷尴尬的境地。

思考题：

请从实体店购物环境的角度出发（店内设计、店面选址、店内灯光、音乐、商品陈列等），谈一谈你认为应该如何吸引顾客，提高李宁服装店市场的销量？

任务五　网络营销与消费心理

一、网络营销的产生和发展

网络营销的产生，是科学技术的发展、消费者价值观的变革和商业竞争等综合因素所促成的。

1. 网络营销产生的科技基础

21 世纪是信息世纪，科技、经济和社会的发展正在迎接这个时代的到来。计算机网络的发展，使信息社会的内涵有了进一步改变。在信息网络时代，网络技术的应用改变了信息的分配和接收方式，改变了人们的生活、工作、学习、合作和交流的环境。企业也正在利用网络新技术的快速便车，促进企业飞速发展。网络营销是以互联网为媒体，以新的方式、方法和理念实施营销活动，更有效地促进个人和组织交易活动的实现。企业如何在如此潜力巨大的市场上开展网络营销、占领新兴市场，对企业既是机遇又是挑战。

2．网络营销也产生于消费者价值观的变革

满足消费者的需求，是企业经营永恒的核心。利用网络这一科技制高点为消费者提供各种类型的服务，是取得未来竞争优势的重要途径。当市场经济发展到今天，多数产品无论在数量还是品种上都已极为丰富。消费者能够以个人心理愿望为基础，挑选和购买商品和服务。他们的需求更多，需求的变化更快。消费者会主动通过各种可能渠道获取与商品有关信息并进行比较，增加对产品的信任和争取心理上的满足感。

3．网络营销还产生于商业的竞争

随着市场竞争的日益激烈化，为了在竞争中占有优势，各企业都使出了浑身解数，想方设法地吸引顾客，很难说还有什么新颖独特的方法可以出奇制胜。开展网络营销，可以节约大量昂贵的店面租金，可以减少库存商品资金占用，可使经营规模不受场地的制约，可便于采集客户信息等等。这些都可以使得企业经营的成本和费用降低，运作周期变短，从根本上增强企业的竞争优势，增加盈利。

网络营销是21世纪最有代表性的一种低成本、高效率的全新商业形式，是以互联网为核心平台，以网络用户为中心，以市场需求和认知为导向，利用各种网络应用手段去实现企业营销目的的一系列行为。

二、网络营销的特点和网络营销方法

（一）网络营销的特点

（1）公平性：在网络营销中，所有的企业都站在同一条起跑线上。公平性只是意味给不同的公司、不同的个人提供了平等的竞争机会，并不意味着财富分配上的平等。

（2）虚拟性：互联网使得传统的空间概念发生变化，出现了有别于实际地理空间的虚拟空间或虚拟社会。

（3）对称性：在网络营销中，互联性使信息的非对称性大大减少。消费者可以从网上搜索自己想要掌握的任何信息，并能得到有关专家的适时指导。

（4）模糊性：互联网使许多人们习以为常的边界变得模糊。其中，最显著的是企业边界的模糊，生产者和消费者的模糊、产品和服务的模糊。

（5）复杂性：由于网络营销的模糊性，使经济活动变得扑朔迷离，难以分辨。

（6）垄断性：网络营销的垄断是由创造性破坏形成的垄断，是短期存在的，因为新技术的不断出现，会使新的垄断者不断取代旧的垄断者。

（7）多重性：在网络营销中，一项交易往往涉及多重买卖关系。

（8）快捷性：互联网使经济活动产生了快速运行的特征，你可以迅速搜索到所需要的任何信息，对市场作出即时反应。

（9）正反馈性：在网络营销中，由于信息传递的快捷性，人们之间产生了频繁、迅速、剧烈的交互作用，从而形成不断强化的正反馈机制。

（10）全球性：互联网超越了国界和地区的限制，使得整个世界的经济活动都紧紧联系在一起。信息、货币、商品和服务的快速流动，大大促进了世界经济一体化的进程。

（二）常用的网络营销方法及效果

1. 交换链接

交换链接或称互惠链接，是具有一定互补优势的网站之间的简单合作形式，即分别在自己的网站上放置对方网站的 LOGO 或网站名称并设置对方网站的超级链接，使得用户可以从合作网站中发现自己的网站，以达到互相推广的目的。

交换链接的作用主要表现在几个方面：获得访问量、增加用户浏览时的印象、在搜索引擎排名中增加优势、通过合作网站的推荐增加访问者的可信度等。更重要的是，交换链接的意义已经超出了是否可以增加访问量，比直接效果更重要的在于业内的认知和认可。交换链接要注重对方网站的质量，交换链接主要是通过工具查看对方网站的 PR、快照、收录数量、关键词排名等信息。

2. 网络广告

几乎所有的网络营销活动都与品牌形象有关，在所有与品牌推广有关的网络营销手段中，网络广告的作用最为直接。标准标志广告（BANNER）曾经是网上广告的主流（虽然不是唯一形式），进入 2001 年之后，网络广告领域发起了一场轰轰烈烈的创新运动，新的广告形式不断出现，新型广告由于克服了标准条幅广告条承载信息量有限、交互性差等弱点，因此获得了相对比较高的点击率。

3. 信息发布

信息发布既是网络营销的基本职能，又是一种实用的操作手段，通过互联网，不仅可以浏览大量商业信息，同时还可以自己发布信息。最重要的是将有价值的信息及时发布在自己的网站上，以充分发挥网站的功能，比如新产品信息、优惠促销信息等有优势的功能。

4. 邮件营销

基于用户许可的 E-mail 营销比传统的推广方式或未经许可的 E-mail 营销具有明显的优势，比如可以减少广告对用户的滋扰、增加潜在客户定位的准确度、增强与客户的关系、提高品牌忠诚度等。开展 E-mail 营销的前提是拥有潜在用户的 E-mail 地址，这些地址可以由企业从用户、潜在用户资料中自行收集整理，也可以利用第三方的潜在用户资源。

5. 个性化营销

个性化营销的主要内容包括：用户定制自己感兴趣的信息内容、选择自己喜欢的网页设计形式、根据自己的需要设置信息的接收方式和接受时间等。个性化服务在改善顾客关系、培养顾客忠诚度以及促进网上销售方面具有明显的效果。据研究，为了获得某些个性化服务，在个人信息可以得到保护的情况下，用户才愿意提供有限的个人信息，这正是开展个性化营销的前提保证。

6．会员制营销

会员制营销已经被证实为电子商务网站的有效营销手段，几乎已经覆盖了所有行业。国外许多网上零售型网站都实施了会员制计划。总的来讲，国内的会员制营销还处在发展初期，不过已经看出其旺盛的发展势头电子商务企业对此表现出的浓厚兴趣。

7．网上商店

网上商店是建立在第三方提供的电子商务平台上，由商家自行经营的商店，如同在大型商场中租用场地开设商家的专卖店一样，是一种比较简单的电子商务形式。网上商店除了通过网络直接销售产品这一基本功能之外，还是一种有效的网络营销手段。

8．网络视频营销

通过数码技术将产品营销现场实时视频图像信号和企业形象视频信号传输至互联网上。客户只需上网登陆网站就能看到对产品和企业形象进行展示的电视现场直播，就是网络视频营销。在这以前，所有的网站建设和网站推广方式所能起的作用只是让网民从浩如瀚海互连网世界找到您；而“网络电视营销”使找到您的网民相信您。

9．论坛营销

其实人们早就开始利用论坛进行各种各样的企业营销活动了，当作为新鲜媒体的论坛刚出现时就有企业在论坛里发布企业产品的一些信息了，其实这也是论坛营销的一种简单的方法。在这里结合网络策划的实践经验简要地说一下什么是论坛营销，论坛营销就是企业利用论坛这种网络交流的平台，通过文字、图片、视频等方式发布企业的产品、和服务的信息，从而让目标客户更加深刻了解企业的产品和服务。最终达到企业宣传企业的品牌、加深市场认知度的网络营销活动。

10．网络品牌营销

网络品牌营销：“企业或个人或组织机构利用互联网为媒介，利用各种网络营销推广手段进行产品或者服务的推广，在消费者心目中树立良好的品牌形象，最终把企业的产品或服务推广出去满足消费的需求同时实现企业自身的价值就叫做网络品牌营销。”

（三）消费者网络心理分析

网络用户是网络营销的主要个体消费者，也是推动网络营销发展的主要动力，它的现状决定了今后网络营销的发展趋势和道路。我们要搞好网络市场营销工作，就必须对网络消费者的群体特征进行分析以便采取相应的对策。网络消费者群体主要具备以下 4 个方面的特征：

1．注重自我

由于目前网络用户多以年轻、高学历用户为主，他们拥有不同于他人的思想和喜好，有自己独立的见解和想法，对自己的判断能力也比较自负。所以他们的具体要求越来越独特，而且变化多端，个性化越来越明显。因此，从事网络营销的企业应想办法满足其独特的需求，尊重用户的意见和建议，而不是用大众化的标准来寻找大批的消费者。

2．头脑冷静，擅长理性分析

由于网络用户以大城市、高学历的年轻人为主，不会轻易受舆论左右，对各种产品宣传有较强的分析判断能力，因此从事网络营销的企业应该加强信息的组织和管理，加强企业自身文化的建设，以诚信待人。

3．喜好新鲜事物，有强烈的求知欲

这些网络用户爱好广泛，无论是对新闻、股票市场还是网上娱乐都具有浓厚的兴趣，对未知的领域抱有永不疲倦的好奇心。

4．好胜，但缺乏耐心

因为这些用户以年轻人为主，因而比较缺乏耐心，当他们搜索信息时，经常比较注重搜索所花费的时间，如果链接、传输的速度比较慢的话，他们一般会马上离开这个站点。

三、影响消费者网络消费心理的因素

1．产品的特性

首先，由于网上市场不同于传统市场，网上消费者有着区别于传统市场的消费需求特征，因此并不是所有的产品都适合在网上销售和开展网上营销活动的。根据网上消费者的特征，网上销售的产品一般要考虑产品的新颖性，即产品是新产品或者是时尚类产品，比较能吸引人的注意。追求商品的时尚和新颖是许多消费者，特别是青年消费者重要的购买动机。

其次，考虑产品的购买参与程度，一些产品要求消费者参与程度比较高，消费者一般需要现场购物体验，而且需要很多人提供参考意见，对于这些产品不太适合网上销售。对于消费者需要购买体验的产品，可以采用网络营销推广功能，辅助传统营销活动进行，或者将网络营销与传统营销进行整合。可以通过网上来宣传和展示产品，消费者在充分了解产品的性能后，可以到相关商场再进行选购。

2．产品的价格

从消费者的角度说，价格不是决定消费者购买的唯一因素，但却是消费者购买商品时肯定要考虑的因素，而且是一个非常重要的因素。对一般商品来讲，价格与需求量之间经常表现为反比关系，同样的商品，价格越低，销售量越大。网上购物之所以具有生命力，重要的原因之一是网上销售的商品价格普遍低廉。

此外，消费者对于互联网有一个免费的价格心理预期，那就是即使网上商品是要花钱的，那价格也应该比传统渠道的价格要低。这一方面，是因为互联网的起步和发展都依托了免费策略，因此互联网的免费策略深入人心，而且免费策略也得到了成功的商业运作。另一方面，互联网作为新兴市场，它可以减少传统营销中的中间费用和一些额外的信息费用，可以大大削减产品的成本和销售费用，这也是互联网商业应用的巨大增长潜力所在。

3．购物的便捷性

购物便捷性是消费者选择购物的首要考虑因素之一。一般而言，消费者选择网上购物时考虑的便捷性，一是时间上的便捷性，可以不受时间的限制并节省时间；另一方面，是可以足不出户，在很大范围内选择商品。

4．安全可靠性

网络购买另外一个必须考虑的是网上购买的安全性和可靠性问题。由于在网上消费，消费者一般需要先付款后送货，这时过去购物的一手交钱一手交货的现场购买方式发生了变化，网上购物中的时空发生了分离，消费者有失去控制的离心感。因此，为减少网上购物的这种失落感，在网上购物各个环节必须加强安全措施和控制措施，保护消费者购物过程的信息传输安全和个人隐私保护，以及树立消费者对网站的信心。

四、基于网络消费者心理的网络营销策略

1．产品策略

消费者通过因特网选择产品并对产品结构、产品组合及服务提出具体要求；企业则可以根据消费者的选择及时改进产品、完善服务，使消费者的需求及时得到满足。通过对消费者反馈的各种信息的收集、整理、分析及市场上同类产品相关信息的分析比较，可以判断本企业产品生命周期所处阶段，根据市场环境的变化采取相应的对策，及时开展新产品的开发和销售。

在网络环境下，企业还可以通过因特网迅速建立和更改产品项目，并应用因特网进行

产品推广，从而高速度、低成本地实现对产品项目及营销方案的调研和改进，使企业产品的设计、生产、销售和服务等各个营销环节能共享信息、互相交流，促使产品开发从各方面满足顾客的需要，以最大限度地实现顾客满意。

2．价格策略

产品价格的制定既要考虑产品成本的补偿和企业利润的获取，又要考虑消费者的心理承受能力。在 Web 环境下，由于因特网的互动性，顾客可以和企业就产品价格进行协商。由于因特网营造的全球市场环境，企业在制定产品和服务的价格时，要考虑国际化因素，针对国际市场的需求状况和价格情况，以确定本企业的价格策略。在 Web 环境下，企业借助于因特网使其产品开发和促销成本降低，因此，可以进一步降低产品价格。同时，由于信息环境的开放性和互动性，市场是开放和透明的，消费者可以就产品及价格进行充分地比较、选择，因此，要求企业以尽可能低的价格向消费者提供产品和服务。

3．渠道策略

网上营销是一种一对一的销售渠道，也是由查询信息、付款、售后服务等环节组成的全程营销渠道。网上营销缩短了生产厂商与消费者之间的距离，弱化了中间商的作用，使生产商与消费者之间的直接交易成为可能。这样，既可以降低企业的销售成本，又可以避免由于推销员的强迫促销给消费者造成的心理压力，还可以使企业与消费者之间通过因特网全天候的保持联络并建立起长期的合作关系。

在网络环境下，借助于因特网还可以建立起会员网络，这是网络经济条件下企业营销的一个重要渠道。通过会员制，促进顾客相互间的联系和交流，以及顾客与企业的联系和交流，培养顾客对企业的忠诚度，并把顾客融入企业的整个营销过程中，使会员网络的每一个成员都能互惠互利，共同发展。

4．促销策略

传统的促销方式主要是企业通过广告、公关宣传、人员推销和销售促进来进行促销，而信息技术的发展给企业营销带来了新的契机，也使促销方式花样翻新，网上促销、网络形象、网上广告等日益显示出活力。

借助于因特网，全球的消费者都可以与企业联系和交流，可以直接向企业咨询有关产品和服务的问题，同时企业应用文字、图像、图片等技术向消费者展示产品和服务的内容，解释、解答消费者的咨询。网上广告的最大优势在于其低廉的价格和卓著的效率，企业通过不多的投入就可以把与电视广告有类似效果的广告瞬间送及全球。同时，这种形式还一改过去消费者被动地接受广告的特点，使消费者能够根据自身的需要主动搜寻广告，寻找自己需要的产品或服务。

案例6-9

欧莱雅男士护肤品营销成功案例

随着中国男士使用护肤品习惯的转变，男士美容市场的需求逐渐上升，整个中国男士护肤品市场也逐渐走向成熟，近两年的发展速度更是迅速，越来越多的中国年轻男士护肤已从基本清洁开始发展为护理，美容的成熟消费意识也逐渐开始形成。

2012年欧莱雅中国市场分析显示，男性消费者初次使用护肤品和个人护理品的年龄已经降到22岁，男士护肤品消费群区间已经获得较大扩张。虽然消费年龄层正在扩大，即使是在经济最发达的北京、上海、杭州、深圳等一线城市，男士护理用品销售额也只占整个化妆品市场的10%左右，全国的平均占比则远远低于这一水平。作为中国男士护肤品牌，欧莱雅男士对该市场的上升空间充满信心，期望进一步扩大在中国年轻男士群体的市场份额，巩固在中国男妆市场的地位。

1. 营销目标

（1）推出新品巴黎欧莱雅男士极速激活型肤露，即欧莱雅男士BB霜，品牌主希望迅速占领中国男士BB霜市场，树立该领域的品牌地位，并希望打造成为中国年轻男性心目中的人气最高的BB霜产品。

（2）欧莱雅男士BB霜目标客户定位于18岁到25岁的人群，他们是一群热爱分享，热衷于社交媒体，并已有一定护肤习惯的男士群体。

2. 执行方式

面对其他男妆品牌主要针对"功能性"诉求的网络传播，麦肯旗下的数字营销公司MRM携手欧莱雅男士将关注点放在中国年轻男性的情感需求上，了解到年轻男士的心态在于一个"先"字，他们想要领先一步，先同龄人一步。因此，设立了"我是先型者"的创意理念。

为了打造该产品的网络知名度，欧莱雅男士针对目标人群，同时开设了名为@型男成长营的微博和微信帐号，开展一轮单纯依靠社交网络和在线电子零售平台的网络营销活动。

（1）在新浪微博上引发了针对男生使用BB的接受度的讨论，发现男生以及女生对于男生使用BB的接受度都大大高于人们的想象，为传播活动率先奠定了舆论基础。

（2）有了代言人"阮经天"的加入，发表属于他的先型者宣言："我负责有型俊朗，黑管BB负责击退油光、毛孔、痘印，我是先型者阮经天"，号召广大网民，通过微博申请试用活动，发表属于自己的先型者宣言。微博营销产生了巨大的参与效应，更将微博参与者转化为品牌的主动传播者。

（3）在京东商城建立了欧莱雅男士BB霜首发专页，开展"占尽先机，万人先型"的首发抢购活动，设立了欧莱雅男士微博部长，为关于BB霜使用者提供的一对一的专属定制服务。另外，特别开通的微信专属平台，每天即时将从新品上市到使用教程、前后对比等信息均通过微信推送给关注巴黎欧莱雅男士公众微信的每一位用户。

3. 营销效果

该活动通过网络营销引发了在线热潮，两个月内，在没有任何传统电视广告投放的情况下，该活动覆盖人群达到3500万用户，共307，107位用户参与互动，仅来自新浪微博的统计，微博阅读量即达到 560 万，在整个微博试用活动中，一周内即有超过 69，136 男性用户申请了试用，在线的预估销售库存在一周内即被销售一空。

思考：

1. 欧莱雅如何通过互联网增加销量？
2. 未来互联网，将如何提高消费者的生活？

练习与自测

一、选择题

1. “百岁酒”、“长寿面”属于商品的（　　）命名法

A. 效用命名　　B. 外形命名

C. 吉祥之意命名　　D. 制作方法命名

2. “二锅头”的命名策略是（　　）。

A. 人名命名　　B. 产地命名

C. 主要成分命名　　D. 制作方法命名

3. 瑞士出口到美国的速溶咖啡为适应美国家庭主妇每周购物一次或每日购物依次的习惯设计了大号包装和 4 盎司、2 盎司的小包装，这是（　　）

A. 惯用包装　　B. 配套包装　　C. 系列包装　　D. 分量包装

4. 适宜于显示消费者地位的心理定价策略是（　　）

A. 尾数定价　　B. 渗透定价　　C. 分级定价　　D. 声望定价

5. 商品因素中被誉为“无声的推销员”的是（　　）

A. 商品品牌　　B. 商品价格　　C. 商品功能　　D. 商品包装

6. 商品外包装设计成盒子、包、杯等可供消费者多次使用的包装策略是（　　）

A. 特殊包装策略　　B. 赠品包装策略

C. 复用包装策略　　D. 礼品包装策略

7. 珠宝首饰一般应采用的包装设计策略是（　　）

A. 等级包装策略　　B. 礼品包装策略

C. 复用包装策略　　D. 特殊包装策略

8. 我国景泰蓝工艺品的命名策略是（　　）

A. 以制作工艺命名　　B. 以商品成分命名

C. 以商品产地命名　　D. 以商品外形命名

9. 为刺激顾客即兴购买，商场里应把易于随机购买的商品设置在（　　）

A. 明显位置　　B. 楼梯位置　　C. 门口位置　　D. 固定位置

10. 在商业企业，很多商品的定价都不进位成整数，而保留零头，这种心理定价策略称为（　　）

A. 尾数定价　　B. 招徕定价　　C. 声望定价　　D. 习惯定价

二、案例分析题

在一次品牌商品消费调查中发现，150 位消费者在一家超市购买洗衣粉，结果显示：60%以上的消费者虽然看到某一品牌包装的洗衣粉，但他们购买的仍然是多年使用的普通洗衣粉。深度探访得知，这些消费者基本按习惯购买商品，有些消费者甚至不在品牌商品和普通商品之间作比较。

请问：如果你是品牌经营者，你会运用哪些商品包装的心理功能来改变这些消费者的购买习惯？

项目七

提升营销心理行为

导入案例

小王带着他的女朋友小丽去逛街，小丽看上了一套衣服，小王一看标价，2800元，觉得太贵了，可是看到女朋友渴望的眼神，只好跟销售员杀价了。小王："这套衣服太贵了，能不能便宜点？"销售员："不贵（站在顾客的对立面）！这可是意大利名牌，又是今年的最新款，我们卖得是最便宜的了（这等于告诉小王，别的店还有，你可以到别的店买）！有心买我给你打个九五折。"小王："六折！"销售员："不可能！哪有那么便宜，我进货都进不了，如果有那么便宜，你卖给我好了，我多少都要。这样吧，看你有心，给你最低价，九折！"小王："九折太贵了，最多七折，卖不卖？"……结果会怎么样呢？

案例分析：

结果是小王带着小丽货比三家去了！好好的一笔生意就这样没了！这可是每个店铺天天都在发生的事情。不但是店铺发生，这种场景其实发生在任何销售过程中。在销售过程中，杀价是再正常不过的事情了，上面这个销售个案之所以不成功，是因为销售员不懂心理学的缘故，销售人员为了不被顾客杀价，很自然地就站在了顾客的对立面，这样的结果，销售过程很自然就变成了一场战争，既然是战争，就算是销售成功，也只能是两败俱伤的结果。那么遇到顾客杀价怎么办呢？不能跟顾客作对，难道任由顾客杀价？当然不是，一个懂得心理学的销售人员，永远不会与顾客讨价还价。我们来看看以下场景，小王："这套衣服太贵了，能不能便宜点？"销售员："是的，这套衣服确实有点贵（与顾客站在同一立场，这叫'先跟后带'），像这么名贵的衣服只适合一些高雅的女士穿，你女朋友这么漂亮，穿起这套衣服一定很好看，先穿上试试（给顾客一个购买的身份，同时引导顾客体验拥有的感觉）？"（当小丽穿上衣服时）销售员："你看，多好看！（对小丽说，其实是说给小王听）你真幸福，有这么好的男朋友，我在这个店工作已经三年了，以我的经验，只有那些很爱他女朋友的男孩子才舍得买这么名贵的衣服给他女朋友的。好羡慕你啊（再给小王一个身份，同时用假设成交的语言模式）！"……话说到这里了，小王能不买吗？如果再不买的话，那后果就很严重啦！为什么会销售成功呢？因为在这里，销售员用了实用心理学里一个很简单的方法，就是"理解层次"中"身份"层次的运用。"身份"层次决定"行为"层次。也就是说，一个人会做出与他身份相符的行为。根据这一原理，在销售中，你要一个人购买产品，只需要给他一个购买该产品的身份就够了，如果他接受并认可了这一身份，他自然就会做出购买行为，这就是心理学。

任务一　协调营销者与消费者的关系

一、消费者关系

消费者关系是现代企业公共关系的重要组成部分，其特定的含义是指企业与其产品和服务的现实的、潜在的消费者之间所结成的社会联系。

（一）消费者关系的两种状态

消费者关系有着良好与不良两种状态。良好的消费者关系即企业以其符合消费者需要的优良行为，而与消费者结成的具有较大广度和深度的社会联系。其特征是企业与消费者联系广泛，相处友好，来往密切，关系融洽。不良的消费者关系则完全相反。毫无疑义，现代企业应当追求的是良好的消费者关系。

（二）消费者关系的重要性

消费者关系是组织外部公共关系中最重要的一类。因为一般说来，组织自身目标的最终实现与否就直接取决于它与消费者的关系如何处理。另一方面，对组织外部公共关系来说，消费者也是与组织关系最为广泛、密切的一类公众，他们不但分布广（如城市与乡村、国内与国外）、种类多（如工人与农民、妇女与儿童），而且往往表现为具体的人与人之间的直接互动，如销售与购买、服务与服务消费等。此外，消费者关系并不局限于生产或推销生活资料的组织，也包括生产或推销生产资料（如钢材、矿石、木材）以及精神产品（如书籍、报刊，或非物化的服务项目如导游、表演）的组织。也就是说，一切生产或推销物质和精神产品供社会消费的组织，都存在着消费者关系。

（三）目标层次

良好的消费者关系作为现代企业的一种追求，其总的目的在于，促使消费者形成对企业及其产品与服务的良好印象和评价，增强企业及其产品与服务对市场的影响力和吸引力，从而争取更多的消费者，稳定市场关系，为求得企业与消费者的共同发展服务。要达到这一总的目的，绝非是一蹴而就的事情，现代企业消费者关系的推进有一个过程。在这个过程中，消费者关系状态总会表现出不同的水平和情形。正因为这样，现代企业消费者关系推进业务，也应当有相应的具有发展关系的不同目标层次。

根据企业与消费者关系从表层到深层的推进过程和从量变到质变的跃升特点，我们大致可以将现代企业消费者关系的目标划分为以下四个具有发展关系的目标层次，即消费者知情、消费者接纳、消费者满意、消费者忠诚四个层次。

1. 消费者知情层次

所谓消费者知情是指消费者能够或者已经获得企业为其提供的有关企业本身及其产品与服务的充足信息，从而知晓企业及其产品与服务的各种情况。求得消费者知情是现代企业消费者关系目标层次中最为基础的层次，也是现代企业建立良好消费者关系的基本条件。在现代信息社会中，保证消费者能够获得企业及其产品与服务的各种信息是至关重要的。从消费者的消费过程来看，消费者接收有关商品与服务的信息，在此基础上作出消费决策，购买某种产品或服务进行消费，这是消费者的一般消费过程。在这一过程中，如欲使消费者对企业产生好感，企业方面最重要的工作莫过于在确保产品与服务的优良质量的基础上，为消费者提供这些产品与服务等的真实、准确、充足、及时的信息，以确保消费者的消费决策正确，消费活动合理。从现代企业公共关系过程来看，信息交流是企业公共关系的基本工作内容。企业只有让消费者获得有关企业及其产品与服务的真实、准确、充足、及时的信息，消费者才有可能真正形成对企业的了解、理解、支持与合作，企业与消费者之间才能产生真正的公共关系意义上的社会联系。从对消费者权益的保护来看，消费者知情是消费者的一种非常重要的权益，企业只有让消费者获得有关企业及其产品与服务的充足信息，让他们真正地知情，才能谈得上具备了对消费者其他权益施以保护的基础，也才能谈得上消费者对企业的信任。基于上述道理，现代企业建立良好消费者关系的第一步骤就是，借助于各种切实可行的渠道和媒介，将企业及其产品与服务的信息传达给消费者，以求得消费者对企业及其产品与服务的知情，而使他们形成对企业及其产品与服务的全面的、深刻的、良好的印象。

2. 消费者接纳层次

所谓消费者接纳是指消费者对企业及其产品与服务在心理上和行动上的接纳，其核心是对企业产品与服务的行动上的接纳。求得消费者接纳是现代企业消费者关系目标层次中十分重要的一个层次，也是现代企业实现其劳动的社会属性的一个关键环节。一个企业的存在价值，在很大程度上取决于其产品与服务能否为消费者接纳。只有使企业的产品与服务能够为消费者真正接纳，才能把企业的产品变成社会的产品，才能把企业的服务变成具有社会意义的服务，也才能实现企业生产经营的社会效益和经济效益。当然，企业与消费者的关系并不等于企业活动中的销售关系和企业与消费者之间直接的买卖关系，但是良好的消费者关系的确有利于企业的产品与服务的销售，的确有利于实现企业的经济利益目标。当然，建立良好的消费者关系目标层次中的消费者接纳，并不仅限于消费者对企业产品与服务的接纳，它具有更为广泛的内容，如消费者对企业经营理念的认同、对企业经营方式的认可、对企业经营行为的接受等，都可以成为消费者接纳的内容。一个企业若能从整体上、多角度上为消费者全面接纳，那么，这个企业必然地具有良好的消费者关系。消费者接纳作为建立良好消费者关系的一个重要目标，其具体内容就是要求企业在实现消费者知情目标的基础上，进一步加强与消费者的信息交流和情感沟通，争取消费者的注意，赢得消费者的青睐，促成消费者作出对本企业及其产品与服务的选择，最终取得消费者对本企业及其产品与服务的接纳。

3. 消费者满意层次

所谓消费者满意是指消费者在接受企业有形产品或无形产品后，感到需求满足的状态。消费者满意作为社会生活中的一个概念，并不是一项新近的创造，当然这一概念始于何时，我们暂时无法稽考。但消费者满意作为一个消费心理学和公共关系学中的科学概念，并以CS简写形式表示，则是始于1986年一位美国消费心理学家的创造。可以这样说，消费者满意（CS）作为一种营销战略和企业公共关系的工作目标，并形成自己的研究体系，仅仅是近10年中才出现的。消费者满意所涉及的内容非常广泛，概括起来有5个部分，即理念满意、行为满意、视听满意、产品满意、服务满意。这些满意又可以按其性质区分为三个层次，即物质满意层、精神满意层和社会满意层。消费者满意与企业形象一样，它也是企业的无形资产。在现代企业中，每多一个满意的消费者，就等于多了一个销售产品的机会，就多了一份获取利润的可能。据美国汽车行业的调研表明，消费者满意对企业具有至关重要的作用，一个满意的顾客可能引发8笔潜在的生意，其中至少有一笔成交，一个不满意的顾客可能影响25个人的购买意愿，甚至使其产生对企业的不信任心理。

可见，消费者满意的经济意义和社会意义都是不可小觑的。消费者满意也是企业建立良好消费者关系的目标层次中较高的一个目标层次，与消费者知情和消费者接纳比较，它能体现出企业与消费者之间更为深层的密切交往和更为优良的关系状态。作为一个层次较高的企业消费者关系目标层次，其基本的要求在于，企业必须具有令消费者满意的理念、令消费者满意的行为、令消费者满意的产品、令消费者满意的服务、令消费者满意的传播活动，塑造令消费者满意的整体形象，从而有效达到较高层次的企业良好消费者关系的状态水平。

4．消费者忠诚层次

所谓消费者忠诚，是指消费者在一段较长的时间内，主动放弃多种可供选择的对象，面对某一特定的产品和服务，以及提供产品和服务的企业所表现的一种具有较强情感色彩的专一的优先选择行为。消费者忠诚有多方面的特征。

（1）消费者忠诚是消费者的一种自主性选择行为，它是消费者在对忠诚对象的有关情况进行了详细的了解、深入的分析、理智的判断，并与忠诚对象之间达到了情感相容的基础上产生的一种明智的优先选择行为。

（2）消费者忠诚是一种专注性选择行为，消费者对其忠诚的对象，总是表现出一种在较长时间内的持续的、稳定的、重复的优先选择，成为一种习惯性反应。

（3）消费者忠诚是以相适性为条件而形成的选择行为，如果没有与其需求相适应的忠诚对象，消费者忠诚就不可能产生或不可能持续稳定。

（4）消费者忠诚是一种复杂的消费者行为，也就是说，消费者忠诚在忠诚的主体、忠诚的客体、忠诚的联系媒介及其三者的相互关系上都具有十分复杂的特性，如就忠诚对象来讲，可以是产品或服务，也可以是提供产品与服务的组织和具体的人。

（5）消费者忠诚也是企业与消费者之间的一种关系状态，这种关系状态是一种极好的关系状态，它反映出企业与消费者利益的高度一致、情感的高度相容等。消费者忠诚无论是一种消费者行为还是一种企业消费者关系状态，在现代企业经营管理活动中都有着十分重要的作用。

可以这样说，一个企业有效地赢得了消费者忠诚，实际上就是赢得了本企业产品和服务的基本消费者队伍，也就是赢得了本企业生存和发展的最重要的合作者和支持者。一条统计规律表明，一个企业营业额的80%往往来自于占顾客总量的20%的那些经常惠顾企业的人，即忠诚顾客。正因为如此，在现代企业消费者关系的推进过程中，将消费者忠诚作为其最高目标层次，不仅仅是公共关系学的基本要求，而且也是由企业的经济利益所驱使的。当然，现代企业要实现赢得消费者忠诚的消费者关系目标，也决非轻易之事。一般来说，企业必须在令消费者满意的基础上，继续加强与消费者的信息交流和情感沟通，努力塑造值得消费者长期信赖的企业形象，真诚地对待消费者。只有这样才有可能真正达到赢得消费者忠诚的消费者关系的最高目标。

二、关系营销

关系营销将营销活动看成是一个企业与消费者、供应商、分销商、竞争者、政府机构及其他公众发生互动作用的过程，其核心是建立和发展与这些公众的良好关系。1985 年，巴巴拉·本德·杰克逊提出了关系营销的概念。营销就好比育儿，建立顾客满意度、顾客忠诚度和获取收益不是在第一天作出决定，第二天就可以立竿见影的事情。作为商业服务企业只有建立和维护与顾客之间亲密和持久的关系，才能获取收益。这就是说，商业营运要强力关注关系营销。关系营销取代了更为传统的交易定位的营销观点，用大力强调通过完善和维持关系创造消费者价值的观点取而代之。

所谓关系营销，是把营销活动看成是一个企业与消费者、供应商、分销商、竞争者、政府机构及其他公众发生互动作用的过程，其核心是建立和发展与这些公众的良好关系。

得克萨斯州 A&M 大学的伦纳德·L·贝瑞（Leonard L. Berry）教授于 1983 年在美国市场营销学会的一份报告中，最早对关系营销做出了如下的定义："关系营销是吸引、维持和增强客户关系。"在 1996 年又给出更为全面的定义："关系营销是为了满足企业和相关利益者的目标而进行的识别、建立、维持、促进同消费者的关系并在必要时终止关系的过程，这只有通过交换和承诺才能实现。"工业市场营销专家巴巴拉·B·杰克逊（Jackson B.B）从工业营销的角度将关系营销描述为"关系营销关注于吸引、发展和保留客户关系"。摩根和亨特（Morgan and Hunt）从经济交换与社会交换的差异来认识关系营销，认为关系营销"旨在建立、发展和维持成功关系交换的营销活动"。顾曼森（Gummesson）则从企业竞争网络化的角度来定义关系营销，认为"关系营销就是市场被看作关系、互动与网络"。库特在他的一篇文章中，将众多针对关系营销的研究成果划分为三个大流派，即英澳流派、北欧流派以及北美流派。库特认为，英澳流派主要建立在克里斯托弗、佩恩和巴伦泰恩的研究基础之上，强调的是将质量管理、服务营销理念和客户关系经济学紧密地联系在一起。北欧流派来源于以克伦鲁斯为代表的北欧学者们的研究成果，建立在将工业营销的互动网络原理、服务营销理念以及客户关系经济学相结合的理论基础之上。北美流派则主张在企业内部就买卖双方的关系进行强化教育，并相应地提高企业在这方面的经营管理水平，其中以贝瑞和李维特的研究成果最具代表性。

关系营销是从"大市场营销"概念衍生、发展而来的。1984 年，科特勒提出了所谓的"大市场营销"概念，目的在于解决国际市场的进入壁垒问题。在传统的市场营销理论中，企业外部环境是被当作"不可因素"来对待的，其暗含的假设是，当企业在国际市场营销中面临各种贸易壁垒和舆论障碍时，就只得听天由命，无所作为。因为传统的 4P 组合策略，在贸易保护主义日益盛行的今天，已不足以打开封闭的市场。要打开封闭的市场，企业除了需要运用产品、价格、分销及促销四大营销策略外，还必须有效运用政治权力和公共关系这两种营销工具。这种策略思想称为大市场营销。虽然关系营销概念直接来自科特勒的"大市场营销"思想，它的产生和发展同时也大量得益于对其他科学理论的借鉴、对传统营销理念的拓展以及信息技术浪潮的驱动。

（一）关系营销理论对其他学科理论的借鉴

首先是对其他科学理论的广泛借鉴，这种借鉴主要来自系统论、协同学的役使原理和传播学的交换理论。

1．对系统论的借鉴

（1）系统论把社会、组织及其他事物都看作是一个个的系统，而这些系统又是由若干子系统所构成的。整个系统的运转就依赖于这些子系统及其构成要素间的相互依赖和相互作用。依据系统论的观点，企业就是一个由子系统组成的并与其所处环境有可确认的边界的系统，研究者和管理者需要了解子系统内部和子系统之间以及企业与环境之间的相互关系，以便确定关系的模式或各变量之间的结构，并采取有效措施以保证系统的有效运行。果真如此的话，企业营销就需要处理和管理好上述各种关系。

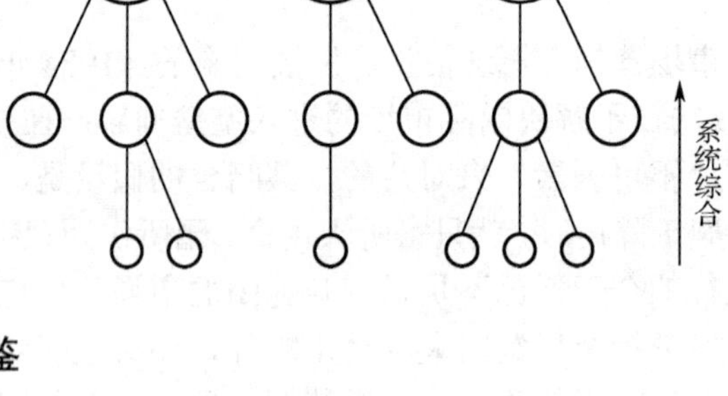

2．对协同学的借鉴

协同学认为，系统性质的改变是由于系统中要素子系统之间的相互作用所致。任何系统运动都有两种趋向，一种是自发地倾向无序的运动，这是系统瓦解的重要原因；另一种是子系统之间的关联引起的协调、合作运动，这是系统自发走向有序的重要原因。役使原理表明，无序即意味着杂乱无章，存在大量不同的可能性。占据主导地位的序参数迫使其他因素和状态纳入它的轨道，从而使一切事物有条不紊地组织起来。而协同本身是一种自组织能力，这种组织能力是以信息联系为基础、通过反馈控制来实现的。当系统与环境进行物质、能量、信息交换时，自组织能力就体现在控制与调整环境系统内各子系统，使之协同动作，保持系统的和谐有序运转。协同学的这一原理对于研究企业内部及企业与外部环境之间的关系具有重要意义。实际上，协同正是关系营销所要追求的利益。因为系统虽具有自组织能力，但如何减少无序的状态和无序状态保持的时间，对于关系营销来说无疑是一个具有实践意义的课题。

3．对传播学的借鉴

传播是关系双方借以交换信息的符号传递过程。在这一过程当中，传播的最终目的是使信息的发送者和接收者的认识趋于一致。传统营销中，广告等大众传播方式（单向传播方式）是企业与消费者进行沟通的主要渠道，这一方式之所以能够实现沟通目标，是因为厂商控制着大部分的产品信息，依靠这些有限的信息也可以进行决策。现代传播将是一种双向沟通，企业与消费者之间的信息交换将经历这样一个过程：首先企业要了解消费者所拥有的信息形态和信息内容，然后通过某种渠道和方式明确消费者对信息的需要，最后才以适当的方式传递信息。整合营销传播就是对传统营销理论和传播学的抽象和升华，在这个概念里，广告、促销、公共关系、直销、CI、包装以及媒体计划等一切营销活动构成传播的全部含义，并用一致的信息与消费者沟通，即“用同一种声音说话”。从这个意义上说，传播就等于营销，营销的过程也就是传播的过程。

其次是对传统营销理念的有力拓展。传统的市场营销理论，以单个企业为分析单元，认为企业营销是一个利用内部可控因素来影响外部环境的过程。对内部可控因素的总结是4Ps组合，即产品、价格、分销、促销策略，营销活动的核心即在于制定并实施有效的市场营销组合策略。但是实践证明，传统的营销理念越来越难以直接有效地帮助企业获得经营优势，这是因为任何一个企业都不可能独立地提供营运过程中所有必要的资源，而必须通过银行获得资金、从社会招聘人员、与科研机构进行交易或合作、通过经销商分销产品、与广告公司联合进行促销和媒体沟通；不仅如此，企业还必须被更广义的相关成员所接受，包括同行企业、社区公众、媒体、政府、消费者组织、环境保护团体等等，企业无法以一己之力应付所有的环境压力。因此，企业与这些环境因素息息相关，构成了保障企业生存与发展的事业共同体，共同体中的伙伴建立起适当的关系，形成一张巨型的网络。对于大多数企业来说，企业的成功正是充分利用这种网络资源的结果。这样，对企业资源的认识，就从企业“边界”以内，扩展到了企业边界以外，即包括所有与企业生存和发展具有关联的组织、群体和个人，以及由这些“节点”及其相互间的互动关系所构成的整个网络。而这些关系是否稳定并能给网络的成员带来利益的增长，即达到“多赢”的结果，则依赖于有效的关系管理，包括利益的共享、通过“感情投资”在伙伴间建立亲密的关系等。

最后是信息技术的发展对关系营销发展的驱动。现代信息技术的发展为各种营销伙伴关系的建立、维护和发展提供了低成本、高效率的沟通工具，它解决了关系营销所必需的基本技术条件。正是在上述诸因素的作用下，关系营销自80年代后期以来得到了迅速的发展。贝瑞率先提出和讨论了如何维系和改善同现有顾客之间关系的问题。随后，杰克逊提出要与不同的顾客建立不同类型的关系。北欧诺迪克学派的代表人物葛劳罗斯、舒莱辛格和赫斯基则论证了企业同顾客的关系对服务企业市场营销的巨大影响。今天，人们对关系营销的讨论和关系营销的实践，已从单纯的顾客关系扩展到了企业与供应商、中间商、竞争者、政府、社区等的关系。这样，关系营销的市场范围就从顾客市场扩展到了供应商市场、内部市场、竞争者市场、分销商市场、影响者市场、招聘市场等，从而大大地拓展了传统市场营销的涵义和范围。

（二）关系营销的常见形态

关系营销是在人与人之间的交往过程中实现的，而人与人之间的关系绚丽多彩，复杂多变，归纳起来大体有以下几种形态。

1. 亲缘关系营销形态

亲缘关系营销形态指依靠家庭血缘关系维系的市场营销，如父子、兄弟姐妹等亲缘为基础进行的营销活动。这种关系营销的各关系方盘根错节，根基深厚，关系稳定，时间长久，利益关系容易协调，但应用范围有一定的局限性。

2. 地缘关系营销形态

地缘关系营销形态指以公司（企业）营销人员所处地域空间为界维系的营销活动，如利用同省同县的老乡关系或同一地区企业关系进行的营销活动。这种关系营销在经济不发达，交通邮电落后，物流、商流、信息流不畅的地区作用较大。在我国社会主义初级阶段的市场经济发展中，这种关系营销形态仍不可忽视。

3. 业缘关系营销形态

业缘关系营销形态指以同一职业或同一行业之间的关系为基础进行的营销活动，如同事、同行、同学之间的关系，由于接受相同的文化熏陶，彼此具有相同的志趣，在感情上容易紧密结合为一个“整体”，可以在较长时间内相互帮助，相互协作。

4. 文化习俗关系营销形态

文化习俗关系营销形态指公司（企业）及其人员之间以共同的文化、信仰、风俗习俗为基础进行的营销活动。由于公司（企业）之间和人员之间有共同的理念、信仰和习惯，在营销活动的相互接触交往中易于心领神会，对产品或服务的品牌、包装、性能等有相似需求，容易建立长期的伙伴营销关系。

5. 偶发性关系营销形态

偶发性关系营销形态是指在特定的时间和空间条件下发生突然的机遇形成的一种关系营销，如营销人员在车上与同坐旅客闲谈中可能使某项产品成交。这种营销具有突发性、短暂性、不确定性特点，往往与前几种形态相联系，但这种偶发性机遇又会成为企业扩大市场占有率、开发新产品的契机，如能抓住机遇，可能成为一个公司（企业）兴衰成败的关键。

（三）关系营销的层次

1. 一级关系营销

一级关系营销是指企业通过价格和其他财务上的价值让渡，吸引顾客与企业建立长期交易关系。如对那些频繁购买以及按稳定数量进行购买的顾客给予财务奖励的营销计划。

2. 二级关系营销

二级关系营销是指企业不仅用财务上的价值让渡吸引顾客，而且尽量了解各个顾客的需要和愿望，并使服务个性化和人格化，以此来增强公司和顾客的社会联系。二级关系营销的主要表现形式是建立顾客俱乐部。

3. 三级关系营销

三级关系营销是指企业和顾客相互依赖对方的结构发生变化，双方成为合作伙伴关系。三级关系营销的建立，在存在专用性资产和重复交易的条件下，如果一方放弃关系将会付出转移成本，关系的维持具有价值，从而形成“双边锁定”。这种良好的结构性关系将会提高客户转向竞争者的机会成本，同时也将增加客户脱离竞争者而转向本企业的利益。

（四）关系营销的原则

关系营销的实质是在市场营销中与各关系方建立长期稳定的相互依存的营销关系，以求彼此协调发展，因而必须遵循以下原则。

1. 主动沟通原则

在关系营销中，各关系方都应主动与其他关系方接触和联系，相互沟通信息，了解情况，形成制度或以合同形式定期或不定期碰头，相互交流各关系方需求变化情况，主动为关系方服务或为关系方解决困难和问题，增强伙伴合作关系。

2. 承诺信任原则

在关系营销中各关系方相互之间都应作出一系列书面或口头承诺，并以自己的行为履行诺言，才能赢得关系方的信任。承诺的实质是一种自信的表现，履行承诺就是将誓言变成行动，是维护和尊重关系方利益的体现，也是获得关系方信任的关键，是公司（企业）与关系方保持融洽伙伴关系的基础。

3. 互惠原则

在与关系方交往过程中必须做到相互满足关系方的经济利益，并通过在公平、公正、公开的条件下进行成熟、高质量的产品或价值交换使关系方都能得到实惠。

（五）关系营销三部曲

（1）企业要分析顾客需求，顾客需求满足与否的衡量标准是顾客满意程度。满意的顾客会给企业带来有形的好处（如重复购买该企业产品）和无形的好处（如宣传企业形象）。有营销学者提出了导致顾客全面满意的 7 个因素及其相互间的关系：欲望、感知绩效、期望、欲望一致、期望一致、属性满意、信息满意；欲望和感知绩效生成欲望一致，期望和感知绩效生成期望一致，然后生成属性满意和信息满意，最后导致全面满意。

（2）从模式中可以看出，期望和欲望与感知绩效的差异程度是产生满意感的来源，所以，企业可采取下面的方法来赢得顾客满意：提供满意的产品和服务；提供附加利益；提供信息通道。

（3）顾客维系：市场竞争的实质是争夺顾客资源，维系原有顾客、减少顾客的叛离要比争取新顾客更为有效。维系顾客不仅仅需要维持顾客的满意程度，还必须分析顾客产生满意程度的最终原因，从而有针对性地采取措施来维系顾客。

贝瑞和帕拉苏拉曼归纳了三种建立顾客价值的方法：一级关系营销（频繁市场营销或频率营销）：维持关系的重要手段是利用价格刺激对目标公众增加财务利益；二级关系营销：在建立关系方面优于价格刺激，增加社会利益，同时也附加财务利益，主要形式是建立顾客组织，包括顾客档案，和正式的、非正式的俱乐部以及顾客协会等；三级关系营销：增加结构纽带，同时附加财务利益和社会利益。与客户建立结构性关系，它对关系客户有价值，但不能通过其他来源得到，可以提高客户转向竞争者的机会成本，同时也将增加客户脱离竞争者而转向本企业的收益。

（六）关系营销的实施

1. 筛选合作伙伴

企业首先从所有的客户中筛选出值得和必须建立关系的合作伙伴，并进一步确认要建立关系营销的重要客户。选择重要客户的原则不仅仅是当前的盈利能力，而且包括未来的发展前景。企业可以首先选择 5 个或 10 个最大的客户进行关系营销，如果其他客户的业务有意外增长也可入选。

2. 指派关系经理

对筛选出的合作伙伴指派关系经理专人负责，这是建立关系营销的关键。企业要为每个重要客户选派干练的关系经理，每个关系经理一般只管理一家或少数几家客户，并派一名总经理管理关系经理。关系经理对客户负责，是有关客户所有信息的汇集点，是公司为客户服务的动员者，对服务客户的销售人员应当进行关系营销的训练。总经理负责制定关系经理的工作职责、评价标准、资源支持，以提高关系经理的工作质量和工作效率。

3．制订工作计划

为了能够经常地与关系对象进行联络和沟通，企业必须分别制订长期的和年度的工作计划。计划中要确定关系经理职责，明确他们的报告关系、目标、责任和评价标准。每个关系经理也必须制订长期和年度的客户关系管理计划，年度计划要确定目标、策略、具体行动方案和所需要的资源。

4．了解关系变化

企业要通过建立专门的部门，用以跟踪顾客、分销商、供应商及营销系统中其他参与者的态度，由此了解关系的动态变化。同时，企业通过客户关系的信息反馈和追踪，测定他们的长期需求，密切关注合作伙伴的变化，了解他们的兴趣。企业在此基础上，一方面要调整和改善关系营销策略，进一步巩固相互依赖的伙伴关系；另一方面要及时采取措施，消除关系中的不稳定因素和有利于关系各方利益共同增长的因素。此外，通过有效的信息反馈，企业将会改进产品和服务，更好地满足市场的需要。

（七）关系营销的市场模型

关系营销的市场模型概括了关系营销的市场活动范围。在“关系营销”概念里，一个企业必须处理好与下面六个子市场的关系。

1．供应商市场

任何一个企业都不可能独自解决自己生产所需的所有资源。在现实的资源交换过程中资源的构成是多方面的，至少包含了人、财、物、技术、信息等方面。因此，佩恩所说的招聘市场，我们将其归入供应商市场是合理的。与供应商的关系决定了企业所能获得的资源数量、质量及获得的速度。生产 1 辆汽车大约需要 8000 到 1 万个零配件，任何一个企业都不可能单独生产全部零部件，必须通过其他供应商进行专业分工、协作生产；麦道飞机公司 1993 年生产的 100 架喷气式客机，有 18 种重要的零部件是由供应商负责设计的，公司因此节约了 2 亿美元的生产成本。由此可以看出，企业与供应商必须结成紧密的合作网络，进行必要的资源交换。另外，公司在市场上的声誉也是部分地来自与供应商所形成的关系。例如，当 IBM 决定在其个人电脑上使用微软公司的操作系统时，微软公司在软件行业的声誉便急速上升。

2．内部市场

内部营销起源于这样一个观念，即把员工看做是企业的内部市场。任何一家企业，要想让外部顾客满意，首先得让内部员工满意。只有工作满意的员工，才可能以更高的效率和效益为外部顾客提供更加优质的服务，并最终让外部顾客感到满意。内部市场不只是企业营销部门的营销人员和直接为外部顾客提供服务的其他服务人员，它包括所有的企业员工。因为在为顾客创造价值的生产过程中，任何一个环节的低效率或低质量都会影响最终的顾客价值。

3．竞争者市场

在竞争者市场上，企业营销活动的主要目的是争取与那些拥有与自己具有互补性资源竞争者的协作，实现知识的转移、资源的共享和更有效的利用。例如，在一些技术密集型行业，越来越多的企业与其竞争者进行了研究与开发的合作，这种方式的战略联盟可以分担巨额的产品开发费用和风险。种种迹象表明，现代竞争已发展为“协作竞争”，在竞争中实现“双赢”的结果才是最理想的战略选择。

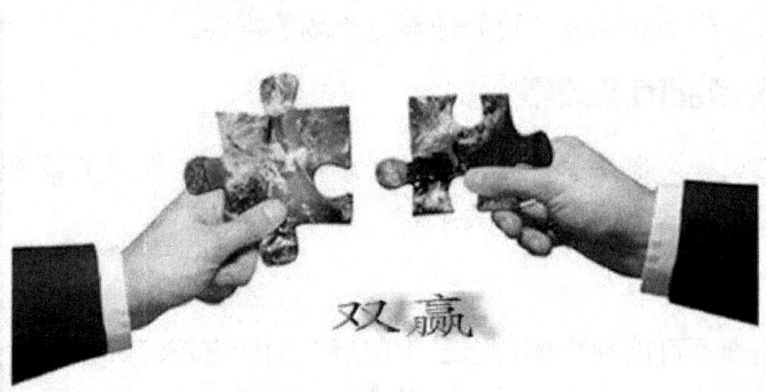

4．分销商市场

在分销商市场上，零售商和批发商的支持对于产品的成功至关重要。IBM公司曾花费一亿美元为其 PC 做广告，结果还是以失败而告终，原因在于作为第三方的供应商和零售商反对该产品，IBM公司投入了大量的资源去争取顾客，而忽略了与零售商、经销商等对产品的销售起关键作用的个人或组织建立积极的关系，扼杀 PC 的正是分销商一类的市场基础设施。

5．顾客市场

顾客是企业存在和发展的基础，市场竞争的实质是对顾客的争夺。最新的研究表明，企业在争取新顾客的同时，还必须重视留住顾客，培育和发展顾客忠诚。例如，争取一位新顾客所需花的费用往往是留住一位老顾客所花费用的 6 倍。企业可以通过数据库营销、发展会员关系等多种形式，更好地满足顾客需求，增加顾客信任，密切双方关系。

6．影响者市场

金融机构、新闻媒体、政府、社区，以及诸如消费者权益保护组织、环保组织等各种各样的社会压力团体，对于企业的生存和发展都会产生重要的影响。因此，企业有必要把它们作为一个市场来对待，并制定以公共关系为主要手段的营销策略。

（八）关系营销的组织设计

为了对内协调部门之间、员工之间的关系，对外向公众发布消息、处理意见等，通过有效的关系营销活动，使得企业目标能顺利实现，企业必须根据正规性原则、适应性原则、针对性原则、整体性原则、协调性原则和效益性原则建立企业关系管理机构。该机构除协调内外部关系外，还将担负着收集信息资料、参与企业的决策预谋的责任。

（九）关系营销的资源配置

人力资源配置主要是通过部门间的人员转化、内部提升和跨业务单元的论坛和会议等进行。信息资源共享的方式主要是：利用电脑网络、制定政策或提供帮助，削减信息超载、建立"知识库"或"回复网络"，以及组建"虚拟小组"。

（十）关系营销的效率提升

关系各方环境的差异会影响关系的建立以及双方的交流。跨文化的人们在交流时，必须克服文化所带来的障碍。对于具有不同企业文化的企业来说，文化的整合对于双方能否真正协调运作有重要的影响。关系营销是在传统营销的基础上，融合多个社会学科的思想而发展起来的，它吸收了系统论、协同学、传播学等思想。关系营销学认为，对于一个现代企业来说，除了要处理好企业内部关系，还要尽可能与其他企业结成联盟，企业营销过程的核心是建立并发展与消费者、供应商、分销商、竞争者、政府机构及其他公众的良好关系。无论在哪一个市场上，关系具有很重要的作用，甚至成为企业市场营销活动成败的关键。所以，关系营销日益受到企业的关注和重视。

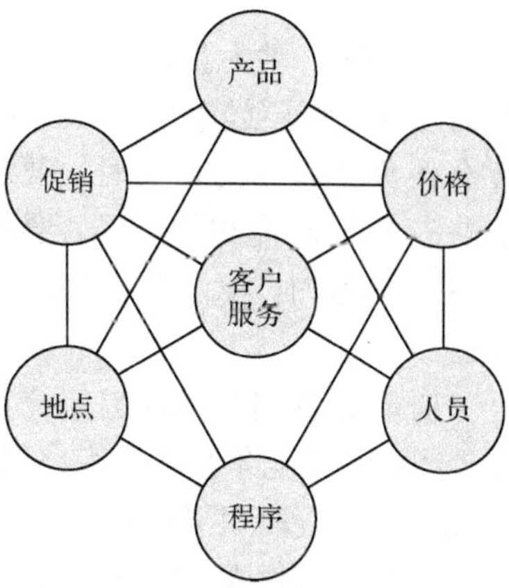

（十一）评价关系营销

（1）营销核心。传统营销的核心是交易，关心如何实现交易和吸引新顾客；关系营销的核心是关系，强调如何保持与客户的友好关系，获取忠诚客户。

（2）营销对象。传统营销的营销对象只是顾客；关系营销的营销对象则包括顾客、供应商、员工、分销商等与企业利益相关的多重市场。

（3）营销部门。传统的营销部门职责就是完成企业的营销任务，其他的部门很少直接参与企业营销活动；奉行关系营销思想的企业，其营销任务不仅仅由营销部门完成，许多部门都积极参与和各方建立良好关系，营销部门成了关系营销的协调中心。

任务二　训练营销者心理素质

俗话说：心态决定命运，做销售，最重要的是心态。一般而言：销售能搞定客户是生存，让客户追随自己是发展，销售中可运用的战术变幻无常，但心理战术却是隐藏在所有战术背后的最根本力量。

销售心态是决定你的推销能否成功的关键，从消费者的角度思考就会知道消费者希望得到什么样的服务。面对业绩等诸多压力时，作为一个销售应有以下十大积极心态。

1．真诚

态度是决定一个人做事能否成功的基本要求，作为一个销售人员，必须抱着一颗真诚的心，诚恳地对待客户，对待同事，只有这样，别人才会尊重你，把你当作朋友。业务代表是企业的形象，企业素质的体现，是连接企业与社会、与消费者、与经销商的枢纽，因此，业务代表的态度直接影响着企业的产品销量。

2．自信心

信心是一种力量，首先，要对自己有信心，每天工作开始的时候，都要鼓励自己，我是最优秀的！我是最棒的！信心会使你更有活力。同时，要相信公司，相信公司提供给消费者的是最优秀的产品，要相信自己所销售的产品是同类中最优秀的，相信公司为你提供了能够实现自我价值的机会。

要能够看到公司和自己产品的优势，并把这些熟记于心，要和对手竞争，就要有自己的优势，就要用一种必胜的信念去面对客户和消费者。

作为销售代表，你不仅仅是在销售商品，你也是在销售自己，客户接受了你，才会接受你的商品。被称为汽车销售大王的世界吉尼斯纪录创造者乔·吉拉德，曾在一年中零售推销汽车1600多部，平均每天将近五部。他去应聘汽车推销员时，老板问他，你推销过汽车吗？他说，没有，但是我推销过日用品，推销过电器，我能够推销它们，说明我能够推销自己，当然也能够推销汽车。

知道没有力量，相信才有力量。乔·吉拉德之所以能够成功，是因为他有一种自信，相信自己可以做到。

3．细心

“处处留心皆学问”，要养成勤于思考的习惯，要善于总结销售经验。每天都要对自己的工作检讨一遍，看看哪些地方做得好，为什么？做得不好，为什么？多问自己几个为什么？才能发现工作中的不足，促使自己不断改进工作方法，只有提升能力，才可抓住机会。

机遇对每个人来说都是平等的，只要你是有心人，就一定能成为行业的佼佼者。台湾企业家王永庆刚开始经营自己的米店时，就记录客户每次买米的时间，记住客户家里有几口人，这样，他算出人家的米能吃几天，快到吃完时，就给客户送过去。正是王永庆的这种细心，才使他的事业不断发展壮大。

作为一名销售代表，要去了解客户的每一点变化，努力把握每一个细节，做个有心人，不断地提升自己，去开创更精彩的人生。

4. 韧性

销售工作实际是很辛苦的，这就要求业务代表要具有吃苦、坚持不懈的韧性。“吃得苦中苦，方为人上人”。销售工作的一半是用脚跑出来的，要不断地去拜访客户，去协调客户，甚至跟踪消费者提供服务。销售工作绝不是一帆风顺的，会遇到很多困难，但要有解决困难的耐心，要有百折不挠的精神。

美国明星史泰龙在没有成名前，为了能够演电影，在好莱坞各个电影公司一家一家地去推荐自己，在他碰了一千五百次壁之后，终于有一家电影公司愿意用他。从此，他走上影坛，靠自己坚韧不拔的韧性，演绎了众多的硬汉形象，成为好莱坞最著名的影星之一。

销售代表每天所遇到的问题，难道比史泰龙遇到的困难还大吗？没有。

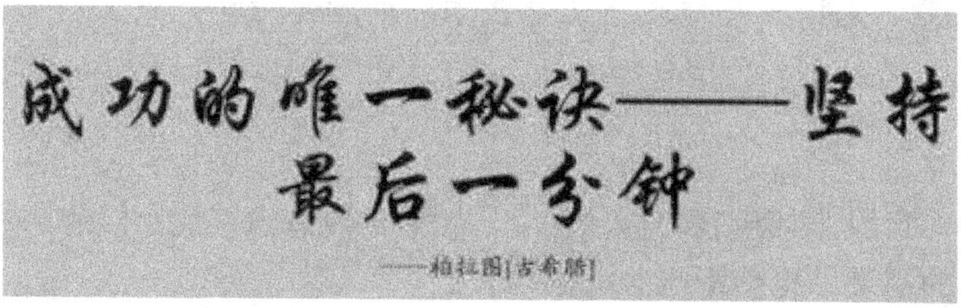

5. 心理素质

具有良好的心理素质，才能够面对挫折不气馁。每一个客户都有不同的背景，也有不同的性格、处世方法，自己受到打击时要能够保持平静的心态，要多分析客户，不断调整自己的心态，改进工作方法，使自己能够去面对一切责难。只有这样，才能够克服困难。同时，也不能因一时的顺利而得意忘形，须知“乐极生悲”，只有这样，才能够胜不骄、败不馁。

6. 交际能力

每一个人都有长处，不一定要求每一个销售代表都八面玲珑、能说会道，但一定要多和别人交流，培养自己的交际能力，尽可能的多交朋友，这样就会有更多的机会，要知道，朋友多了路才好走。另外，朋友也是资源，要知道，拥有资源不会成功，善用资源才会成功。

7. 热情

热情是具有感染力的一种情感，它能够带动周围的人去关注某些事情。当你很热情地去和客户交流时，你的客户也会“投之以李，报之以桃”。当你在路上行走时，正好碰到你的客户，你伸出手，很热情地与对方寒暄，也许，他很久没有碰到过这么看重他的人了，那么你的热情就促成了一笔新的交易。

8．知识面

销售代表要和形形色色、各种层次的人打交道，不同的人所关注的话题和内容是不一样的，只有具备广博的知识，才能与对方有共同话题，才能谈得投机。因此，销售人员要涉猎各种书籍，无论天文地理、文学艺术、新闻体育等，只要有空闲，就要不断地去学习。

9．责任心

销售代表的言行举止都代表着你的公司，如果你没有责任感，你的客户也会向你学习，这不但会影响你的销量，也会影响公司的形象。

有一家三口住进了新房，妻子见丈夫和儿子不太讲究卫生，就在家里写了一条标语："讲究卫生，人人有责。"儿子放学回家后，见了标语，拿笔把标语改成"讲究卫生，大人有责"。第二天，丈夫看见，也拿出笔，把标语改成"讲究卫生，夫人有责"。

这虽然是一个笑话，但说明一个问题。责任是不能推卸的，只有负起责任，就像故事里的那一家，怎样才能够让家里变得更卫生？首先，要自己讲卫生，不能推卸责任。作为一名销售代表，你的责任心就是你的信誉，你的责任心决定着你的业绩。

10．谈判力

其实销售代表无时不在谈判，谈判的过程就是一个说服的过程，就是寻找双方最佳利益结合点的过程。在谈判之前，要搞清楚对方的情况，所谓知己知彼，了解对方的越多，对自己越有利，掌握主动的机会就越多。

孙子曰，知己知彼，百战不殆。拥有卓越的谈判力，并不是指你能够滔滔不绝地说话，而是你能够抓住要点，首先满足客户的需求，再满足自己的需求。在双方都有异议时，就看你平时掌握了客户多少信息，你掌握的信息越多，你掌握的主动权就越多。谈判的目的是达到双赢，达到互惠互利。

一个销售代表要养成勤于思考、勤于总结的习惯，你每天面对的客户不同，就要用不同的方式去谈判，去和客户达成最满意的交易，这才是你谈判的目的。

营销人员在销售中要知己知彼，了解不同的销售风格和不同顾客对待销售的心态。但仅靠这一点，就能够得心应手，成就一番伟大的销售事业吗？你有没有想过，为什么有的营销人员三言两语就能让顾客决定购买？为什么有的营销人员轻易就能赢得骄人的业绩？为什么有的营销人员得到大批顾客的青睐？难道他们天生就具有营销的天赋？难道他们天生就比常人多了些什么？其实不然。他们的成功在于他们具备了良好的心理素质条件，即：顾客导向、销售技巧、知识储备、有效沟通和超强的自我调控。

一、顾客导向

1. 一切以顾客为中心

顾客是营销人员的衣食父母。营销人员应以顾客为中心开展销售。营销人员只有把顾客的问题当做自己的问题去解决，为顾客奉献爱心，才能取得顾客的信任。同时，营销人员只有真诚地为顾客服务，以诚待客，顾客才会满意，并有可能第二次接受你的产品和服务，成为你的忠实顾客。当你错过了销售机会时，你应该保持一颗平常心，从自己的角度多想一想：我始终以顾客为中心了吗？我站在顾客的角度考虑问题了吗？我忽略顾客传递的信息了吗？我认真倾听他们的反馈了吗？

以顾客为中心，就是以顾客的需求为中心。如果营销人员不能准确洞悉顾客的需求，就无法取得顾客的认同并达成销售。即使营销人员有再高的推销技巧，顾客也不会轻易购买自己不需要的产品。发掘和满足顾客的需求，是一切营销的核心。

2. 洞悉顾客的需求

按照马斯洛的需求层次理论，顾客的需求分为两个层面、五个层次。一个层面是物质需求，包括生理的需求和安全的需求。生理的需求指维持人们体内的生理平衡的需要；安全的需求指对保护、秩序、稳定的需求。

另外一个层面是精神需求，包括社会需求、尊重的需求、自我实现的需求。社会需求是指人们对爱情、友谊、归属的需要；尊重的需求是指对威信、地位、自我尊重的需要；自我实现的需求是指如何发挥潜能、实现理想的需要。

3. 以顾客为中心，抓住顾客的消费特点

顾客在消费时，由于每个人的性格、爱好、知识水平、经验、价值观各不相同，所以在具体购买时心理错综复杂。在对这些错综复杂的心理动机进行分析后，可以总结出如表 7-1 所示 10 种常见的顾客心理。营销人员可以根据不同顾客的消费心理特点，对症下药，满足各类顾客实际情况的消费需求。

表 7-1　常见顾客心理及其表现

顾客心理	表　现	典型顾客
求实心理	注重产品的实际使用价值，不去追求产品的个别特征。其心理关注点是“实用性”、“经济性”	家庭主妇、老年人、经济收入较低者
求新心理	追求新颖、时髦、特别、流行、与众不同，关注点是“求新”、“求异”	青年男女、富有创新意识的人、经济收入较高者
求美心理	追求产品的欣赏和艺术价值、品格和个性，关注点是“美化”、“漂亮”	喜好打扮的中青年妇女、演艺界人士
求廉心理	关注产品的价格，以追求物美价廉为主要目的，其心理关注点是“便宜”、“物美”	小城镇消费者、经济收入较低者、有节俭习惯的人
求名心理	重视产品的威望和象征意义，认同名牌，关注点是“品位”、“炫耀”	职业经理人、成功人士、青年男女
求信心理	对某一种产品充分信任，经常购买，长期使用，关注点是“好感”、“信任”、“认同”	充分相信并对某个企业拥有好感的人、易受品牌影响的人
攀比心理	只想比别人强，要超过别人，把别人当作自己需求的权衡尺度，关注点是“我比你强”	喜欢争强好胜的人、还不成熟的青少年和儿童
嗜好心理	倾向比较集中，行为比较理智，以满足个人或家庭的特殊偏好为中心，关注点是“单一”、“偏好”、“癖好”	有某一方面爱好的人、老年人、具有专业特长的人
从众心理	容易受别人的影响，喜欢跟随大趋势，从众心理比较强，关注点是“跟随”、“仿效”、“同步”	年轻而缺乏经验的人
情感心理	受广告、包装、式样、感人的气氛等因素影响而做出购买决定，关注点是“好奇”、“情感”	女士

二、销售技巧

销售技巧就是如何让顾客产生信任，如何挖掘顾客的真实需求，如何向顾客进行产品说明、示范，如何根据不同顾客的需要，激发顾客的购买欲望并达成销售的方法和策略。

销售技巧不是投机取巧，诱使顾客购买的“一锤子买卖”，而是要真正地以顾客为中心，从顾客的角度考虑，使顾客能够与营销人员一起，去发掘自己的需求，发现产品的功能、特点和给自己带来的价值，以最有利于自己的方式去购买和取得产品，以正确的方法使用产品，满足自己的需求。

只有以顾客为中心的销售技巧才会真正与顾客建立起长久关系，既能保证对顾客服务到位，使顾客的需求得到满足，又能使营销人员的业绩稳定增长。

营销人员应不断努力提高自己的销售技巧，一个好的营销人员不仅在销售时不停地开动脑筋，努力满足顾客的需求，在工作之余也会反复琢磨销售过程中的经验和教训，通过实践与平时的思考悟出更多的实用技巧，以指导自己的销售。

总之，营销人员只有认真思考，真诚、努力地为顾客服务，发掘和满足他们的需求，才能获得越来越多的销售技巧，从而不断提高自己的销售业绩。

1．针对不同的顾客，采取不同的应对策略

营销人员每天与不同的顾客打交道，什么样的人都能碰上。所以，应该对顾客进行研究、分析和总结，针对不同的顾客，采取相应的应对措施。

面对不同的顾客，营销人员首先要进行“顾客定位”，也就是判别顾客属于哪种类型。然后根据该类型顾客的性格特点，采取更有利于沟通和达成共识的应对方法。要成功地做到这一点，营销人员必须充分了解自身的产品和服务，并具备优良的销售技巧和随机应变的能力。

2．在销售的不同阶段，应用不同的销售技巧

营销人员在销售的不同阶段，应该采取不同的销售技巧，如在约见顾客阶段，营销人员应懂得接近顾客和处理开场白的技巧。营销人员只有具备了这些随机应变的销售技巧，才能提高销售的成功率和销售业绩。表 7-2 为不同阶段营销人员的销售技巧。

表 7-2　不同阶段营销人员的销售技巧

销售各阶段	应该掌握的技巧
约见顾客阶段	接近顾客的技巧、开场白处理技巧
引起顾客兴趣阶段	探寻问题的技巧、发掘顾客真实需求的技巧
激发顾客购买欲望阶段	增强顾客购买欲望的技巧、把产品功能转化为顾客需求的技巧、让顾客参与体验的技巧
成交阶段	处理异议的技巧、把握成交机会的技巧、成交的技巧
售后服务和跟进阶段	售后服务的技巧、维系顾客群的技巧

三、知识储备

良好的知识储备，是营销人员增强信心、赢得顾客信任的保证。在营销的过程中，营销人员要给顾客讲解关于产品、企业的相关知识，这些知识需要营销人员虚心学习、专心研究、熟练应用。除了企业和产品的相关知识以外，与销售有关的知识和技巧也是营销人员应该不断积累和提高的。

如果营销人员的知识储备不足，就很难将产品的优势、企业的优势充分展示，很难将产品与顾客的需求结合起来，为顾客提供满意的解决方案。这样一来，既无法体现产品对顾客的价值，也会使营销人员在顾客面前显得底气不足；既不能赢得顾客的充分信任，也会削弱自己对销售的信心。因此，了解产品、了解企业、了解与销售相关的专业知识，是营销人员心理素质结构中必不可少的内容。

（一）了解产品

客观了解你所销售的产品，是营销人员在顾客面前表现自信的一个基础条件。营销人员对产品的性能和用途了解得越多，说服顾客的机会越大，促成交易的可能性也就越大。

一般来说，了解产品应从三个方面进行。

1. 了解产品的基本知识

产品的基本知识主要是指产品的软硬件属性、使用知识和交易知识等。具体如表 7-3 所示。

表 7-3　产品的基本知识

了解的方面	了解的内容
产品的硬件特性	产品的质量、性能、品质、材料、制造方法、原材料、专利技术等
产品的软件特性	设计的风格、色彩、安全设计、环保性能、易用性等
产品使用知识	用法用量、操作方法、使用时的注意事项、售后服务等
产品交易知识	价格、交易条件、附加服务、退货保证等

营销人员可以通过以下渠道，获得产品的相关信息和最新动态：

① 产品目录及简介；
② 企业的培训资料；
③ 产品包装上的标签；
④ 各类介绍产品的广告宣传材料和音像制品；
⑤ 产品培训会议、产品推广会议；
⑥ 企业杂志或业务信息；
⑦ 各类相关的报刊、杂志、电视以及书籍等。

2. 了解产品的专业背景知识

比如销售维生素 C，需要了解营养学的知识；销售美容产品，需要了解护肤知识、化妆知识、色彩方面的知识；销售清洁用品，就需要了解一些环保知识、化学知识等。

营销人员可以通过以下渠道获取产品的专业背景知识：

① 企业培训资料；
② 产品培训会议、产品推广会议；
③ 行业杂志、专业书籍；
④ 报刊、杂志、电视、广播等媒体上的专题栏目。

3. 了解同行业的竞争产品

了解竞争产品，是挖掘自己产品优势的必要措施，也是应对顾客异议、体现自己专业能力的基础。因此，对竞争品牌的知识储备也是非常重要的。

营销人员可以运用以下方法去了解竞争品牌的产品：

① 留意市场动态和媒体报道；
② 收集人们对竞争产品的使用心得与评价；
③ 与自己产品的使用效果做对比。

（二）认识你的企业

一个有实力的企业，不但是营销人员开展销售的坚强后盾，也是顾客使用产品和接受服务的信心保证。因此，了解企业方面的知识，也会有助于提高销售的成功率。

对于企业，一般应了解如下知识：
① 企业的发展历史、规模、实力、经济和社会地位；
② 企业文化、经营理念、规章制度；
③ 企业的公众形象和社会贡献；
④ 企业的品牌、产品系列；
⑤ 企业的生产、物流、信息建设、员工队伍，以及企业的最新动态等。

营销人员可以通过以下途径充分了解企业：
① 企业官方网站和企业公开的各种宣传资料；
② 企业刊物、内部会议和沟通资料；
③ 企业领导人的讲话、传记等；
④ 企业经营场所；
⑤ 报刊、杂志、电视、书籍等关于企业的报道或记述。

（三）精通销售知识

与销售有关的知识包括销售技巧、消费心理、销售礼仪、商务沟通、心态建设、商德约法、营销法规。

销售是一门综合性的学科，是科学性和艺术性的结合。一方面，它具有较强的科学性，有很多成熟的理论和经验可供参考和学习，如销售技巧、消费心理、销售礼仪、商务沟通、心态建设等，都有很普遍的规律可循；另一方面，销售又是一门艺术性、实践性很强的学问，不同的产品有不同的销售方式，针对不同的人有不同的销售技巧，而不同的营销人员由于知识储备的不同，其综合运用其他门类知识进行销售创新的空间也各有差异。同时，销售是在一定的政治、经济、社会和法律环境下开展的，需要遵守商德约法和相关的法规。

营销人员要拓宽视野，从生活的各个方面学习相应的销售知识，增长销售技能，使自己的知识储备更加丰富。只有把营销的理论和自己的实践经验结合起来，不断总结提高，才会在总体上提高自己的营销能力和素质。

四、有效沟通

1. 沟通及沟通的方式

沟通是为了一个设定的目标，把信息、思想和情感在个人或群体间传递，并且达成共同协议的过程。

销售，是一个经常与人打交道的差事，如果营销人员不能有效地传递营销信息，掌握与人沟通的技巧，就很难得到顾客的认同。在沟通的过程中，营销人员要虚心向顾客学习，耐心听取顾客的意见和异议，并及时反馈。一名优秀的营销人员面对顾客，必须要准确传达出你的信息、表达你的想法，获取顾客的真正认同。

沟通是打开顾客心灵的钥匙！良好的沟通不仅意味着把自己的思想整理得井然有序，并将其进行适当的表述，更重要的是抓住顾客的心，赢得顾客的认同。

2. 沟通的双向性

良好的沟通是一个双向的过程，它依赖于你能吸引顾客的注意力和正确地解释你所掌握的信息，并把信息准确而令人信服地传达给顾客，以便让自己的想法被正确地接受和理解。有效沟通的三大技巧：有效发送信息、积极聆听、有效反馈。

3. 高效沟通的六大步骤

营销人员要想使沟通有效，取得顾客的认同，一般要经过以下六个步骤。

（1）事前准备。营销人员首先要设定沟通目标，然后根据目标做出计划，知道自己先说什么，后说什么，并预测可能遇到的异议和争执，最后是分析情况，明晰大家都可能会接受的目标。

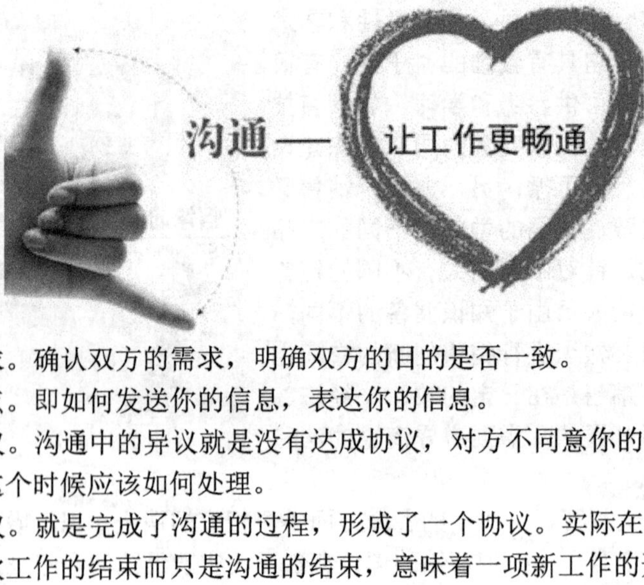

（2）确认需求。确认双方的需求，明确双方的目的是否一致。

（3）阐述观点。即如何发送你的信息，表达你的信息。

（4）处理异议。沟通中的异议就是没有达成协议，对方不同意你的观点，或者你不同意对方的观点，这个时候应该如何处理。

（5）达成协议。就是完成了沟通的过程，形成了一个协议。实际在沟通中，任何一个协议都并不是一次工作的结束而只是沟通的结束，意味着一项新工作的开始。

（6）共同实施。

五、自我调控

自我调控是营销人员心理素质的核心，主要包括主观能动性、自信力、社会适应能力、心理承受力、坚忍性和职业操守等。

自我调控是营销人员在长期的营销实践中形成的一种自我调节能力。优秀的营销人员能够通过自我心理调控，形成良好的自我心像（Self Image），从而激励自己树立远大的理想，制定切实可行的目标，以真诚、职业的态度为顾客提供服务，面对困难能够保持自信，以积极的态度去应对，并认真反思、虚心求教，使自己不是在挫折中消沉，而是在考验中成长。

具有良好自我调控能力的人，会主动地根据自己所处的销售环境，调整对自己的认知地图，控制自己对顾客的外显反应。他们往往能够在逆境中自立、自强，以平静的心态去寻找差距、追求进步。在销售中，他们会很快发现自己心理素质结构的“短板”，不断提升自己以顾客为中心的营销理念，创造性地在顾客服务中运用销售技巧，努力钻研必备的知识，改进与顾客的沟通方式，改善沟通效果，使销售能力持续提高。

因此，自我调控是营销人员心理素质结构中最能动的因素，也是对其他素质如顾客导向、销售技巧、知识储备、有效沟通能力进行评估和自我提高的原动力。

营销人员如果具备良好的自我形象和自我心像，不但能够树立起自己的信心，还能够给顾客一个良好的印象，增进顾客的信任和理解。营销人员如果是一个有信心、有诚信、善于关爱他人的人，在营销的过程中，就能发挥自己的潜质，让顾客满意，取得更大的销售业绩。

营销人员如果能针对销售中的困难经常进行反思和心理调控，就会发现在挫折和困难背后，会有真诚的回报和成功的喜悦。也许当顾客说“不”时，我们对自己多提几个问题，事情可能就不会像想象的那么糟：

我用心去了解顾客的需求了吗？

我的销售方式是不是过于急迫，忽略了顾客的真正感受？

我对产品是否有充分的了解？

我是不是搪塞了顾客的异议？

我向顾客阐述的东西是否足够清晰或容易理解？

营销是一份很艰辛的工作，如果作为一生的事业来经营，你有雄心吗？在销售压力无所谓有、也无所谓无的“自由职业”中，你可曾下定了决心？如果已经下了决心，每天要面对很多不同类型的顾客，要面对无数次的拒绝，你还有信心吗？

不要怨天尤人，好好想想，你是把顾客当成了直眉瞪眼的谈判对手，还是像亲人那样，对他们付出了满腔的爱心呢？你是否专心地聆听他们的需求，用你的产品和专业服务为他们提供解决方案呢？你的爱心和专业是否只有三分钟的热度，而失去了服务顾客最基本的诚心？

面对顾客的拒绝和挑剔，你还有耐心吗？在经历了一段时间的销售低潮甚至挫折之后，你还有那份执著的恒心吗？

你有没有想到你的伙伴、朋友、顾客甚至竞争对手，都有可能是你学习的对象，而你，在矜持的背后，有没有用人之长的一点虚心呢？面对成功的喜悦，或是失败的痛苦，你是否还能静心，好好地去总结经验和教训，为下一次的冲刺奠定坚实的基础？

进一步山穷水尽，退一步海阔天空。成功，往往就源自热情和冷静交融下的一份执著和坦然，源自面对欢乐和痛苦时的良好心态。

所以，营销人员要通过有意识的自我调控，锻造雄心、决心、信心、爱心、专心、诚心、耐心、恒心、虚心、静心十种积极心态，客观面对自己、面对顾客，坚持顾客导向，活用销售技巧，完善知识储备，改进沟通成效，从而登上销售的成功之巅！